Spanish

Phases 1–2

J. Rafael Angel

Series editor: Paul Morris

DYNAMIC LEARNING

HODDER
EDUCATION
AN HACHETTE UK COMPANY

Orders: please contact Bookpoint Ltd, 130 Milton Park, Abingdon, Oxon OX14 4SB. Telephone: (44) 01235 827720. Fax: (44) 01235 400454. Email education@bookpoint.co.uk. Lines are open 9 a.m.–5 p.m., Monday to Saturday, with a 24-hour message answering service. You can also order through our website www.hoddereducation.com

© J. Rafael Angel 2017
Published by Hodder Education
An Hachette UK Company
Carmelite House
50 Victoria Embankment
London EC4Y 0DZ
www.hoddereducation.com

Impression number   5 4 3 2 1

Year   2021 2020 2019 2018 2017

Cover photo © DC_Colombia/Thinkstock/iStock/Getty Images
Illustrations by Richard Duszczak, Oxford Designers & Illustrators and DC Graphic Design Limited
Typeset in Frutiger LT Std 45 Light 11/15pt by DC Graphic Design Limited, Hextable, Kent
Printed in Slovenia

A catalogue record for this title is available from the British Library

ISBN: 9781471881091

Índice

Cómo usar este libro

En cada capítulo, el marco de estudio se genera a partir de la unión de un *concepto clave*, y *conceptos relacionados* encuadrados en un *contexto global*.

¡Bienvenido(a) a la serie by Concept de Hodder Education! Cada capítulo se ha diseñado para acompañarte en un proceso de indagación conceptual en el mundo de la lengua española y en los contextos globales que permiten interactuar con nuevas ideas, desarrollar nuevos escenarios de aprendizaje y crear significado.

El *Enunciado de Indagación* revela el marco de la indagación, y las preguntas de indagación sirven de guía a lo largo de la exploración a medida que aparecen en cada capítulo.

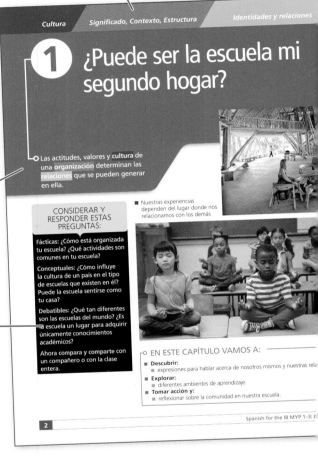

Cultura   Significado, Contexto, Estructura   Identidades y relaciones

1 ¿Puede ser la escuela mi segundo hogar?

Las actitudes, valores y **cultura** de una **organización** determinan las **relaciones** que se pueden generar en ella.

■ Nuestras experiencias dependen del lugar donde nos relacionamos con los demás

CONSIDERAR Y RESPONDER ESTAS PREGUNTAS:

Fácticas: ¿Cómo está organizada tu escuela? ¿Qué actividades son comunes en tu escuela?

Conceptuales: ¿Cómo influye la cultura de un país en el tipo de escuelas que existen en él? Puede la escuela sentirse como tu casa?

Debatibles: ¿Qué tan diferentes son las escuelas del mundo? ¿Es la escuela un lugar para adquirir únicamente conocimientos académicos?

Ahora compara y comparte con un compañero o con la clase entera.

EN ESTE CAPÍTULO VAMOS A:
■ **Descubrir:**
   ■ expresiones para hablar acerca de nosotros mismos y nuestras rela
■ **Explorar:**
   ■ diferentes ambientes de aprendizaje.
■ **Tomar acción y:**
   ■ reflexionar sobre la comunidad en nuestra escuela.

Spanish for the IB MYP 1–3: ¿

2

ACTIVIDAD

Algunos enfoques del aprendizaje esenciales en la asignatura de Adquisición de Lenguas en el PAI se han identificado en cada tarea con el fin de orientar tu trabajo.

Cada actividad tiene un enfoque especial que te permite poner en práctica diferentes destrezas de aprendizaje.

VOCABULARIO SUGERIDO

Al principio de cada capítulo, encontrarás un *vocabulario sugerido* que te ayudará a contextualizar, sustentar y desarrollar tus ideas de forma efectiva.

■ Enfoques del aprendizaje

■ Las actividades que encontrarás en este libro te brindarán la oportunidad de utilizar el idioma de manera personalizada. Todas las actividades se han diseñado para apoyar el desarrollo de los enfoques del aprendizaje. Tu profesor podrá indicarte cómo se relacionan con los objetivos de Adquisición de Lenguas en el PAI.

▼ Nexos:

Como cualquier otra asignatura, el aprendizaje de lenguas extranjeras es sólo una fracción del conocimiento. Observarás cómo muchas actividades dan paso a crear nexos con otras asignaturas de manera natural, pero también podrás identificar recuadros que te permitirán crear conexiones con asignaturas y temas específicos.

● **Reflexiona sobre el siguiente atributo de la comunidad de aprendizaje:**

Cada capítulo aborda y promueve un atributo de la comunidad de aprendizaje para contribuir a tu proceso de reflexión.

! **Actúa e involúcrate**

! Mientras que el Capítulo 9 promueve la idea de acción (aprender haciendo y experimentando), encontrarás una variedad de oportunidades para generar acción y para enriquecer las relaciones conceptuales, por lo tanto debes ser un agente activo de todo el proceso. En las tareas que representan oportunidades de servicio, habrá indicaciones que te apoyarán en tu proceso de investigación y que te ayudarán a detectar las herramientas necesarias por medio del ciclo de indagación.

Finalmente, al final de cada capítulo tendrás la oportunidad de reflexionar sobre lo que has aprendido por medio de la *Tabla de Reflexión,* en la cual podrás registrar algunas otras preguntas que pudieron surgir gracias al proceso de indagación.

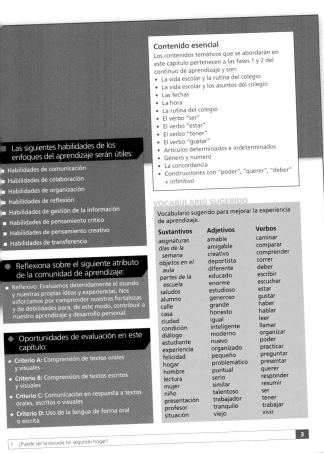

Las siguientes habilidades de los enfoques del aprendizaje serán útiles:

■ Habilidades de comunicación
■ Habilidades de colaboración
■ Habilidades de organización
■ Habilidades de reflexión
■ Habilidades de gestión de la información
■ Habilidades de pensamiento crítico
■ Habilidades de pensamiento creativo
■ Habilidades de transferencia

● **Reflexiona sobre el siguiente atributo de la comunidad de aprendizaje:**

● Reflexivo: Evaluamos detenidamente el mundo y nuestras propias ideas y experiencias. Nos esforzamos por comprender nuestras fortalezas y de debilidades para, de este modo, contribuir a nuestro aprendizaje y desarrollo personal.

◆ **Oportunidades de evaluación en este capítulo:**

◆ Criterio A: Comprensión de textos orales y visuales
◆ Criterio B: Comprensión de textos escritos y visuales
◆ Criterio C: Comunicación en respuesta a textos orales, escritos o visuales
◆ Criterio D: Uso de la lengua de forma oral o escrita

Contenido esencial

Los contenidos temáticos que se abordarán en este capítulo pertenecen a las fases 1 y 2 del continuo de aprendizaje y son:
• La vida escolar y la rutina del colegio
• La vida escolar y los asuntos del colegio
• Las fechas
• La hora
• La rutina del colegio
• El verbo "ser"
• El verbo "estar"
• El verbo "tener"
• El verbo "gustar"
• Artículos determinados e indeterminados
• Género y número
• La concordancia
• Construcciones con "poder", "querer", "deber" + infinitivo

VOCABULARIO SUGERIDO

Vocabulario sugerido para mejorar la experiencia de aprendizaje.

Sustantivos	Adjetivos	Verbos
asignaturas	amable	caminar
días de la semana	amigable	comparar
objetos en el aula	creativo	comprender
	deportista	correr
partes de la escuela	diferente	deber
	educado	escribir
saludos	enorme	escuchar
alumno	estudioso	estar
calle	generoso	gustar
casa	grande	haber
ciudad	honesto	hablar
condición	igual	leer
diálogo	inteligente	llamar
estudiante	moderno	organizar
experiencia	nuevo	poder
felicidad	organizado	practicar
hogar	pequeño	preguntar
hombre	problemático	presentar
lectura	puntual	querer
mujer	serio	responder
niño	similar	resumir
presentación	talentoso	ser
profesor	trabajador	tener
situación	tranquilo	trabajar
	viejo	vivir

1 ¿Puede ser la escuela mi segundo hogar?   **3**

Sugerencia

Estas indicaciones recomiendan puntos gramaticales que puedes repasar, o te invitan a indagar y descubrir detalles específicos sobre diferentes temas.

◆ **Oportunidades de evaluación:**

◆ Muchas de las actividades en este libro te permitirán fortalecer destrezas de los cuatro criterios de evaluación. Es posible que algunas de estas actividades se realicen para evaluar tu progreso de manera formativa en un tema específico o de manera sumativa cuando concluya el capítulo. Las actividades en las que no veas esta indicación te ayudarán a profundizar la indagación.

Reflexionemos sobre nuestro aprendizaje...
Usa esta tabla para reflexionar sobre tu aprendizaje personal en este capítulo.

Preguntas que hicimos	Respuestas que encontramos	Preguntas que podemos generar ahora			
Fácticas					
Conceptuales					
Debatibles					
Enfoques del aprendizaje en este capítulo:	Descripción: ¿qué destrezas nuevas adquiriste?	¿Cuánto has consolidado estas destrezas?			
		Novato	En proceso de aprendizaje	Practicante	Experto
Atributos de la comunidad de aprendizaje	*Reflexiona sobre la importancia del atributo de la comunidad de aprendizaje de este capítulo.*				

1 ¿Puede ser la escuela mi segundo hogar?

○ Las actitudes, valores y **cultura** de una **organización** determinan las **relaciones** que se pueden generar en ella.

■ Nuestras experiencias dependen del lugar donde nos relacionamos con los demás

CONSIDERAR Y RESPONDER ESTAS PREGUNTAS:

Fácticas: ¿Cómo está organizada tu escuela? ¿Qué actividades son comunes en tu escuela?

Conceptuales: ¿Cómo influye la cultura de un país en el tipo de escuelas que existen en él? Puede la escuela sentirse como tu casa?

Debatibles: ¿Qué tan diferentes son las escuelas del mundo? ¿Es la escuela un lugar para adquirir únicamente conocimientos académicos?

Ahora **compara y comparte** con un compañero o con la clase entera.

EN ESTE CAPÍTULO VAMOS A:

■ **Descubrir:**
  ■ expresiones para hablar acerca de nosotros mismos y nuestras relaciones.
■ **Explorar:**
  ■ diferentes ambientes de aprendizaje.
■ **Tomar acción y:**
  ■ reflexionar sobre la comunidad en nuestra escuela.

Contenido esencial

Los contenidos temáticos que se abordarán en este capítulo pertenecen a las fases 1 y 2 del continuo de aprendizaje y son:

- La vida escolar y la rutina del colegio
- La vida escolar y los asuntos del colegio
- Las fechas
- La hora
- La rutina del colegio
- El verbo "ser"
- El verbo "estar"
- El verbo "tener"
- El verbo "gustar"
- Artículos determinados e indeterminados
- Género y número
- La concordancia
- Construcciones con "poder", "querer", "deber" + infinitivo

Las siguientes habilidades de los enfoques del aprendizaje serán útiles:

- Habilidades de comunicación
- Habilidades de colaboración
- Habilidades de organización
- Habilidades de reflexión
- Habilidades de gestión de la información
- Habilidades de pensamiento crítico
- Habilidades de pensamiento creativo
- Habilidades de transferencia

Reflexiona sobre el siguiente atributo de la comunidad de aprendizaje:

- Reflexivo: Evaluamos detenidamente el mundo y nuestras propias ideas y experiencias. Nos esforzamos por comprender nuestras fortalezas y de debilidades para, de este modo, contribuir a nuestro aprendizaje y desarrollo personal.

Oportunidades de evaluación en este capítulo:

- **Criterio A:** Comprensión de textos orales y visuales
- **Criterio B:** Comprensión de textos escritos y visuales
- **Criterio C:** Comunicación en respuesta a textos orales, escritos o visuales
- **Criterio D:** Uso de la lengua de forma oral o escrita

VOCABULARIO SUGERIDO

Vocabulario sugerido para mejorar la experiencia de aprendizaje.

Sustantivos	Adjetivos	Verbos
asignaturas	amable	caminar
días de la semana	amigable	comparar
	creativo	comprender
objetos en el aula	deportista	correr
	diferente	deber
partes de la escuela	educado	escribir
	enorme	escuchar
saludos	estudioso	estar
alumno	generoso	gustar
calle	grande	haber
casa	honesto	hablar
ciudad	igual	leer
condición	inteligente	llamar
diálogo	moderno	organizar
estudiante	nuevo	poder
experiencia	organizado	practicar
felicidad	pequeño	preguntar
hogar	problemático	presentar
hombre	puntual	querer
lectura	serio	responder
mujer	similar	resumir
niño	talentoso	ser
presentación	trabajador	tener
profesor	tranquilo	trabajar
situación	viejo	vivir

¿Cómo está organizada tu escuela?

EL ALFABETO

a b c d e f g h i
j k l m n ñ o p q
r s t u v w x y z

ACTIVIDAD: El abecedario

Escucha el audio en estos enlaces:
- http://tinyurl.com/alfacaste
- http://tinyurl.com/abclatino

¿Qué diferencias **identificas**?

LOS NÚMEROS

Utiliza este enlace para escuchar el audio:
http://tinyurl.com/hz523db

0 cero	**7** siete	**14** catorce
1 uno	**8** ocho	**15** quince
2 dos	**9** nueve	**16** dieciséis
3 tres	**10** diez	**17** diecisiete
4 cuatro	**11** once	**18** dieciocho
5 cinco	**12** doce	**19** diecinueve
6 seis	**13** trece	**20** veinte

LOS SALUDOS

Estos son algunos saludos básicos en español que es buena idea recordar:

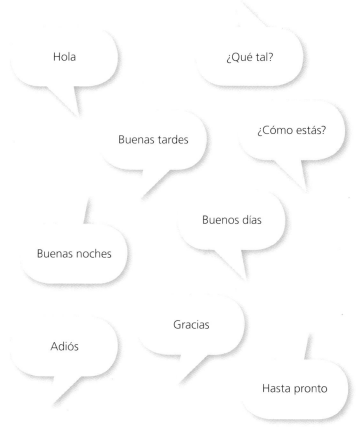

Hola

¿Qué tal?

Buenas tardes

¿Cómo estás?

Buenos días

Buenas noches

Gracias

Adiós

Hasta pronto

ACTIVIDAD: ¿Cómo te llamas?

Alex Hola, ¿qué tal? **Me llamo** Alex, ¿**cómo te llamas**?

Leticia Hola, Alex. **Me llamo** Leticia. ¿**Cuántos años tienes**?

Alex **Tengo** 16 años, ¿y tú?

Leticia **Tengo** 15 años.

Alex ¿**Eres** nueva en la escuela?

Leticia Sí, **soy** nueva.

Alex Bienvenida. La escuela **es** muy buena, y los profesores **son** muy amables.

Leticia ¡Qué bueno!

Alex Mucho gusto, Leticia. Es la hora de mi clase de historia.

Leticia El gusto es mío, Alex. Hasta pronto.

Observa la **estructura** de las oraciones en la conversación anterior.

Trabaja con un compañero y reproduce la conversación para expresar un **significado** similar.

La escuela es un lugar para aprender, pero también es un lugar para hacer amigos y socializar. Además de adquirir conocimientos académicos, en la escuela también aprendemos a trabajar con los demás, a solucionar problemas y a observar cómo cambiamos gracias a nuestras relaciones.

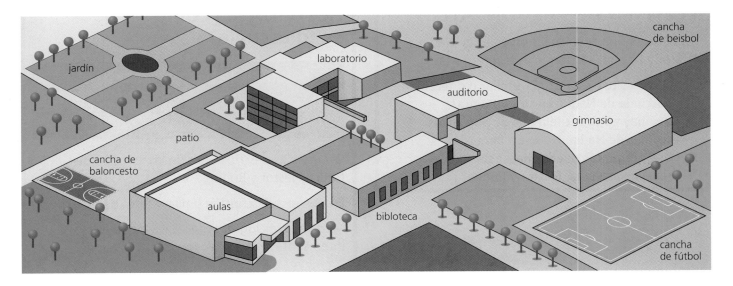

ACTIVIDAD: Presentaciones

Hola, ¿Qué tal? Me llamo **Nadia**, tengo 14 años. Soy estudiante en Signos, una escuela alternativa en México. Mi escuela es pequeña y bonita; tiene muchos jardines, aulas grandes y un auditorio muy moderno. A mí me gusta estudiar en los jardines de mi escuela. En Signos, hay una biblioteca muy grande, un gimnasio pequeño y una cafetería estupenda.

Hola, ¿Qué tal? Me llamo **Néstor**, tengo 15 años. Soy estudiante en Campo Verde, una escuela con mucha tradición en Colombia. Mi escuela es muy grande y muy moderna; tiene una biblioteca fabulosa, aulas muy espaciosas y muchas áreas verdes. A mí me gusta estudiar en la biblioteca porque es muy tranquila. En Campo Verde hay laboratorios de ciencia, un auditorio enorme y una piscina olímpica.

Hola, ¿Qué tal? Me llamo **Roque**, tengo 13 años. Soy estudiante en la Unidad Educativa Dionicio Morales en K'ara K'ara, en Bolivia. Mi escuela no es grande ni pequeña, es de tres pisos y tiene diez aulas en cada piso. La biblioteca es muy pequeña porque mi escuela es nueva. En mi escuela no hay canchas de fútbol, ni laboratorios. En las aulas de mi escuela hay computadoras para los profesores.

Presta atención a la información que cada una de las personas anteriores menciona.

Sigue ese modelo y **escribe** acerca de ti.

Lee tu información en grupos pequeños.

LEE–PIENSA–PREGÚNTATE

Lee las descripciones de las escuelas de Nadia, Néstor y Roque. Responde estas preguntas.

1 ¿Cómo es tu escuela? ¿Es similar o diferente a la escuela de Nadia, Néstor y Roque?
2 ¿Qué hay en tu escuela que no hay en las escuelas de Nadia, Néstor o Roque?
3 ¿Qué preguntas puedes hacer sobre las escuelas de Nadia, Néstor y Roque?

ACTIVIDAD: ¿Cómo es tu escuela?

■ Enfoques del aprendizaje

- Habilidad de comunicación: Escriben con diferentes propósitos

Observa las descripciones de las escuelas de Nadia, Néstor y Roque.

Escribe una descripción similar acerca de tu escuela.

Menciona los lugares que son especiales e interesantes.

Menciona qué no tiene tu escuela y qué te gustaría que tuviera.

ACTIVIDAD: Tres escuelas diferentes

Enfoques del aprendizaje

- Habilidades de comunicación: Utilizan una variedad de técnicas de expresión oral para comunicarse con diversos destinatarios

Trabaja en equipos de tres.

Selecciona uno de los siguientes enlaces.

- http://tinyurl.com/escue1
- http://tinyurl.com/escue2
- http://tinyurl.com/escue3

Imagina que esta es tu escuela.

Toma turnos para hacer las siguientes preguntas.

Responde las preguntas de tus compañeros con "sí" o "no". Toma en cuenta tu foto.

Registra las respuestas de tus compañeros en cada pregunta.

Después de preguntar, responder y registrar las respuestas de tus compañeros, selecciona la escuela de uno de tus compañeros y **escribe** 15 oraciones sobre ella. Presta atención a la estructura de las oraciones. Puedes expresar tus ideas de dos maneras:

a **En** la escuela de Mario **hay** un complejo deportivo enorme.

b La escuela de Mario **tiene** un complejo deportivo enorme.

Pregunta	Compañero 1		Compañero 2	
¿En tu escuela hay:	Sí	No	Sí	No
1 laboratorios de ciencia?				
2 canchas de tenis?				
3 un gimnasio moderno?				
4 edificios modernos?				
5 aulas modernas?				
6 conferencias?				
7 una biblioteca?				
8 clases en el jardín?				
9 canchas de voleibol?				
10 una pista de atletismo?				
11 clases de baile folclórico?				
12 un auditorio?				
13 aulas ecológicas?				
14 una cafetería?				
15 clases de yoga?				
16 clases de aeróbic?				
17 clases de música?				
18 una biblioteca digital?				
19 actividades de deportes extremos?				
20 festivales?				
21 canchas de fútbol?				
22 una piscina?				
23 edificios ecológicos?				
24 un vivero?				

ACTIVIDAD: Números para la clase de matemáticas

Lee los números en voz alta.

21 veintiuno	**26** veintiséis	**31** treinta y uno	**50** cincuenta	**100** cien
22 veintidós	**27** veintisiete	**32** treinta y dos	**60** sesenta	**101** ciento uno
23 veintitrés	**28** veintiocho	**33** treinta y tres	**70** setenta	**110** ciento diez
24 veinticuatro	**29** veintinueve	**40** cuarenta	**80** ochenta	**121** ciento veintiuno
25 veinticinco	**30** treinta	**41** cuarenta y uno	**90** noventa	**200** dos cientos

▼ Nexos con: Matemáticas

Leamos operaciones matemáticas

■ Enfoques del aprendizaje

■ Habilidad de transferencia: Comparan la comprensión conceptual en distintas disciplinas y grupos de asignaturas

Lee el nombre de los siguientes símbolos matemáticos.

+	más	>	mayor que
−	menos	<	menor que
÷	entre	=	igual a
×	por		

¿Puedes leer en voz alta las siguientes operaciones?

1 $12 + 8 = 20$

2 $49 - 15 = 34$

3 $2 < 3$

4 $99 > 34$

5 $100 \div 4 = 25$

6 $25 \times 4 = 100$

Juega a leer y resolver operaciones con un compañero.

▼ Nexos con: Matemáticas

Equivalentes

■ Enfoques del aprendizaje

■ Habilidad de transferencia: Comparan la comprensión conceptual en distintas disciplinas y grupos de asignaturas

Escribe el equivalente de los siguientes conceptos matemáticos. **Investiga** si es necesario.

Observa el ejemplo:

1 milla = 1.6 kilómetros

1 1 libra = … kilogramos

2 50 grados Fahrenheit = … grados Celsius

3 100 pesos mexicanos = … [la moneda de tu país]

4 10 euros = … dólares estadounidenses

5 10 pulgadas = … centímetros

6 10 pies = … metros

7 1 galón = … litros

Juega a leer con un compañero.

ACTIVIDAD: Mi horario de clase

- Habilidad de comunicación: Leen con actitud crítica y para comprender

Eres un alumno en Jordania.

Lee tu horario.

	Domingo	Lunes	Martes	Miércoles	Jueves
08:00–08:55	Educación Física y para la Salud	Árabe: Lengua y Literatura	Educación Física y para la Salud	Árabe: Lengua y Literatura	Educación Física y para la Salud
08:55–09:55	Matemáticas	Individuos y Sociedades: Historia	Matemáticas	Árabe: Lengua y Literatura	Matemáticas
09:55–10:55	Música	Individuos y Sociedades: Historia	Diseño	Historia	Fotografía
	Recreo /Receso				
11:15–12:15	Meditación	Ciencias	Adquisición de Lengua: Español	Artes	Meditación
12:15–13:15	Adquisición de Lengua: Español	Tecnología	Adquisición de Lengua: Español	Artes	Música
13:15–14:20	Recreo /Receso				
14:20–15:20	Tecnología	Artes	Debate	Ciencias	Tecnología

Escribe diez oraciones como esta. Observa la estructura. Puedes expresar tus ideas de dos formas:

a Mi clase de español es a las 11:15.
b Tengo clase de español a las 11:15.

◆ Oportunidades de evaluación

- En esta actividad se han practicado las habilidades que son evaluadas por medio del Criterio B: Comprensión de textos escritos y visuales y del Criterio D: Uso de la lengua de forma oral o escrita.

OBSERVA–COMPARA–COMPARTE

Trabaja con un compañero.

Observa el horario.

1 ¿Es similar o diferente a tu horario? Explica cómo.
2 ¿Cuál te gusta más, tu horario o este? ¿Por qué?
3 ¿Qué podemos aprender sobre una escuela por medio de su horario?

ACTIVIDAD: Los profesores y los estudiantes

Observa la ilustración. Presta atención al **significado** de las palabras.

Trabaja con un compañero.

Toma turnos para hacer preguntas como estas:

A ¿Cómo **es tu** profesor de arte?
B **Mi profesor** de arte **es talentoso**.
A ¿Cómo **es tu** profesora de inglés?
B **Mi profesora** de inglés **es divertida**.

talentoso/a · amigable · generoso/a · artístico/a · mentiroso/a · trabajador(a) · responsable · impuntual · honesto/a · negligente · apático/a · deshonesto/a · problemático/a · desordenado/a · creativo/a · intolerante · activo/a · perezoso/a · deportista · paciente · sociable · divertido/a · descortés · insensible

Sugerencia

¡Presta atención a los masculinos y femeninos!

Sugerencia: La concordancia

¿Quieres aprender más sobre la concordancia entre artículo, sustantivo y adjetivos?

Visita este enlace: https://youtu.be/yd_bM759ow

Tipos de textos

En tu clase de español escribirás diferentes tipos de textos con diferentes objetivos y para expresar diferentes mensajes. La siguiente ilustración muestra las características básicas de cuatro ejemplos de texto.

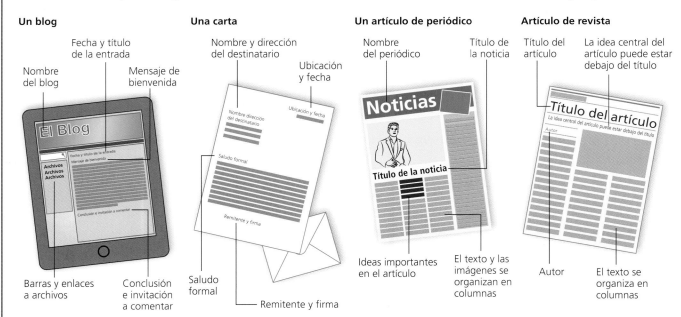

Un blog
- Nombre del blog
- Fecha y título de la entrada
- Mensaje de bienvenida
- Barras y enlaces a archivos
- Conclusión e invitación a comentar

Una carta
- Nombre y dirección del destinatario
- Ubicación y fecha
- Saludo formal
- Remitente y firma

Un artículo de periódico
- Nombre del periódico
- Título de la noticia
- Ideas importantes en el artículo
- El texto y las imágenes se organizan en columnas

Artículo de revista
- Título del artículo
- La idea central del artículo puede estar debajo del título
- Autor
- El texto se organiza en columnas

ACTIVIDAD: El perfil de la comunidad de aprendizaje

■ Enfoques del aprendizaje

- ■ Habilidad de comunicación: Utilizan una variedad de técnicas de expresión oral para comunicarse con diversos destinatarios

Observa la siguiente ilustración y lee las oraciones después de la imagen.

Solidario:
- ayudar
- colaborar
- escuchar

Informado e instruido:
- estudiar
- leer
- investigar

Pensador:
- pensar
- razonar
- evaluar

De mente abierta:
- apreciar
- respetar
- admirar

Audaz:
- defender
- creer
- apoyar
- experimentar
- intentar
- tener iniciativa

Íntegro
- actuar
- ser honesto
- evitar

Equilibrado:
- equilibrar
- moderar
- consumir
- balancear
- decidir
- comer
- beber
- hacer ejercicio
- jugar deportes

Reflexivo:
- reflexionar
- esperar
- tener paciencia
- analizar
- calcular

Indagador:
- preguntar
- cuestionar
- desarrollar
- aclarar
- tener curiosidad

Buen comunicador:
- hablar
- escribir
- expresar
- ver
- pintar
- diseñar

1   Eric es solidario porque le gusta ayudar a las personas.
2   Eric es equilibrado porque le gusta hacer ejercicio y estudiar.
3   Eric es buen comunicador porque le gusta escribir poemas y diseñar pósters.
4   Eric es un chico muy informado porque le gusta leer e investigar.
5   Eric es un estudiante íntegro porque es honesto y respeta a las personas.
6   Eric es un alumno de mente abierta porque respeta las tradiciones de otras culturas.
7   Eric es audaz porque tiene iniciativa y le gusta experimentar.

¿Cómo eres tú?

Escribe diez oraciones utilizando esta estructura:

Yo **soy** reflexivo porque **me gusta** tener paciencia.

Después, trabaja con un compañero.

Toma turnos para hacer preguntas como esta:

A   ¿Eres pensador?
B   Sí.
A   ¿Por qué?
B   Porque me gusta evaluar.

A   ¿Eres solidario?
B   No.
A   ¿Por qué no?
B   Porque no me gusta ayudar.

◆ Oportunidades de evaluación

- ◆ En esta actividad se han practicado las habilidades que son evaluadas por medio del Criterio D: Uso de la lengua de forma oral o escrita.

ACTIVIDAD: Los beneficios de estudiar en mi escuela

Escribe oraciones como las siguientes. Presta atención a la estructura:

a   Es bueno estudiar en mi escuela **porque puedes** estudiar música y fotografía.
b   Es bueno estudiar en mi escuela **porque hay** muchas áreas verdes.
c   Es bueno estudiar en mi escuela **porque tiene** muchos programas de actividades extracurriculares.

¿Puede la escuela sentirse como tu casa?

ACTIVIDAD: El Colegio Xail

■ Enfoques del aprendizaje

■ Habilidad de comunicación: Leen con actitud crítica y para comprender

Visita la siguiente página web: www.xail.edu.mx. Navega el sitio libremente por unos minutos. Después, lee las siguientes instrucciones y responde las preguntas.

1 ¿Cómo se llama la escuela?
2 ¿Cuál es la dirección de la escuela?
3 ¿En cuáles redes sociales está presente?
4 ¿Cuántas secciones hay en el menú principal?
5 Ve a la sección SECUNDARIA-PAI y selecciona "Plan de estudios". Menciona dos asignaturas que no hay en tu escuela.
6 Ve a la sección SECUNDARIA-PAI y selecciona "Horarios de clase". Después selecciona 1A en la sección de PAI. ¿Cuántos recesos hay? ¿A qué hora?
7 Ve a la sección SECUNDARIA-PAI y selecciona "Plan de estudios". Menciona dos asignaturas que sólo existen en el segundo año del PAI.
8 ¿Cuántos idiomas es posible estudiar?
9 ¿La información en el sitio web está organizada claramente? ¿Por qué o por qué no?
10 ¿Qué opinas acerca de los colores y las imágenes? ¿Distraen o son atractivos? Explica.
11 ¿Qué tan similar o diferente es tu escuela a esta? Explica por qué.
12 ¿Te gustaría estudiar en esta escuela? ¿Por qué o por qué no?

◆ Oportunidades de evaluación

◆ En esta actividad se han practicado las habilidades que son evaluadas por medio del Criterio B: Comprensión de textos escritos y visuales.

■ ¿Es el deseo de estudiar más importante que el lugar donde estudiamos?

¿UN EDIFICIO PARA ESTUDIAR O UNA ESCUELA?

OBSERVA–PIENSA–PREGÚNTATE

Presta atención a las imágenes a la izquierda.

Responde las siguientes preguntas individualmente.

1 ¿Qué observas?
2 ¿En qué piensas cuando las ves?
3 ¿Qué te hace sentir cada imagen?
4 ¿Qué preguntas podrías hacer acerca de cada imagen?

Después de responder las preguntas, trabaja con un compañero y **comparte** tus respuestas. Realiza preguntas sobre las ideas que consideres interesantes.

En español existen dos palabras para describir el lugar donde vivimos: "casa" y "hogar". En pocas palabras, la diferencia es que cuando mencionaos "hogar", además de hablar del lugar donde vivimos, también incluimos ideas sobre las experiencias que vivimos ahí y las relaciones que tenemos con las personas que vivimos.

En tu opinión, ¿el significado de "escuela" es similar al de "hogar"?

PIENSA–COMPARA–COMPARTE

En una oración, **escribe** ¿qué necesita tener un espacio para ser considerado "escuela"?

Ahora **comparte** tus ideas con tus compañeros. ¿Tienen ideas similares o diferentes?

Sugerencia: Diferentes tipos de oraciones
¿Quieres aprender más sobre diferentes tipos de oraciones?
Visita este enlace: https://youtu.be/ZDQPZR2mllo

ACTIVIDAD: ¿Cuándo nos sentimos como "en casa" en la escuela?

■ Enfoques del aprendizaje

- Habilidad de pensamiento creativo: Utilizan la técnica de lluvia de ideas (*brainstorming*) y diagramas visuales para generar nuevas ideas e indagaciones

Etapa 1

Trabaja con un compañero o en equipos pequeños.

Realiza una lluvia de ideas para responder esta pregunta:

¿Cuándo nos sentimos como "en casa" en la escuela?

Escribe tus ideas.

Después forma grupos con compañeros diferentes y **comparte** tus ideas. Toma nota de las ideas nuevas que escuchaste.

Luego, de manera individual, escribe tu opinión sobre la pregunta.

Etapa 2

Finalmente, trabaja con un compañero.

Participa en un juego de roles. En esta interacción serás un estudiante y tu compañero será un estudiante de una escuela diferente.

Charla sobre las razones por las que tu escuela es o no es como tu casa.

Puedes compartir ideas sobre estos puntos:

- **Descripción de la escuela**
- **Espacios en la escuela**
- **Actividades especiales que puedes hacer en la escuela.**

◆ Oportunidades de evaluación

- En esta actividad se han practicado las habilidades que son evaluadas por medio del Criterio C: Comunicación en respuesta a textos orales, escritos o visuales y del Criterio D: Uso de la lengua de forma oral o escrita.

Cómo escribir un volante promocional de una institución

Los volantes se utilizan para informar a las personas de manera rápida y concisa acerca de las características de una institución (en este caso).

La información en un volante debe ser breve, clara, interesante y también debe estar organizada lógicamente para facilitar la comprensión.

Considera estos puntos para escribir un volante efectivo:
- Menciona el nombre de la escuela.
- Incluye información tal como: página web, redes sociales y un teléfono y / o correo electrónico para solicitar información.
- Describe los espacios de la escuela; indica por qué son especiales.
- Menciona las actividades que es posible realizar en tales espacios.
- Incluye una descripción del área donde se encuentra la escuela y las ventajas de esta.
- Puedes mencionar sitios turísticos cercanos o lugares de recreación.
- Evita la acumulación innecesaria de información: distribuye las imágenes y las palabras adecuadamente.
- Selecciona colores agradables.

ACTIVIDAD: Esto no es una escuela, mucho menos mi casa

■ Enfoques del aprendizaje

- ■ Habilidades de pensamiento crítico: Consideran ideas desde múltiples perspectivas. Formulan preguntas fácticas, de actualidad, conceptuales y debatibles

Mira el vídeo en este enlace: http://tinyurl.com/escuecas

Toma notas sobre los problemas que observas.

Trabaja con un compañero.

Comparte tus ideas y observaciones.

Con tu compañero, **organiza** los problemas que **identificaste** del más grave al menos serio.

Charla con tu compañero sobre cómo pueden solucionarse esos problemas.

Escribe diez o más oraciones como las siguientes. Presta atención a la estructura.

a **Para mejorar el problema de los baños, podemos reemplazar los baños viejos con baños nuevos.**
b **Para solucionar el problema con el dinero, podemos organizar eventos para reunir fondos.**

! Actúa e involúcrate

Plan de acción para transformar una escuela

■ Enfoques del aprendizaje

- ■ Habilidad de pensamiento creativo: Crean soluciones novedosas para problemas auténticos
- ■ Habilidad de colaboración: Practican la empatía

! Charla con tu profesor de Servicio a la Comunidad.

! Organiza una visita a escuelas locales de escasos recursos.

! Con tus compañeros, reflexiona sobre cómo puedes contribuir a transformar esa escuela para que los estudiantes se sientan como en casa.

! Prepara un plan de acción. Puedes comenzar con un análisis FODA (Fuerzas, Oportunidades, Debilidades y Amenazas).

! Consulta las diferentes formas de tomar acción con tu profesor de Servicio a la Comunidad.

! ¡Actúa e involúcrate!

Convenciones de un vídeo

Cuando realizamos ejercicios para evaluar las habilidades del Criterio A, generalmente miramos vídeos. El aspecto 2 del Criterio A se refiere a las convenciones de los estímulos.

La siguiente imagen indica algunos de los elementos a los que debes prestar atención cuando realices tareas del Criterio A:

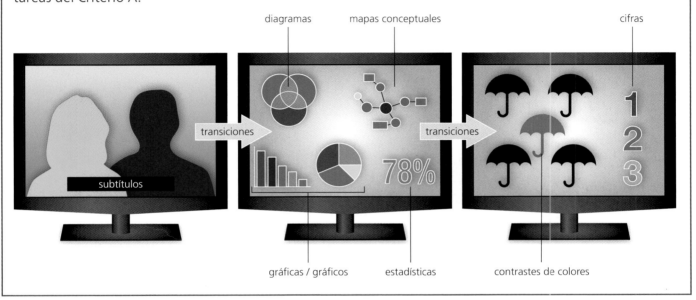

diagramas   mapas conceptuales   cifras

transiciones   transiciones

subtítulos   78%   1 2 3

gráficas / gráficos   estadísticas   contrastes de colores

ACTIVIDAD: Mi escuela es mi segundo hogar

■ Enfoques del aprendizaje

- ■ Habilidad de pensamiento crítico: Extraen conclusiones y realizan generalizaciones razonables

Mira el vídeo en este enlace: http://tinyurl.com/colejosant y responde las siguientes preguntas.

1   ¿Con quién va la niña a la escuela?
2   ¿Qué color es la mochila de la niña?
3   ¿Verdadero o falso? Los padres de los niños también participan en las actividades en la escuela. Justifica tu respuesta.
4   Toma en cuenta las expresiones de la niña, ¿cuál es su actividad favorita en la escuela?
5   ¿Qué deportes practica la niña en la clase de educación física?

6   Este vídeo es …
   a   un avance de cine
   b   un vídeo promocional de una escuela
   c   un vídeo blog
   Explica tu respuesta.
7   ¿Cuál es el objetivo de este vídeo?
8   Considerando las imágenes en el vídeo, ¿qué tipo de estudiante es esta niña?
9   ¿Qué atributos del perfil de la comunidad de aprendizaje expresa la niña? Explica.
10 ¿Qué tan similar o diferente es tu escuela a esta?
11 ¿Tu escuela produce los mismos sentimientos que esta escuela produce en la niña? Explica.

◆ Oportunidades de evaluación

- ◆ En esta actividad se han practicado las habilidades que son evaluadas por medio del Criterio A: Comprensión de textos orales y visuales.

ACTIVIDAD: Mi escuela es mi segunda casa, pero mi casa es mi primera escuela

Lee el siguiente testimonio.

Hola, soy Luz Haro, soy de Guatemala y vivo en Antigua. Soy asistente de la profesora de grado 8 en la Institución Educativa Simón Bolívar. Soy especialista en problemas de aprendizaje. Los estudiantes de esta escuela, en general, tienen muy buenas relaciones con los profesores y con sus compañeros. Me gusta trabajar en esta escuela porque hay personas de otros países y, entonces, es posible conocer y aprender sobre otras culturas.

Es verdad que la escuela puede ser como el segundo hogar, pero es importante recordar que el hogar es la primera escuela. En casa podemos aprender muchas cosas que son muy útiles en la escuela, por ejemplo: respeto, atención activa, humildad, compasión y empatía por los demás. En la escuela tenemos oportunidades para colaborar, cooperar, participar en proyectos y explorar diferentes temas, pero si no tenemos la base para trabajar con dignidad, paciencia y devoción, no podemos ser buenos estudiantes.

Los padres, los profesores y los estudiantes compartimos la responsabilidad de aprender los unos de los otros; y si cultivamos nuestra capacidad para sentir por otro ser humano, entonces sí, la escuela será como el segundo hogar.

En un diagrama de Venn como el siguiente, incluye lo que podemos aprender en la casa, lo que podemos aprender en la escuela y lo que podemos aprender en ambas. Puedes incluir tus ideas también.

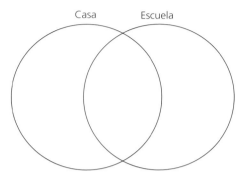

¿Cómo es similar o diferente tu escuela a la institución que describe Luz? **Escribe** diez oraciones. **Explica** por qué o por qué no tu escuela es como tu segundo hogar. Observa la estructura en los ejemplos:

a Mi escuela **es** como mi hogar **porque** hay personas muy amables.
b Mi escuela **no es** como mi hogar **porque** es muy estricta.

Escribe un testimonio que aparecerá en el sitio web de tu escuela.

El título del testimonio es: "Mi escuela es como mi segundo hogar".

Preséntate, y **describe** tu escuela. Menciona información sobre los profesores, los espacios y los estudiantes. Explica por qué tu escuela es como tu segundo hogar.

Escribe 100 palabras.

¡La escuela es una prisión!

¡Preferiría estar en cualquier otro lugar, menos en la escuela!

¡¿Por qué quieren que sea diferente?!

¡Los profesores olvidaron que fueron estudiantes!

IDEAS–ENIGMAS–EXPLORACIONES

Observa la imagen en este enlace: **https://tinyurl.com/hvdkn9u**, lee las frases anteriores y responde las preguntas.

1 ¿Qué ideas puedes inferir sobre el título del libro y el mensaje de las exclamaciones?
2 ¿Qué enigmas encierran el título del libro y las exclamaciones? ¿Por qué se expresaron de esa manera?
3 ¿Qué podríamos investigar al respecto?

Después de responder las preguntas, **comparte** tus respuestas con la clase entera.

ACTIVIDAD: ¿Qué piensan los estudiantes de la escuela?

■ Enfoques del aprendizaje

■ Habilidad de pensamiento crítico: Extraen conclusiones y realizan generalizaciones razonables

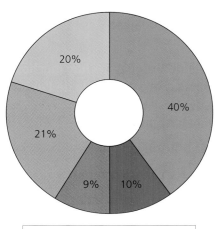

- ■ Exámenes y evaluaciones
- ■ Los profesores hartos y fatigados
- ■ La comida de la escuela
- ■ Abuso (*bullying*) y presión
- ■ Deberes

La gráfica representa los resultados de una encuesta reciente en 50 escuelas internacionales, sobre qué no les gusta a los alumnos de sus escuelas.

Observa la información que se presenta en la gráfica.

¿Estás de acuerdo o no?

Escribe diez oraciones. Especula sobre las razones por las que se obtuvieron esos resultados. Puedes escribir oraciones como esta:

A los estudiantes **no les gustan** los exámenes porque **deben memorizar** mucha información.

Comparte tus ideas con tus compañeros de clase.

Después de compartir tus ideas, pregunta a 30 estudiantes de diferentes grados en tu escuela qué cosas no les gusta de tu escuela. Toma notas de sus respuestas. **Organiza** las respuestas que recolectaste y represéntalas en gráficas. Compártelas con tus compañeros en clase.

Observa las estadísticas que tus compañeros prepararon.

¿A qué conclusiones puedes llegar?

¿Qué tan diferentes son las escuelas del mundo?

OBSERVA–PIENSA–PREGÚNTATE

Trabaja individualmente.

1 **Observa** las imágenes y escribe qué notas en cada una.
2 **¿En qué piensas** cuando ves cada una de las fotos?
3 **¿Qué preguntas** te provoca cada una?

Comparte tus respuestas y opiniones en equipos pequeños.

La educación es uno de los derechos inalienables de todo ser humano. En la Declaración Universal de los Derechos Humanos se establece que "los pueblos y naciones deben esforzarse, a fin de que tanto los individuos como las instituciones promuevan la enseñanza y la educación […]". Sin embargo, las oportunidades para estudiar varían de país a país.

ACTIVIDAD: Aulas del mundo

Enfoques del aprendizaje

■ Habilidad de reflexión: Consideran las implicaciones éticas, culturales y ambientales

País	Detalles sobre el aula	Detalles sobre los profesores	Detalles sobre los alumnos
Afganistán			
Brasil			
Colombia			
Costa de Marfil			
Londres			
Pakistán			
Rabat			
Rusia			
Uruguay			
Vietnam			
Estados Unidos			

Analiza las imágenes en este enlace: http://tinyurl.com/aulasmund y completa la tabla. Después, en equipos pequeños, **compara** tus ideas. Toma nota de la información que tus compañeros mencionen.

Compara las aulas de diferentes países. Expresa tus ideas siguiendo la estructura de las siguientes oraciones:

a **En** el aula de Uruguay **no hay** muchos estudiantes, **pero** en la aula de Pakistán sí.
b El aula de Brasil posiblemente **está en** un barco, y el aula en Afganistán **no tiene** muros.

Escribe diez oraciones.

Después trabaja con un compañero.

Utiliza las imágenes de las aulas alrededor del mundo como referencia.

Toma turnos para hacer preguntas y responder.

Considera este ejemplo:

A **¿En la escuela de Afganistán hay árboles?**
B **No, en la escuela de Afganistán no hay árboles.**

PIENSA–COMPARA–COMPARTE

Individualmente, **escribe** qué ves en el camino de tu escuela a tu casa.

Después, **compara** y comparte tus ideas con tus compañeros.

¿Qué tan similares o diferentes son las cosas y situaciones que ven?

▼ Nexos con: Individuos y Sociedades: Geografía

La Organización para la Cooperación y el Desarrollo Económicos (OCDE) incluye 34 países y ofrece un foro en el que los gobiernos colaboran para compartir experiencias y buscar soluciones a los problemas comunes.

Texto tomado de **www.oecd.org**

ACTIVIDAD: Aulas en diferentes partes del mundo

■ Enfoques del aprendizaje

■ Habilidad de comunicación: Hacen deducciones y extraen conclusiones

Utiliza el siguiente enlace:
http://tinyurl.com/pelig-cam-escu

Selecciona una de las situaciones que muestran las fotografías.

Imagina que esa es tu ruta para ir a la escuela. Presta atención al contexto.

Escribe un texto sobre lo que ves camino a tu escuela.

Menciona posibles problemas que puedes tener en ocasiones.

Expresa qué te motiva a ir a la escuela.

Después, colabora en equipos pequeños.

Comparte tu texto y escucha las narraciones de tus compañeros.

Realiza preguntas sobre las ideas que consideres interesantes.

◆ Oportunidades de evaluación

◆ En esta actividad se han practicado las habilidades que son evaluadas por medio del Criterio C: Comunicación en respuesta a textos orales, escritos o visuales y del Criterio D: Uso de la lengua de forma oral o escrita.

ACTIVIDAD: Camino a la escuela

■ Enfoques del aprendizaje

■ Habilidad de comunicación: Hacen deducciones y extraen conclusiones

Observa y **analiza** el sitio web en el siguiente enlace: **www.caminoalaescuela.com**, y responde las siguientes preguntas.

1 **¿Qué tipo de sitio web es este?**
2 **¿Qué es "Camino a la escuela"?**
3 **¿Este proyecto es una iniciativa de cuáles organizaciones?**
4 **¿Quién es el autor del libro?**
5 **Menciona dos objetivos globales de la UNESCO y el filme.**
6 **¿Por qué se creó la asociación?**
7 **¿Dónde puedo encontrar más información sobre la asociación?**
8 **¿Cómo se llama el director del filme?**
9 **¿Qué tipo de documento es el vídeo que aparece al inicio de la página?**
10 **¿Cómo podemos contactar a las personas de ABORDAR?**
11 **¿Dónde está ABORDAR?**
12 **¿Te gustaría ver este filme? ¿Por qué o por qué no?**
13 **¿A quién puedes recomendar el libro? ¿Por qué o por qué no?**

◆ Oportunidades de evaluación

◆ En esta actividad se han practicado las habilidades que son evaluadas por medio del Criterio B: Comprensión de textos escritos y visuales.

! **¿Qué tan equilibrado es el horario en tu escuela?**

! Conversa con tus profesores y planifica una propuesta para crear conciencia sobre el manejo y distribución del tiempo en tu escuela. Investiga y reúne información para validar y respaldar tus opiniones, presenta un par de alternativas en una asamblea, justificándolas con datos y ejemplos de tu investigación.

ESCUELAS EN ALGUNOS PAÍSES

En China muchos alumnos van a la escuela dos veces al día. Después de terminar sus clases en su colegio necesitan ir a "La Academia", un lugar donde reciben clases adicionales que les ayuda a pasar el Gaokao (高考), el examen que decide el futuro de los estudiantes chinos.

En India es muy común tener tutores particulares después de clase para ayudar a los estudiantes a aprender conceptos más profundamente. Sin embargo, esto representa un problema porque en ocasiones los estudiantes no trabajan efectivamente en la escuela, porque tienen apoyo en casa.

En México, muchos profesores dan una cantidad excesiva de tareas y deberes que los estudiantes necesitan completar en casa. Esto provoca un problema muy grande porque no permite a los estudiantes tener la oportunidad de explorar sus pasiones como los deportes o un instrumento musical.

El sistema de educación de los Estados Unidos y el Reino Unido incluye una gran cantidad de evaluaciones y exámenes que provoca que gran parte de la experiencia de los estudiantes en la escuela se enfoque en pasar exámenes.

El sistema educativo en Finlandia es muy popular hoy en día porque el número de clases es menor que en otro países. También, las relaciones que los estudiantes tienen con sus profesores rompen con los patrones tradicionales de la educación. En primaria, por ejemplo, el sistema finlandés promueve el juego.

OBSERVA–PIENSA–PREGÚNTATE

Lee los Post-its en el tablero.

Responde las siguientes preguntas de manera individual.

1 **¿Qué ideas interesantes identificas en cada país?**
2 **¿En qué situaciones positivas y negativas piensas cuando lees el escenario en cada país?**

3 **¿Cómo es ese sistema diferente al de tu país?**
4 **¿Qué preguntas tienes acerca del sistema de educación de los países en el tablero?**

Comparte tus ideas y preguntas en grupos pequeños.

ACTIVIDAD: El receso

Realiza una investigación breve sobre el receso en diferentes países.

- ¿Cuánto tiempo dura?
- ¿Cuántos recesos por día tienen los alumnos en diferentes escuelas?
- ¿A qué horas?

Menciona ideas sobre las ventajas de tener horarios a horas específicas. **Compara** el contexto de los países que investigues con la situación en tu escuela.

ACTIVIDAD: Una escuela diferente

Utiliza los siguientes enlaces para leer un volante sobre una escuela diferente:
- http://tinyurl.com/escueldifer
- http://tinyurl.com/escueldifer2

No es necesario comprender todas las palabras; presta atención al documento entero, especialmente a las fotos.

Después de leer, responde las preguntas.

Responde con *sí* o *no*.

1 ¿Sí o no? Padel Integra es una escuela de arte.
2 ¿Sí o no? Los chicos con problemas físicos pueden estudiar en Padel Integra.
3 ¿Sí o no? En Padel Integra, los chicos pueden estudiar chino.
4 ¿Sí o no? En Padel Integra, los profesores y los estudiantes pueden practicar deportes.

Responde las preguntas.

5 ¿Quién es el director del proyecto?
6 Posiblemente, la actividad más popular es …
7 ¿Cómo es posible aprender en Padel Integra?

8 El documento es:
  a un tríptico informativo
  b un perfil
  c un programa de concierto
9 En la información en el documento, no hay:
  a objetivos
  b número de contacto
  c descripción de la escuela
  d un mapa de la ubicación
10 La descripción de la escuela está en la sección de:
  a equipo profesional
  b nacimiento / propósitos
  c objetivos
11 Menciona tres diferencias entre tu escuela y Padel Integra.
12 ¿Cuáles son las diferencias entre los estudiantes en Padel Integra y los estudiantes en tu escuela? Escribe tres diferencias.
13 ¿Padel Integra NO acepta estudiantes con problemas físicos o estudiantes que son "diferentes"? ¿Sí? ¿No? Explica.
14 En tu opinión, ¿cómo son los profesores de Padel Integra similares y diferentes a los profesores en tu escuela? Explica.

ALGUNAS TAREAS SUMATIVAS PARA EVALUAR ESTE CAPÍTULO

Considera las siguientes actividades para poner en práctica lo que has aprendido en este capítulo. Las tareas se diseñaron considerando el vocabulario y estructuras que se introdujeron, así como las ideas que se presentaron. Estas tareas te permitirán valorar tu desempeño en diferentes áreas de la lengua utilizando los criterios de evaluación de Adquisición de Lenguas del PAI.

TAREA 1

Mira el vídeo titulado "Mi Universidad, Mi Hogar". Utiliza este enlace: http://tinyurl.com/unihoga y responde las siguientes preguntas.

1 Según el narrador, ¿qué es un hogar? Menciona dos ideas.
2 ¿Quién o qué dice "buenos días" al llegar a esta escuela?
3 ¿Cuál es el secreto del narrador para estar feliz en la escuela?
4 En tres líneas, describe esta escuela.
5 Haz una inferencia. ¿Cómo son los maestros en esta escuela? Justifica tu respuesta.
6 ¿Cuál es el objetivo de este vídeo? Lee la información sobre él y responde.
7 ¿Qué sentimientos o emociones proyecta la música en el vídeo? Explica.
8 ¿Cómo es similar o diferente esta escuela a la tuya?

◆ Oportunidades de evaluación

◆ Esta tarea evalúa habilidades del Criterio A: Comprensión de textos orales y visuales.

TAREA 2

Lee el diálogo sobre el primer día de clase.

Lunes 6 de septiembre, 8:30 a.m.

LUIS	¡Hola, Claudia! ¿Cómo estás?
CLAUDIA	¡Muy bien, Luis! ¿Y tú?
LUIS	Fantástico, gracias. ¿Quién es tu amigo?
CLAUDIA	Se llama Oswaldo, es un estudiante nuevo y es de Ecuador.
OSWALDO	Mucho gusto, Luis.
LUIS	Encantado, Oswaldo. ¿Te gusta la escuela?
OSWALDO	Sí, me encanta; es muy bonita y muy moderna.
CLAUDIA	Luis, escucha, a Oswaldo le gusta jugar fútbol y como a ti te gusta también, pienso que es buena idea que practiquen deportes juntos.
LUIS	No hay problema.
OSWALDO	Gracias, Luis, eres muy amable.
LUIS	De nada, hombre, no es gran cosa.
CLAUDIA	¿Te gusta tu nuevo horario, Luis?
LUIS	No mucho, tenemos muchas horas de Matemáticas y Ciencias. No tenemos muchas clases de Artes y de Deportes. ¿Qué profesores tienes tú, Oswaldo?
OSWALDO	Tengo a la maestra Katherine en inglés, al maestro Germán en Matemáticas, al maestro Rogelio en Español y Literatura y a la maestra Sofía en Humanidades. ¿Son buenos maestros?
CLAUDIA	A mí me encanta la maestra Sofía, es muy inteligente e interesante. Sus historias son muy fascinantes y divertidas. Pero el maestro Germán es muy estricto y muy puntual. En su clase no es buena idea hacer comentarios tontos y necesitas estudiar mucho.
LUIS	A mí me cae muy bien el maestro Germán, Claudia; me gusta mucho su

clase. Pero el maestro Rogelio es mi problema porque yo no tengo buena ortografía en Español y siempre tengo que repetir los ejercicios más de dos veces.

OSWALDO ¿Y cómo es la maestra Katherine?

CLAUDIA Es muy formal y muy seria, ella no habla mucho, pero sus clases son muy divertidas. A veces escuchamos música y también vemos películas en inglés.

LUIS ¿Cómo es tu escuela anterior, Oswaldo?

OSWALDO En Ecuador mi escuela era muy pequeña y muy estricta; todos los estudiantes llevan uniforme y tienen Educación Física a la primera hora. En la escuela hay muchos eventos de artes, entonces también es muy divertida, pero no hay un auditorio tan grande como aquí. Esta escuela es más moderna que mi escuela anterior.

CLAUDIA Oswaldo, ¿quién era tu maestra favorita en tu escuela anterior?

LUIS Posiblemente una maestra muy bonita, ¿verdad?

OSWALDO No, para nada. Mi maestra favorita era la maestra Paulina, la maestra de Matemáticas. Es muy creativa y muy inteligente. No es muy joven, pero tiene mucha experiencia como maestra. Tiene pelo corto y rizado y en ocasiones lleva gafas.

CLAUDIA ¡Es imposible que una maestra de Matemáticas sea divertida! ¡Las Matemáticas son aburridas!

LUIS El problema, Claudia, es que tú no eres muy inteligente.

CLAUDIA Ja, ja, ja, ja … ¡No eres nada divertido!

OSWALDO ¿Quiénes son los estudiantes más populares en la escuela?

LUIS Alice es de Canadá y es muy deportista.

CLAUDIA Salomé es española y es muy artística, ella puede bailar flamenco, salsa y tango.

LUIS Ricardo es de México, él no es muy estudioso, pero es muy guapo y todas las chicas siempre hablan de él.

CLAUDIA Creo que estás celoso de Ricardo, Luis.

LUIS ¡Claro que no!

OSWALDO ¿Qué hay de Rossana?

CLAUDIA ¿Te gusta Rossana?

OSWALDO No sé, pero es muy simpática.

LUIS Rossana es muy educada, su papá es de Venezuela y su mamá es de Rusia. Ella habla español, inglés, francés y ruso; también es muy deportista y artística.

OSWALDO Wow, creo que Rossana es la chica perfecta.

CLAUDIA Casi perfecta.

LUIS ¡Tú sí estás celosa!

OSWALDO Chicos, ahora son las 8:55 a.m, es hora de ir a clases. ¿Nos vemos en el recreo?

LUIS Vale.

CLAUDIA Sí, hasta luego.

Resuelve las siguientes tareas relacionadas con el texto.

Tarea 2.A

Relaciona las columnas. Observa el ejemplo:

Oswaldo es un estudiante nuevo de Ecuador.

1	Oswaldo es	a	es bueno en Matemáticas.
2	Claudia	b	es rusa.
3	Luis	c	es menos grande.
4	La mamá de Rossana	d	está celosa de Rossana.
5	La escuela anterior de Oswaldo	e	le gusta Rossana.
6	A Oswaldo	f	es guapo.
7	Ricardo	g	un estudiante nuevo de Ecuador.

➤

Tarea 2.B

Completa las frases.

8 La escuela nueva de Oswaldo no es …
9 Según Luis, Claudia …
10 En Ecuador, en la primera hora, Oswaldo …
11 … no es bueno en Español y Literatura.
12 Luis piensa que su nuevo horario …

Tarea 2.C

La siguiente información ES INCORRECTA. Corrige como en el ejemplo:

                                     Ecuador
Oswaldo, el estudiante nuevo, es de ~~Guatemala~~.

13 El papá de Rossana es de Rusia y su mamá es de Venezuela.
14 Cuando Luis tiene problemas en la clase de Inglés, tiene que repetir las actividades dos veces.
15 Según Oswaldo, su escuela en Ecuador era muy aburrida y poco estricta.

16 Según Claudia, es posible tener una clase de Matemáticas aburrida.
17 La maestra Katherine habla mucho en clase y es muy divertida.

Tarea 2.D

Responde las siguientes preguntas.

18 ¿Por qué se molesta Claudia con el comentario de Luis?
19 ¿Por qué Ricardo es un chico interesante?
20 ¿Por qué dice Luis que Claudia está celosa?
21 ¿Cómo son la maestra Paulina y el maestro Germán similares y diferentes?
22 ¿Cuánto tiempo hablaron Oswaldo, Luis y Claudia?

◆ Oportunidades de evaluación

◆ Esta tarea evalúa habilidades del Criterio B: Comprensión de textos escritos y visuales.

TAREA 3: Oral

En esta tarea participarás en una charla sobre tu escuela con tu profesor.

Tu profesor te preguntará sobre lo que te gusta hacer en tu escuela, sobre los aspectos que menos te gustan, tu opinión sobre los espacios, las asignaturas y tus relaciones con los profesores y tus amigos.

Responde las preguntas e incluye detalles en tus respuestas.

La interacción durará de uno a dos minutos.

TAREA 4: Escrita

Escribe un artículo para la revista de la cámara de comercio de tu ciudad.

En el artículo debes **describir** por qué tu escuela es una buena opción para estudiar. Describe las ventajas de sus instalaciones, y menciona aspectos relevantes sobre las relaciones entre los estudiantes y los profesores. Incluye información sobre los programas y proyectos originales de tu escuela.

Escribe 100 palabras.

◆ Oportunidades de evaluación

◆ Estas tareas evalúan habilidades del Criterio C: Comunicación en respuesta a textos orales, escritos o visuales y del Criterio D: Uso de la lengua de forma oral o escrita.

■ Enfoques del aprendizaje

■ Habilidad de reflexión: Consideran los contenidos y preguntarse: ¿Sobre qué aprendí hoy? ¿Hay algo que aún no haya entendido? ¿Qué preguntas tengo ahora?

Reflexión

En este capítulo leímos sobre las razones por las que la escuela puede considerarse como nuestro segundo hogar. También aprendimos vocabulario sobre las relaciones que tenemos con diferentes personas en la escuela, y sobre las actividades que podemos hacer en los diferentes espacios.

La escuela es un espacio donde ponemos en práctica los valores que aprendemos en nuestra familia, y donde exploramos las diferentes posibilidades de aprendizaje con nuestros profesores y compañeros de manera colaborativa o individual. Como ciudadanos reflexivos, es nuestro deber actuar e involucrarnos en iniciativas que contribuyan a mejorar la condición de vida de nuestro contexto local.

Reflexionemos sobre nuestro aprendizaje … Usa esta tabla para reflexionar sobre tu aprendizaje personal en este capítulo.					
Preguntas que hicimos	Respuestas que encontramos	Preguntas que podemos generar ahora			
Fácticas: ¿Cómo está organizada tu escuela? ¿Qué actividades son comunes en tu escuela?					
Conceptuales: ¿Cómo influye la cultura de un país en el tipo de escuelas que existen en él? ¿Puede la escuela sentirse como tu casa?					
Debatibles: ¿Qué tan diferentes son las escuelas del mundo? ¿Es la escuela un lugar para adquirir únicamente conocimientos académicos?					
Enfoques de aprendizaje en este capítulo:	Descripción: ¿qué destrezas nuevas adquiriste?	¿Qué tan bien has consolidado estas destrezas?			
		Novato	En proceso de aprendizaje	Practicante	Experto
Habilidades de comunicación					
Habilidades de colaboración					
Habilidades de organización					
Habilidades de reflexión					
Habilidades de gestión de la información					
Habilidades de pensamiento crítico					
Habilidades de pensamiento creativo					
Habilidades de transferencia					
Atributos de la comunidad de aprendizaje	Reflexiona sobre la importancia de ser reflexivo en este capítulo. ¿Cómo demostraste tus habilidades como estudiante reflexivo en este capítulo?				
Reflexivo					

2 ¿Quiénes forman mis familias?

○ Las **conexiones** que creamos y las interacciones que tenemos en diversos **contextos** permiten establecer diferentes tipos de **relaciones**.

CONSIDERAR Y RESPONDER ESTAS PREGUNTAS:

Fácticas: ¿Quiénes forman tu familia? ¿Qué actitudes y valores son característicos de una familia?

Conceptuales: ¿Cómo se integran las familias en diferentes países? ¿De qué formas podemos utilizar la lengua para referirnos a diferentes miembros de la familia?

Debatibles: ¿Existe únicamente un solo tipo de familia?

Ahora **compara y comparte** con un compañero o con la clase entera.

■ Nacemos en el corazón de una familia, pero podemos formar y elegir otras familias

○ EN ESTE CAPÍTULO VAMOS A:

■ **Descubrir:**
■ vocabulario y estructuras para interactuar en diferentes situaciones, considerando nuestras diferentes relaciones.

■ **Explorar:**
■ los diferentes significados del concepto de "familia".

■ **Tomar acción y:**
■ reflexionar sobre los valores que definen nuestras relaciones.

● Reflexiona sobre el siguiente atributo de la comunidad de aprendizaje:

● Buen comunicador: Nos expresamos con confianza y creatividad en diversas lenguas, lenguajes y maneras. Colaboramos eficazmente, escuchando atentamente las perspectivas de otras personas y grupos.

Las siguientes habilidades de los enfoques del aprendizaje serán útiles:

- Habilidades de comunicación
- Habilidades de colaboración
- Habilidades de reflexión
- Habilidades de gestión de la información
- Habilidades de pensamiento crítico

◆ Oportunidades de evaluación en este capítulo:

- **Criterio A:** Comprensión de textos orales y visuales
- **Criterio B:** Comprensión de textos escritos y visuales
- **Criterio C:** Comunicación en respuesta a textos orales, escritos o visuales
- **Criterio D:** Uso de la lengua de forma oral o escrita

Contenido esencial

Los contenidos temáticos que se abordarán en este capítulo pertenecen a las fases 1 y 2 del continuo de aprendizaje y son:

- Yo, mis familiares y amigos
- Las presentaciones
- Los datos personales
- Las descripciones
- Las relaciones personales
- La apariencia y el carácter
- La casa y el hogar
- La familia extendida
- La vida diaria en el hogar
- Las actividades diarias
- El verbo "ser"
- El verbo "estar"
- El verbo "tener"
- El verbo "gustar"
- Pronombres personales
- Adjetivos posesivos y demostrativos

VOCABULARIO SUGERIDO

Vocabulario sugerido para mejorar la experiencia de aprendizaje.

Sustantivos		Adjetivos	Conjunciones y adverbios	Verbos	
miembros de la familia	matriarca	amable	a qué hora	abrir	producir
objetos de la vida diaria	metros	amigable	cómo	beber	querer
nacionalidades	mujer	anticuado	cuál	comer	responder
profesiones	nombre	antiguo	cuándo	comprar	ser
actitud	país	creativo	cuánto	corregir	tener
amigo	patriarca	difícil	de dónde	deber	usar
apellido	personalidad	divertido	dónde	escribir	ver
clínica	peso	estudioso	o	escuchar	viajar
correo	respeto	fácil	por qué	estar	vivir
cualidad	sistema	grande	qué	gustar	
estatura	tradición	inteligente	y	haber (hay)	
gemelo		interesante		hablar	
grupo		joven		ir	
hombre		moderno		leer	
huérfano		pequeño		llamarse	
kilos		simpático		necesitar	
líder		talentoso		pensar	
mascota		trabajador		pesar	
		tradicional		poder	
				preguntar	

¿Quiénes forman tu familia?

Hola, ¿qué tal? **Me llamo** Pablo. **Tengo** 12 **años** y **soy de** Colombia. Mi papá **es de** España y mi mamá **es de** Rusia. **Yo soy** hijo único. ¿Cuántas personas **hay** en tu familia?

Hola, ¿qué tal? **Me llamo** Amanda. **Tengo** 13 **años** y **soy de** Estados Unidos. Mi papá **es de** Perú y mi mamá **es de** Canadá. **Tengo** dos hermanos, uno mayor y otro menor. Mi hermano mayor **se llama** Adrián y mi hermano menor **se llama** Edgar. ¿Cuántos hermanos **tienes**?

ACTIVIDAD: Presenta a tu familia

Lee la descripción de Pablo y Amanda.

Trabaja con un compañero.

Presenta tu familia a tu compañero.

Después, toma turnos para preguntar y responder estas preguntas.

1 **¿Cómo te llamas?**
2 **¿Cuántos años tienes?**
3 **¿De dónde eres?**
4 **¿Cuántos hermanos tienes?**
5 **¿Cómo se llama tu papá?**
6 **¿Cómo se llama tu mamá?**
7 **¿De dónde es tu papá?**
8 **¿De dónde es tu mamá?**

Sugerencia: Adjetivos posesivos

Los adjetivos posesivos son: mi(s), tu(s), su(s), nuestro(s), vuestro(s), sus. ¿Quieres aprender más sobre los adjetivos posesivos?

Visita este enlace: https://youtu.be/zUmaKr6bral

ACTIVIDAD: El árbol genealógico

Lee las siguientes oraciones.

Copia el árbol genealógico y **escribe** el nombre correcto en el lugar de cada número.

Hola, me llamo Alejandro. Tengo una hermana que se llama Teresa. Mi mamá se llama Lola y mi papá se llama Raúl. Mi papá tiene un hermano que se llama Carlos. Mi mamá tiene una hermana que se llama Úrsula. La madre de mi papá se llama Elizabeth. La madre de mi mamá se llama Elena. El padre de mi papá se llama Félix. El padre de mi madre se llama Salvador. Entonces, mis abuelos paternos son Félix y Elizabeth, y mis abuelos maternos son Salvador y Elena. Úrsula es mi tía y Carlos es mi tío.

ACTIVIDAD: El árbol genealógico de la familia de Alejandro

Utiliza el árbol genealógico de la familia de Alejandro.

Trabaja con un compañero.

Toma turnos para preguntar y responder algunas preguntas.

Observa el ejemplo:

A **¿Cuál es la relación entre [Alejandro] y [Úrsula]?**

B [Úrsula] **es** [la tía] **de** [Alejandro].

ACTIVIDAD: El árbol genealógico de tu familia

Dibuja el árbol genealógico de tu familia.

Trabaja con un compañero.

Toma turnos para compartir información sobre tu familia y para preguntar acerca de la familia de tu compañero. Estos son ejemplos de las preguntas que puedes utilizar:
- **¿Cómo se llama el papá de tu mamá?**
- **¿Cómo se llama tu abuelo materno?**
- **¿Cuál es la relación entre … y …?**

GRAMÁTICA

El género en artículos, sustantivos y adjetivos

En español, los objetos tienen género: o masculino o femenino.
- Masculino: el cuaderno, el lápiz, el libro
- Femenino: la escuela, la casa, la mesa

¿Qué notas al final de las palabras que tienen género femenino?

Las ocupaciones y los nombres de personas y animales también tienen género:
- Masculino: el doctor, el profesor, el director, el gato
- Femenino: la doctora, la profesora, la directora, la gata

Recuerda que los adjetivos que describen a las personas, objetos o animales tienen el género del sustantivo que describen:
- el doctor alto
- la profesora alta

PROFESIONES

Observa la ilustración y lee las oraciones.

Martha es enfermer**a** en un hospital.

Eduardo es doctor en una clínica médica.

Pedro es arquitecto.

Rosa es maestra de matemáticas.

Ana es abogad**a**.

Mi hermana es ingenier**a**.

Mi papá es director de cine.

Mi hermano es fotógrafo.

Mi mamá es escritor**a**.

Yo soy chef.

Observación de los detalles y diferencias

Los sustantivos en español tienen dos géneros: masculino o femenino.

En español, podemos utilizar algunas profesiones con hombres y con mujeres. Por ejemplo: periodista, artista, cantante, chef, policía, dentista.

¿Observas como una letra puede cambiar el **significado** de una palabra?

¿Puedes identificar el **patrón**?

ACTIVIDAD: Profesiones en tu familia

Utiliza la información en el árbol genealógico de tu familia.

Trabaja con un compañero.

Toma turnos para compartir información acerca de las profesiones en tu familia y para hacer preguntas.

Considera estos ejemplos:

Oración Mi papá **es** doctor.
Pregunta ¿**Cuál es** la profesión **de** tu mamá?

DESCRIPCIONES

Estudia los siguientes adjetivos.

alto	fuerte
amable	gordo
bajo	grosero
bueno	inteligente
cariñoso	interesante
creativo	paciente
delgado	respetuoso
educado	responsable
estudioso	trabajador

Sugerencia

Revisa la forma de escribir masculinos y femeninos.

¿Qué patrón observas en los adjetivos que terminan en "e"?

GRAMÁTICA

La estructura de las preguntas en español

En español utilizamos dos signos de interrogación para hacer preguntas:

• uno al principio: "¿"

• y otro al final: "?".

Una oración afirmativa o negativa en español se puede convertir en pregunta si agregamos los dos signos de interrogación:

• Oración afirmativa: la casa es roja.

• Pregunta: ¿la casa es roja?

Sin embargo, una forma más apropiada para hacer preguntas es invirtiendo el orden del verbo y del sustantivo:

• Pregunta: ¿La casa es roja?

• Alternativa: ¿Es la casa roja?

Puedes aprender más sobre preguntas en este enlace: **https://youtu.be/GYvhiBJtvmY**

ACTIVIDAD: Descripciones de familiares y amigos

Utiliza los adjetivos anteriores.

Clasifica los adjetivos en las siguientes categorías, de acuerdo a lo que describen.

El cuerpo	Actitud o cualidad	Personalidad

Escribe oraciones sobre tu familia, y tus amigos y amigas. Observa los ejemplos:

José **es** alt**o**.

María **es** alt**a**.

José **es** fuert**e** y María **es** fuert**e** también.

¿Cómo escribir un correo electrónico efectivamente?

El correo electrónico es un medio de comunicación muy útil. Hoy en día, casi todas las personas tienen una dirección de correo electrónico en Gmail, Outlook, iCloud o muchos otros proveedores de servicios.

A diferencia de los mensajes de textos instantáneos, en un correo es posible presentar una situación y hacer una petición con más detalles y de manera (in)formal.

Estas son algunas sugerencias para escribir un correo electrónico.

Lee el siguiente correo electrónico.

> **Para:** omarz7@correo.co.uk
>
> **Asunto:** Mi Familia
>
> Hola Omar:
>
> ¿Cómo estás? Gracias por responder mi correo electrónico. Ahora yo respondo tus preguntas.
>
> Tengo dos buenos amigos: uno es de Panamá y el otro es de México. Mi amigo mexicano se llama Arturo y mi amigo panameño se llama Ricardo. Los papás de Arturo son de México. El papá de Ricardo es de Panamá y su mamá es de Cuba. Nuestras familias son muy diferentes: Ricardo no tiene hermanos ni hermanas, pero Arturo tiene dos hermanos y dos hermanas.
>
> La familia de Ricardo tiene dos perros y Raúl dice que sus mascotas son parte de su familia. Arturo no tiene mascotas, pero dice que sus vecinos son como su familia porque sus abuelos y los abuelos de estas personas fueron amigos en el pasado. Mi familia es de China. Mi papá, mi mamá y yo somos hijos únicos porque de 1978 a 2015 en China las familias tenían sólo un hijo. Sin embargo, en China llamamos "tíos" y "tías" a los amigos de nuestros padres, y "hermano" y "hermana" a los hijos de los amigos de nuestros padres.
>
> Las personas que forman la familia son diferentes en el mundo, pero en mi opinión, en todas las familias hay cariño y amor. ¿Cómo es el concepto de familia en tu país? ¿Es tu familia similar o diferente a mi familia y la de mis amigos?
>
> Hasta luego,
>
> 王博文 [Wang BoWen] Juan

Escribe la dirección correcta de la persona para quien escribes el email.

El asunto debe presentar el tema principal de tu correo de forma clara y concreta.

Sé claro y breve. El email debe ser muy fácil de leer y entender. Menciona únicamente información importante.

Indica si esperas una respuesta y si necesitas que el receptor realice una acción específica. Menciona la fecha límite.

Menciona por qué escribes el correo electrónico. Es buena idea abordar sólo un tema específico.

Mencionar si adjuntas documentos importantes y su contenido.

Sé cortés, saluda a la persona a quien escribes.

Sé educado. Despídete siempre con un saludo o agradecimiento, y tu firma.

ACTIVIDAD: La familia de Wang BoWen

Después de leer el correo electrónico de Wang BoWen, responde las siguientes preguntas.

1 ¿Cuántos hermanos tiene Ricardo?
2 ¿Por qué Wang BoWen no tiene hermanos?
3 ¿Por qué la familia de Arturo es grande?
4 ¿Cómo son la familia de Ricardo y la de Wang BoWen similares?
5 ¿De dónde es Omar? Incluye información del texto en tu respuesta.
6 ¿Es este mensaje el primer intento de comunicación entre Omar y Wang BoWen? Explica.
7 ¿Cómo es tu familia en comparación a la familia de Wang BoWen, Arturo o Ricardo? ¿Es similar o diferente? Explica.
8 ¿Cómo es el sistema de familia de tu país diferente al de China entre 1978 y 2015? Explica.

ACTIVIDAD: Correo electrónico para Wang BoWen

Responde el correo electrónico de Wang BoWen.

Describe tu familia y la familia de dos de tus amigos.

Menciona características de las personas en tu familia y en la familia de tus amigos. **Indica** cómo son diferentes las familias de tus amigos y la tuya.

Incluye dos preguntas que quieres que Wang BoWen responda.

▼ Nexos con: Lengua y Literatura

Un campo semántico es un conjunto o familia de palabras con significados relacionados. Es posible reconocer estas familias de palabras gracias a los rasgos comunes que comparten.

Por ejemplo, un campo semántico para la palabra "familia" puede incluir palabras tales como "padre", "madre", "hijo", "hija", "esposo", "esposa", etc.

▼ Nexos con: Ciencia: Biología

Debido a la amplia variedad de vida, los biólogos dividen los seres vivos en diferentes familias o reinos: animal, vegetal, protistas, móneras y fungí. Cada uno de estos reinos a su vez se subdivide en varias categorías.

ACTIVIDAD: Comparaciones

Observa la siguiente ilustración, y lee la información y los ejemplos.

María	Andrea	Román	Luis
17 años	18 años	19 años	16 años
1.50 m	1.52 m	1.60 m	1.60 m
45 kg	48 kg	60 kg	55 kg

Ejemplos:

a María **es menos alta que** Andrea.
b Andrea **es más alta que** María.
c Román **es tan alto como** Luis.
d El pelo de María **es más largo que** el de Andrea.

Escribe ocho ejemplos más. Utiliza los patrones anteriores.

ACTIVIDAD: Padres y madres

■ Enfoques del aprendizaje

- Habilidad de colaboración: Escuchan con atención otras perspectivas e ideas

Consigue una foto de tus padres.

Trabaja con un compañero.

Muestra la foto de tus padres a tu compañero y **describe** a tu papá y a tu mamá.

Escucha la descripción de tu compañero. Después haz preguntas acerca de la información que no mencionó tu compañero.

Estas son algunas preguntas que puedes utilizar:

a **¿Es tu papá fuerte?**
b **¿Es tu mamá creativa?**

La interacción debe durar de uno a dos minutos.

◆ Oportunidades de evaluación

- En esta actividad se han practicado las habilidades que son evaluadas por medio del Criterio D: Uso de la lengua de forma oral o escrita.

▼ Nexos con: Matemáticas

El poder de comunicación de las gráficas

En la actividad "Encuesta sobre la familia" en la siguiente página tienes que transformar una serie de datos en una gráfica para presentar información de una manera visual. Las gráficas son una herramienta extraordinaria en la comunicación porque permiten resumir y agrupar información de diferentes formas, y así tener un impacto en las audiencias o los lectores.

ACTIVIDAD: Encuesta sobre la familia

Realiza una encuesta en tu escuela para descubrir las características predominantes en las familias de tus compañeros.

Organiza tu información en una tabla como esta.

Pregunta sobre los temas en la columna de la izquierda.

Temas	Nombres de tus compañeros			
Nombre de papá				
Nombre de mamá				
Número de hermanas				
Número de hermanos				
Estatura de papá				
Estatura de mamá				
Estatura de hermanos				
Estatura de hermanas				
Tamaño de los ojos				

Estos son ejemplos de preguntas que puedes utilizar:

a ¿Cuál es la estatura de tu papá?
b ¿Cuántos hermanos tienes?

Utiliza la información que obtuviste y **preséntala** en una gráfica. También **escribe** una interpretación de los datos que **demuestra** la gráfica.

Comparte con tus compañeros.

ACTIVIDAD: Repor Tito Habla sobre la Familia

Mira el vídeo en el siguiente enlace:
https://youtu.be/_PgvUTmF1n4 y responde las siguientes preguntas.

1 **¿A cuántas niñas entrevista Repor Tito?**
2 **¿Quién presenta a Repor Tito?**
3 **¿Dónde está Repor Tito en el vídeo? Explica cómo sabes.**
4 **¿A quién manda saludos Repor Tito?**
5 **Completa una tabla como la siguiente con información del vídeo. Si no se menciona la información, escribe una "×".**

Nombre	Su familia es	Es el / la mayor o menor	Actividades con la familia
Lilia			
Rodrigo			
Laura			
Sandra			
Omar			

6 **¿Es este vídeo la sección principal del programa donde aparece? Explica.**
7 **Este vídeo es parte de:**
   a un documental
   b un noticiario
   c una serie de televisión
   Menciona elementos del vídeo para justificar tu respuesta.
8 **¿Es tu familia similar a la de uno de estos chicos? ¿A la de quién? Explica.**
9 **Escribe cuatro oraciones sobre cómo eres diferente a los chicos del vídeo.**

Lee la ficha técnica de *Cuéntame cómo pasó*, una serie de televisión española.

Cuéntame cómo pasó

Ficha | Noticias | Capítulos | Reparto | Fotos | Vídeos | Audiencias | Críticas | Comunidad | Blogs | Foro

Personajes: La familia Alcántara

1   Cuéntame cómo pasó

Cadenas: La 1

País: España

Productora: Grupo Ganga

Inicio emisiones: septiembre 2001

Ranking de popularidad: 11 de 994

Ranking de votos: 530 de 851

Temporadas: 17

2   El padre: Antonio Alcántara es de la provincia de Albacete. Trabaja en una imprenta.

3   La madre: Mercedes Fernández, esposa de Antonio. En la serie, Mercedes es un ejemplo de la situación de la mujer en España durante el franquismo: es sumisa y tradicional.

4   La abuela: Herminia López Vidal es la mamá de Mercedes. Vive con su hija, su yerno, Antonio, y sus nietos: Toni, Inés, Carlitos y María. Es una mujer antigua, bondadosa y cálida. A Herminia no le gusta utilizar máquinas y sus nietos dicen que tiene terror de los "aparatos modernos" como la televisión.

5   El hermano mayor: Toni Alcántara Fernández es un chico relajado. Estudia derecho en la universidad y tiene interés por la política, especialmente la política de izquierda.

6   La hermana mayor: Inés Alcántara Fernández es una chica que tiene pasión por el teatro. En la serie tiene dos novios: el primero se llama Jesús, y el segundo se llama Mike.

7   El hijo menor: Carlos Alcántara Fernández o Carlitos es un niño de 8 años al comienzo de la serie. Pasa mucho tiempo con sus amigos Luis y Josete. En la escuela, Carlitos es un niño muy inquieto y tiene problemas con Don Severiano, su profesor.

ACTIVIDAD: Ficha técnica de *Cuéntame cómo pasó*

Después de leer la ficha técnica de *Cuéntame cómo pasó*, responde estas preguntas.

1 ¿Cuántas personas hay en la familia Alcántara?
2 En la descripción de Herminia, ¿qué palabras expresan esta idea: "tiene terror de los 'aparatos modernos'"?
3 ¿Verdadero o falso? ¿La serie tiene más de diez años en televisión? Justifica tu respuesta.
4 ¿Quién es Don Severiano?
5 ¿Qué tipo de medios de información o comunicación hay en la ficha técnica?
6 ¿Dónde aparece esta información? Justifica tu respuesta.
   a en la internet
   b en un documento impreso
7 ¿Verdadero o falso? Antonio es el hijo de Herminia. Justifica tu respuesta.
8 Observa la información sobre Toni, Carlitos e Inés. ¿Qué puedes deducir acerca de los apellidos en las familias españolas?
9 ¿Por qué es posible decir que la serie es muy popular?
10 ¿Tu familia es similar o diferente a la familia Alcántara? Explica.

¿Existe únicamente un solo tipo de familia?

OBSERVA–PIENSA–PREGÚNTATE

Observa las fotos con atención.

1 ¿Qué observas?
2 ¿En qué piensas cuando ves cada una de las fotos?
3 ¿Qué preguntas puedes hacer acerca de cada foto?

Comparte tus respuestas con un compañero o en equipos pequeños.

ACTIVIDAD: Dos familias diferentes

Selecciona dos de las fotos.

Primero, utiliza un diagrama de Venn para comparar las familias.

Después, escribe una comparación acerca de las familias.

Incluye número y descripción de los miembro   a familia, y otra información que puedas inferir.

Escribe 100 palabras.

◆ Oportunidades de evaluación

◆ En esta actividad se han practicado las habilidades que son evaluadas por medio del Criterio C: Comunicación en respuesta a textos orales, escritos o visuales y del Criterio D: Uso de la lengua de forma oral o escrita.

LAS PARTES DEL CUERPO

Observa las siguientes ilustraciones. Estudia las partes del cuerpo y los colores.

Sugerencia

¿Recuerdas cuándo usar "el" o "la"?

¿Cuáles partes del cuerpo son masculinas y cuáles son femeninas?

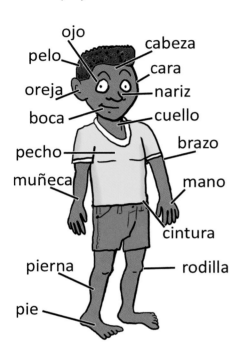

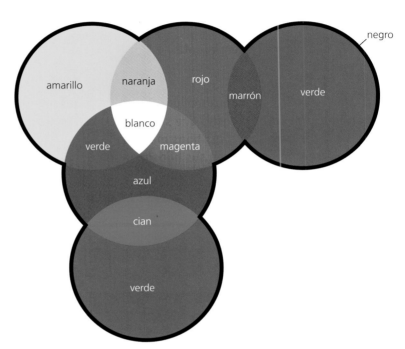

ACTIVIDAD: Descripción de las partes del cuerpo

En español, para describir las partes del cuerpo podemos usar dos verbos: "ser" y "tener". Observa los siguientes ejemplos. Presta atención al patrón.

Parte del cuerpo	Ser	Tener
Pelo	El pelo de María **es** corto.	María **tiene** pelo corto.
Boca	La boca de Adrián **es** pequeña.	Adrián **tiene** boca pequeña.
Brazos	Los brazos de Adolfo **son** largos.	Adolfo **tiene** brazos largos.
Manos	Las manos de Leo **son** grandes.	Leo **tiene** manos grandes.

Observa a cuatro de tus compañeros de clase. **Describe** sus cuerpos. Considera los ejemplos en la tabla de arriba. Presta atención a los singulares, plurales, masculinos y femeninos.

Sugerencia

Nota que en español los nombres de los colores son masculinos, incluso si terminan en a.

Por ejemplo: el rojo, el negro, el naranja, el rosa.

Sugerencia

¿Puedes adivinar cómo se forman los plurales en español?

Escribe el patrón.

PIENSA–ESCRIBE–COMPARTE

Considera una familia que incluye cinco personas, incluyendo a los dos padres.

Cada uno de los miembros en la familia tiene una personalidad definida en gran parte por el lugar que ocupa en la familia, ¿estás de acuerdo?

Completa las siguientes ideas y responde las preguntas. Después **comparte** tus ideas en equipos pequeños. Toma turnos para responder y preguntar acerca de las ideas que consideres interesantes.

- **El hijo / la hija mayor generalmente …**
- **El segundo hijo …**
- **La hija / el hijo menor …**
- **La relación entre los hermanos mayores y los hermanos menores …**
- **Los hermanos menores piensan que sus hermanos mayores …**
- **Algunos padres permiten a sus hijos mayores …**
- **Algunos padres no permiten a sus hijos menores …**
- **¿Cómo son las relaciones en tu familia?**
- **¿Cómo son las relaciones entre los padres y los hijos mayores y los menores?**

ACTIVIDAD: *Papá Soltero*

Enfoques del aprendizaje

- Habilidad de pensamiento crítico: Extraen conclusiones y realizan generalizaciones razonables

Mira el vídeo en el siguiente enlace: http://youtu.be/CmDEM93Iy6Q, del minuto 0:50 al minuto 2:20.

Responde las siguientes preguntas:

1 ¿Cuántos años tiene Cesarín?
2 ¿Qué profesión tiene el papá de Cesarín?
3 ¿Cuántos hermanos tiene Cesarín?
4 ¿Cómo se llama el mejor amigo del papá de Cesarín?
5 Completa una tabla como la siguiente con información del vídeo. Observa los detalles de cada persona con atención y describe su apariencia.

Personaje	Descripción
César	
Miguel	
Alejandra	
Cesarín	

6 ¿Es tu familia similar o diferente a la familia de Cesarín? Explica.
7 ¿Eres similar o diferente a Cesarín, Miguel o Alejandra? Explica.
8 La serie de televisión se llama *Papá Soltero* y se transmitió entre 1987 y 1994. ¿Qué imaginas acerca del impacto de la serie si su nombre fuera *Mamá Soltera*?
9 ¿Qué opiniones existen en tu país sobre un programa de televisión como este?

◆ Oportunidades de evaluación

◆ En esta actividad se han practicado las habilidades que son evaluadas por medio del Criterio A: Comprensión de textos orales y visuales.

ACTIVIDAD: Dos familias

■ Enfoques del aprendizaje

■ Habilidad de comunicación: Utilizan una variedad de técnicas de expresión oral para comunicarse con diversos destinatarios

Trabaja con un compañero.

Uno de ustedes personificará a Cesarín, y el otro hablará de su familia real.

Participa en un juego de rol. Habla de tu familia, **describe** su apariencia física y menciona aspectos de su personalidad. Escucha las ideas de tu compañero y haz preguntas para obtener información que te interese.

La interacción puede durar de uno a dos minutos.

◆ Oportunidades de evaluación

◆ En esta actividad se han practicado las habilidades que son evaluadas por medio del Criterio D: Uso de la lengua de forma oral o escrita.

IDEAS–ENIGMAS– EXPLORACIONES

Observa las dos fotos abajo y responde las siguientes preguntas. Toma notas de tus ideas.

1 ¿Qué opinas acerca del tema que muestran las imágenes? Comparte ideas.
2 ¿Qué enigmas presentan las imágenes?
3 ¿Qué podemos explorar y debatir acerca del tema?

Trabaja en equipos pequeños y **comparte** tus ideas.

¿Qué tan similares o diferentes son tus ideas a las de tus compañeros?

Lee el perfil de Geet Oberoi, para una presentación al estilo TEDx.

Geet Oberoi:
Una madre poco usual

■ Geet Oberoi, India

1   Geet Oberoi

2   Doctora en Educación con especialidad en dificultades de aprendizaje.

3   Maestra en Psicología.

4   Fundadora de la organización Orkids.

5   Ganadora del *Guruvar Award* por su trabajo con los niños con discapacidades en la India.

6   En 2012 ganó el *Women Achiever Award* de la India.

Geet Oberoi

7   En su presentación, la Dra. Geet Oberoi pregunta: "Cuando pensamos en una familia feliz, ¿qué imaginamos? ¿Cuántas personas vemos? ¿Dónde están? ¿Qué están haciendo? ¿Todas las personas tienen características similares?" La Dra. Oberoi menciona que en la India y en muchos países del mundo, la idea de una familia entera y feliz incluye a los abuelos, al padre, a la madre, a los hijos y en ocasiones también a las mascotas.

8   Después, la Dra. Oberoi nos invita a pensar en lo siguiente: "Y si eliminamos a los abuelos y al padre de la foto, ¿aún logramos ver a una familia? ¿El grupo que forman una madre y sus dos hijas puede considerarse familia?"

9   Pero esto no es todo. La Dra. Oberoi nos invita a pensar más y nos cuestiona con lo siguiente: "Y si la foto de 'familia' que tenemos incluye a una mujer y a dos hijas con diferentes características físicas, evidentemente adoptadas, ¿es eso una familia? ¿Podemos ver felicidad? ¿Puede esta familia ser considerada normal?

10 La Dra. Oberoi presenta su historia personal acerca de la idea de formar y ser parte de una familia, así como el deseo de amar y ser amado: el requisito básico para ser feliz, y una idea en la cual el matrimonio puede o no ser una opción.

ACTIVIDAD: Geet Oberoi: Una madre poco usual

Después de leer la información sobre la presentación de la Dra. Geet Oberoi, responde las siguientes preguntas.

1 ¿Cuántos premios ha ganado la Dra. Oberoi? ¿Cuáles?
2 ¿Qué estudió la Dra. Oberoi?
3 Realiza una inferencia. La Dra. Oberoi generalmente trabaja con profesores en la India. ¿Sí o no? Justifica tu respuesta.
4 Realiza una inferencia. La Dra. Oberoi tiene una familia "común". ¿Sí o no? Explica.
5 Realiza una inferencia. ¿Qué tipo de familia tiene la Dra. Oberoi?
6 ¿Qué opinas acerca de las preguntas de la presentación de la Dra. Oberoi?
7 Según la Dra. Oberoi, el matrimonio es necesario para tener una familia feliz. Explica con información del texto.
8 Este texto lo podemos encontrar:
   a en línea
   b impreso
   c en ambos formatos
   Justifica tu respuesta.
9 En tu opinión, ¿es la presentación de la Dra. Oberoi interesante? ¿Por qué o por qué no?
10 ¿El tema que trata la Dra. Oberoi es un tabú en tu país? Explica.

ACTIVIDAD: Diferentes estructuras familiares

Selecciona una de estas situaciones:

a Una familia que incluye estos miembros: un padre, dos hijas y un hijo
b Una familia que incluye estos miembros: una madre, un hijo, una hija y dos perros
c Una familia que incluye estos miembros: un padre, una madrastra, un hijo del padre y una hija de la madrastra

Escribe una descripción de 100 palabras. Describe la personalidad y apariencia de los miembros de la familia. Puedes hablar acerca de sus profesiones también.

Después trabaja con un compañero que escribió sobre una familia diferente a la tuya.

Comparte tus ideas y escucha la descripción de tu compañero.

Haz preguntas sobre la información que consideres interesante.

Lee el siguiente artículo acerca de un hombre y sus perros.

Decide crear una familia con 110 perros
Por Juan Pablo Proal , 18 enero, 2013

1   Rafael Carrillo es ex-vecino de la Colonia del Valle, una de las más adineradas de la Ciudad de México. Carrillo es agente de relaciones públicas de profesión, pero abandonó su vida tranquila y glamorosa para sentirse más humano.

2   Un día vio un par de perros callejeros en el Parque de Santa Mónica y, después de acercarse, jugar con ellos y acariciarlos, los cuadrúpedos comenzaron a seguirlo durante su rutina diaria de ejercicios, por la mañana. A partir de ahí, Rafael y los perros se convirtieron en amigos inseparables.

3   La aventura de Rafael comienza en 1988, con dos y después ocho perros. Carrillo abandona su domicilio y parte al Desierto de Los Leones; alquila una casa de 500 metros para él y para sus compañeros. Pocos días después, el número de perros aumentó a trece, a cincuenta, hasta llegar a ciento diez.

4   "Los perros tienen un corazón enorme, más grande que el de muchos humanos. Ellos no piensan en el mañana, ni en el ayer; no critican y no discriminan. Los perros son un ejemplo para mí, son mis maestros, son amables y honestos. No comprendo por qué las personas los abandonan", concluyó Rafael en la entrevista.

La fotografía en esta página fuera montada. Los perros no son los perros del artículo.

ACTIVIDAD: El hombre de los cien perros

■ Enfoques del aprendizaje

■ Habilidad de comunicación: Hacen deducciones y extraen conclusiones

Después de leer el artículo de periódico sobre Rafael Carrillo, responde estas preguntas.

1 ¿Dónde está la casa de Rafael actualmente?
2 ¿Dónde encontró los dos primeros perros?
3 ¿Qué opina Rafael de los perros?
4 ¿Cuál era la profesión de Rafael?
5 En el párrafo 2, línea 2, ¿qué palabra significa *animales de cuatro patas*?
6 ¿Verdadero o falso? El autor tuvo una conversación con Rafael Carrillo para escribir este artículo. Explica.
7 Menciona dos componentes básicos de este tipo de texto.
8 ¿Qué opinas de Rafael Carrillo?
9 ¿Tienes la misma opinión que Rafael sobre los perros? ¿Por qué o por qué no? Explica.
10 ¿A quién puedes recomendar esta historia? ¿Por qué?

◆ Oportunidades de evaluación

◆ En esta actividad se han practicado las habilidades que son evaluadas por medio del Criterio B: Comprensión de textos escritos y visuales.

ACTIVIDAD: La familia de Rafael Carrillo

■ Enfoques del aprendizaje

■ Habilidad de comunicación: Utilizan una variedad de técnicas de expresión oral para comunicarse con diversos destinatarios

Trabaja con un compañero.

Uno de ustedes será Rafael Carrillo y el otro será un periodista.

El periodista entrevistará a Rafael para **escribir** un artículo sobre su familia.

Charla con tu compañero, pregunta o responde según la situación.

La interacción debe durar de uno a dos minutos.

◆ Oportunidades de evaluación

◆ En esta actividad se han practicado las habilidades que son evaluadas por medio del Criterio C: Comunicación en respuesta a textos orales, escritos o visuales y del Criterio D: Uso de la lengua de forma oral o escrita.

¿Cómo se integran las familias en diferentes países?

■ ¿Es el número de personas la única diferencia entre las familias de diferentes culturas?

OBSERVA–PIENSA–PREGÚNTATE

Observa las imágenes anteriores.

De manera individual, responde estas preguntas.

1 ¿Qué **observas** en cada una?
2 ¿Qué **piensas** acerca de las familias en las imágenes?
3 ¿Qué **preguntas** puedes formular para cada una de las fotos?

Después de responder las preguntas, colabora en equipos pequeños y **comparte** tus ideas. Realiza las preguntas que **escribiste**, y responde las preguntas de tus compañeros.

VOCABULARIO SUGERIDO

Investiga el significado de estas palabras.

ahijado	madrina
comadre	nuera
compadre	padrino
concuño/a	suegro/a
cuñado	yerno

En tu cultura, ¿estas personas forman parte de tu familia?

¿A QUIÉN CONSIDERAS FAMILIA?

Hola, ¿qué tal? Me llamo Anahera, soy maorí y mi nombre significa "ángel".

La familia en mi cultura tiene un significado especial porque es más que el parentesco. En maorí la palabra *whānau* se usa para hablar de la familia, pero este término tiene dimensiones físicas, espirituales y emocionales. Un *whānau* generalmente incluye personas de tres generaciones, muy similar a los abuelos, padres e hijos. Todas estas personas viven juntas en el mismo lugar. Los valores, historias y tradiciones de los ancestros son importantes en el *whānau* y todos los miembros aprenden a conservarlas.

Hola, ¿qué tal? Me llamo Lankenua, soy una profesora de origen masái, soy de Kenia y puedo hablar suajili, inglés, francés y español. La familia masái tiene una estructura muy tradicional. El padre es el líder y la madre está encargada de las actividades de la casa. En algunas tribus, los hombres tienen varias mujeres. Los masáis vivimos en grandes grupos de familia extendida, en casas llamadas *manyattas*. Por las tardes, el adulto mayor de la comunidad celebra una reunión pública para tomar las decisiones de manera colectiva.

Hola, ¿qué tal? Me llamo Yakone, soy inuit y mi nombre significa "amanecer rojo". Soy profesor en una escuela. El concepto de familia para nosotros los inuit es muy diferente al de otras culturas. En nuestras familias no diferenciamos entre los familiares paternos o maternos. Para nosotros es más importante establecer la distancia. Es decir, hacemos distinciones para expresar si alguien es importante. Para hablar de las personas que consideramos familia tomamos en cuenta el concepto de yo: el elemento que nos define como humanos.

ACTIVIDAD: Nuevos amigos

- Habilidad de comunicación: Utilizan una variedad de técnicas de expresión oral para comunicarse con diversos destinatarios

Trabaja en equipos de tres.

Selecciona un grupo social: maorí, inuit o masái.

Imagina que eres parte de esa comunidad.

En este momento estás sentado al lado de las personas de los otros dos grupos sociales.

Participa en una interacción con tus compañeros.

Es necesario tocar los siguientes temas:

a **Nombre**
b **Edad**
c **Nacionalidad**
d **Número de personas en la familia**
e **Nombres de las personas en la familia**
f **Descripción de cada una de las personas en la familia**
g **Comparación de las personas en la familia**

La interacción debe durar de tres a cuatro minutos.

- En esta actividad se han practicado las habilidades que son evaluadas por medio del Criterio C: Comunicación en respuesta a textos orales, escritos o visuales y del Criterio D: Uso de la lengua de forma oral o escrita.

ACTIVIDAD: Mi nuevo amigo

- Habilidad de comunicación: Escriben con diferentes propósitos

Después de participar en la interacción con dos de tus compañeros, de manera individual **escribe** una descripción sobre uno de ellos.

Menciona su nombre y edad, información acerca de su familia y una descripción breve de las personas en su familia.

Escribe 100 palabras.

- En esta actividad se han practicado las habilidades que son evaluadas por medio del Criterio C: Comunicación en respuesta a textos orales, escritos o visuales y del Criterio D: Uso de la lengua de forma oral o escrita.

ACTIVIDAD: La familia del Rey de España

■ Enfoques del aprendizaje

■ Habilidad de pensamiento crítico: Extraen conclusiones y realizan generalizaciones razonables

Mira el vídeo en el siguiente enlace:
www.youtube.com/watch?v=RRwG7Nd2_E4

Responde las siguientes preguntas.

1 ¿Cómo se llama el Rey de España?
2 ¿Tiene hermanos el Rey de España? ¿Cuántos?
3 ¿Cómo se llaman las hijas del Rey de España?
4 ¿Cuál es el estado civil de Elena?
5 ¿Cuántos primos tienen las hijas del Rey de España?
6 ¿Cómo se llama la Reina de España?
7 Completa el árbol genealógico a la derecha con los nombres de los miembros de la familia del Rey de España.
8 Tu familia, ¿es similar o diferente a la familia del Rey de España? Explica.
9 ¿La apariencia del Rey de España es similar a la de tu papá? Explica.

10 ¿La apariencia de la Reina de España es similar a la de tu mamá? Explica.

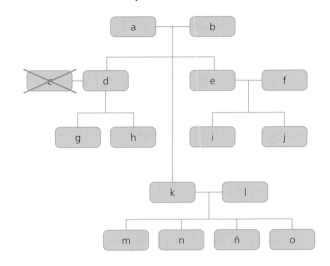

◆ Oportunidades de evaluación

◆ En esta actividad se han practicado las habilidades que son evaluadas por medio del Criterio A: Comprensión de textos orales y visuales.

ACTIVIDAD: Investigación sobre las familias del mundo

■ Enfoques del aprendizaje

■ Habilidad de gestión de la información: Acceden a la información para estar informados e informar a otros

Selecciona uno de los siguientes países; escoge uno que consideres muy diferente a tu país.

a Japón
b India
c Brasil
d Omán
e Filipinas
f Tailandia
g Myanmar

Investiga sobre la familia en el país que seleccionaste. **Escribe** acerca del número de personas en cada familia y los roles que cada uno juega. **Indica** cómo es la familia en este país diferente a la familia en tu país. Utiliza "hay" y "tiene" correctamente.

Escribe 100 palabras.

◆ Oportunidades de evaluación

◆ En esta actividad se han practicado las habilidades que son evaluadas por medio del Criterio C: Comunicación en respuesta a textos orales, escritos o visuales y del Criterio D: Uso de la lengua de forma oral o escrita.

ALGUNAS TAREAS SUMATIVAS PARA EVALUAR ESTE CAPÍTULO

Considera las siguientes actividades para poner en práctica lo que has aprendido en este capítulo. Las tareas se diseñaron considerando el vocabulario y estructuras que se introdujeron, así como las ideas que se presentaron. Estas tareas te permitirán valorar tu desempeño en diferentes áreas de la lengua utilizando los criterios de evaluación de Adquisición de Lenguas del PAI.

TAREA 1

Las mascotas y la familia

Mira el vídeo en el siguiente enlace: **http://tinyurl.com/mascfami** y después responde las siguientes preguntas.

1 **Según el vídeo, ¿qué es la familia?**
2 **Considera las imágenes del vídeo y menciona tres ejemplos sobre por qué las mascotas son importantes.**
3 **Considera la narración. Menciona tres roles que pueden jugar las mascotas en nuestras vidas.**
4 **¿Verdadero o falso? El vídeo menciona que las mascotas no son parte de la familia. Justifica tu respuesta.**
5 **¿Qué fundación promueve este vídeo?**
6 **¿Qué herramientas y recursos utilizó el autor de este vídeo para transmitir su mensaje?**
7 **¿Qué rol tienen los títulos que aparecen en el vídeo? ¿Fue buena idea incluirlos? ¿Por qué o por qué no?**
8 **Selecciona una idea que se muestra en los títulos que aparecen en el vídeo y expresa tu opinión al respecto.**
9 **Selecciona una de las imágenes del vídeo que represente un aspecto de tu vida y explica por qué. Si no puedes identificar una imagen representativa, menciona por qué.**
10 **Personalmente, ¿qué opinas sobre las mascotas y su rol en la familia?**

◆ Oportunidades de evaluación

- ◆ Esta tarea evalúa habilidades del Criterio A: Comprensión de textos orales y visuales.

Lee el siguiente texto sobre la familia conjunta.

La familia conjunta

1   La **familia conjunta** o **familia indivisa** es un acuerdo que existe en el subcontinente indio, particularmente en India; en este modelo social, varias generaciones familiares viven en la misma casa, unidos por un apellido en común.

Índice

1 Estructura familiar

1.1 Relaciones

2 Referencias

3 Véase también

Hinduismo

ॐ

Hindú: Historia

Conceptos

Escuelas

Deidades

Textos

Prácticas

Otros temas

Estructura familiar

2   Históricamente, durante generaciones, en la India se conserva la tradición de *la familia conjunta* o *sistema de familia indivisa*. Una familia conjunta por la línea paterna incluye los abuelos, sus hijos e hijas y sus nietos, hijos de sus hijos e hijas por igual.

3   El hombre mayor es el líder de la familia y se le conoce como patriarca; como líder, el patriarca toma las decisiones sobre temas económicos y sociales en nombre de la familia entera. La esposa del patriarca, generalmente atiende las responsabilidades en la casa y las prácticas religiosas y, muy frecuentemente, tiene una fuerte influencia en los temas y decisiones familiares.

4   Todos los hombres líderes de cada una de las familias que forman la familia conjunta contribuyen con una porción de su salario, de manera igualitaria, para satisfacer las necesidades de la familia entera. Así, la matriarca de la familia, con las demás mujeres, administra los bienes de la familia.

Relaciones

5   Las relaciones entre las personas en una familia conjunta se expresan de diferentes maneras, y pueden indicar equivalencia, respeto mutuo o apodos divertidos.

6   En las familias conjuntas de India central y del norte, es común observar las bromas y burlas entre una esposa o cuñada y su cuñado más joven. Por otro lado, las relaciones hacia las personas mayores son más respetuosas. En la cultura popular de la India, en la televisión, los programas muestran situaciones en las que el *badi bhabhi* abusa el poder de su posición en la familia.

Referencias:

7   Khomegah, R. (1997) 'Características socioeconómicas de las mujeres ghaneses' Diario de Estudios Comparativos, 1997 v28 n1 p73(16)

Véase también:

8   Familia

Genealogía

TAREA 2

La familia conjunta

Responde las siguientes preguntas.

1 ¿Qué une a las personas en una familia conjunta?
2 ¿A qué religión pertenece este texto sobre la familia conjunta?
3 ¿Cómo es diferente el rol del patriarca y el de la matriarca en la familia conjunta?
4 ¿Cuántas secciones tiene el artículo?
5 ¿En qué sección podemos tener más información sobre el tema?
6 ¿A qué tipo de documento es similar este texto?
7 ¿Qué temas recomienda leer el autor de este texto?
8 ¿Por qué las palabras en los índices están subrayadas?
9 ¿Es la estructura de la familia conjunta similar a la de tu familia? Explica.
10 ¿Te gustaría vivir en una familia conjunta? ¿Por qué o por qué no? (Y si vives en una, ¿por qué es especial?)
11 En tu opinión, ¿es la vida en la familia conjunta más fácil o difícil? Explica.

TAREA 3: Oral

Participa en una interacción con tu profesor.

Responde las preguntas que hará tu profesor.

Las preguntas tratarán temas sobre tu familia, los miembros en ella, el tipo de relaciones que tienes con ellos y su apariencia física. Otros temas acerca de los cuales el profesor puede preguntar son: nombre, edad, estatura, peso, etc.

La interacción durará dos minutos.

TAREA 4: Escrita

Observa la imagen con atención.

Imagina que eres amigo de Antonio, el niño en la foto.

Describe la familia de Antonio.

Menciona todas las relaciones que recuerdes.

Describe y **compara** las personas de la familia de Antonio.

Menciona qué tipo de familia es y tu opinión sobre ella.

Escribe 100 palabras.

Reflexión

■ Enfoques del aprendizaje

■ Habilidad de reflexión: Consideran los contenidos y preguntarse: ¿Sobre qué aprendí hoy? ¿Hay algo que aún no haya entendido? ¿Qué preguntas tengo ahora?

En este capítulo leímos sobre el significado del concepto de familia que existe en diferentes lugares en el mundo. También leímos sobre la estructura de diferentes grupos familiares y acerca de las reglas y sistemas que rigen la construcción de las familias en el mundo.

La familia es un núcleo importante en la sociedad, es uno de los espacios donde se construyen valores, se aprenden costumbres y se forjan sueños. Es importante apreciar el valor de esta unidad social debido a que podemos aprender cómo utilizar el idioma correctamente con las personas.

Reflexionemos sobre nuestro aprendizaje …
Usa esta tabla para reflexionar sobre tu aprendizaje personal en este capítulo.

Preguntas que hicimos	Respuestas que encontramos	Preguntas que podemos generar ahora			
Fácticas: ¿Quiénes forman tu familia? ¿Qué actitudes y valores son característicos de una familia?					
Conceptuales: ¿Cómo se integran las familias en diferentes países? ¿De qué formas podemos utilizar la lengua para referirnos a diferentes miembros de la familia?					
Debatibles: ¿Existe únicamente un solo tipo de familia?					
Enfoques de aprendizaje en este capítulo:	Descripción: ¿qué destrezas nuevas adquiriste?	¿Qué tan bien has consolidado estas destrezas?			
		Novato	En proceso de aprendizaje	Practicante	Experto
Habilidades de comunicación					
Habilidades de colaboración					
Habilidades de reflexión					
Habilidades de gestión de la información					
Habilidades de pensamiento crítico					
Atributos de la comunidad de aprendizaje	Reflexiona sobre la importancia de ser un buen comunicador en este capítulo. ¿Cómo demostraste tus habilidades como buen comunicador en este capítulo?				
Buen comunicador					

③ ¿Cómo nos define el lugar donde vivimos?

○ La **ubicación geográfica** de un determinado lugar permite explorar la **creatividad** personal y experimentar con diferentes **formas** de aprendizaje e interacción con el ambiente.

CONSIDERAR Y RESPONDER ESTAS PREGUNTAS:

Fácticas: ¿Qué ecosistemas podemos encontrar en los países hispanohablantes? ¿Qué actividades son específicas de las regiones frías, calurosas o templadas? ¿Qué actividades se pueden practicar en diferentes regiones del mundo?

Conceptuales: ¿Cómo cambia la actitud, el temperamento y el estilo de vida de las personas según el clima?

Debatibles: ¿Es la vida dónde hay clima templado más fácil que en otros lugares? ¿Podemos aprender o desarrollar destrezas especiales al vivir en diferentes lugares?

Ahora **compara y comparte** con un compañero o con la clase entera.

■ Las personas que viven en diferentes zonas geográficas poseen diferentes temperamentos, estilos de vida y gozan de diferentes oportunidades

○ EN ESTE CAPÍTULO VAMOS A:

■ **Descubrir:**
   ■ ideas acerca de cómo la geografía determina la personalidad y los gustos.
■ **Explorar:**
   ■ la relación entra la geografía, el tiempo y el estilo de vida de las personas.
■ **Tomar acción y:**
   ■ evaluar que tanto aprovechamos las ventajas que nos ofrece el lugar donde vivimos.

Las siguientes habilidades de los enfoques del aprendizaje serán útiles:

- Habilidades de comunicación
- Habilidades de colaboración
- Habilidades de reflexión
- Habilidades de gestión de la información
- Habilidades de alfabetización mediática

Reflexiona sobre el siguiente atributo de la comunidad de aprendizaje:

- Informado e instruido: Desarrollamos y usamos nuestra comprensión conceptual mediante la exploración del conocimiento en una variedad de disciplinas. Nos comprometemos con ideas y cuestiones de importancia local y mundial.

Oportunidades de evaluación en este capítulo:

- **Criterio A:** Comprensión de textos orales y visuales
- **Criterio B:** Comprensión de textos escritos y visuales
- **Criterio C:** Comunicación en respuesta a textos orales, escritos o visuales
- **Criterio D:** Uso de la lengua de forma oral o escrita

Contenido esencial

Los contenidos temáticos que se abordarán en este capítulo pertenecen a las fases 1 y 2 del continuo de aprendizaje y son:
- Dentro de la ciudad y sus alrededores
- El tiempo meteorológico
- Las estaciones
- Mi barrio y mi comunidad
- La vida en la ciudad y en el campo
- El medio ambiente
- Construcciones con "poder", "querer", "deber" + infinitivo
- El presente
- Adverbios de frecuencia

VOCABULARIO SUGERIDO

Vocabulario sugerido para mejorar la experiencia de aprendizaje.

Sustantivos	Adjetivos	Verbos
ecosistemas	aburrido	acompañar
estaciones del año	alto	bailar
	antiguo	beber
temperaturas	bonito	buscar
ropa	bueno	cantar
acera	caro	comer
animal	contaminado	comprar
arbusto	dañado	convivir
aula	desagradable	correr
árbol	destruido	disfrutar
bosque	divertido	encontrar
calle	eficientes	escalar
cementerio	en mal estado	estar
centro	estresante	ir
comercial	feo	mirar
circo	histórico	nadar
desierto	igual	poder
edificio	interesante	querer
estadio	limpio	ser
flores	mejor	tener
lago	moderno	ver
lugar	organizado	visitar
mar	peligroso	
montaña	peor	
monumento	pequeño	
museo	pintoresca	
oficina	seguro	
pantano	similar	
parque	viejo	
pastizal		
pasto		
patio		
pájaro		
piscina		
piedras		
plantas		
playa		
pradera		
río		
rocas		
selva		
semáforo		
tienda		
tundra		
zoológico		

¿Qué ecosistemas podemos encontrar en los países hispanohablantes?

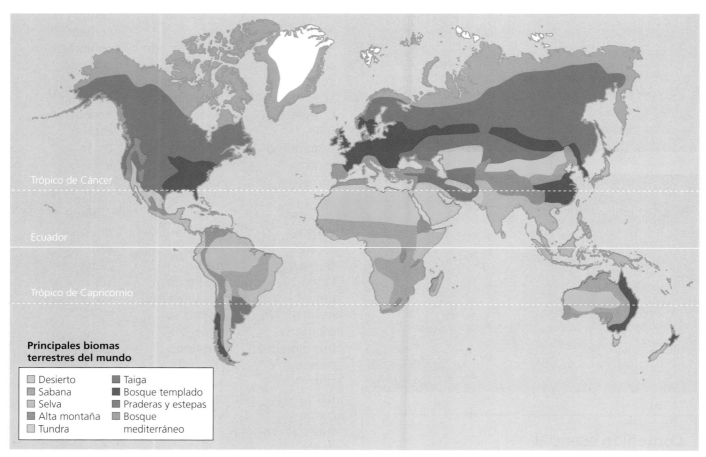

Trópico de Cáncer

Ecuador

Trópico de Capricornio

Principales biomas terrestres del mundo

- ☐ Desierto
- ☐ Sabana
- ☐ Selva
- ☐ Alta montaña
- ☐ Tundra
- ■ Taiga
- ■ Bosque templado
- ☐ Praderas y estepas
- ■ Bosque mediterráneo

■ Principales biomas terrestres del mundo

▼ Nexos con: Individuos y Sociedades: Geografía

Seis países hispanohablantes se encuentran entre los países con más diversidad en el mundo, y se les conoce como países megadiversos. Estos países son:

- Colombia
- Perú
- México
- Ecuador
- Venezuela
- Bolivia.

OBSERVA–ESCRIBE–COMPARTE

Observa el mapa con atención.

De manera individual, **escribe** diez oraciones sobre los ecosistemas que hay en el mundo.

Considera la estructura de estos ejemplos:

a **En África hay desierto.**
b **Canadá tiene tundra y taiga.**

Comparte tus oraciones en equipos pequeños.

EL CLIMA Y EL TIEMPO

En un año hay 12 meses: enero, febrero, marzo, abril, mayo, junio, julio, agosto, septiembre, octubre, noviembre, diciembre.

En un año **hay** cuatro estaciones: primavera, verano, otoño e invierno.

En el centro de México, por ejemplo, en primavera **hace** calor, en el verano llueve mucho, en otoño **hace** viento y en invierno **hace** frío.

¿Cómo es el clima en tu ciudad en los diferentes meses?

enero	febrero	marzo
6	14	21
abril	mayo	junio
30	10	10
julio	agosto	septiembre
7	15	16
octubre	noviembre	diciembre
12	20	25

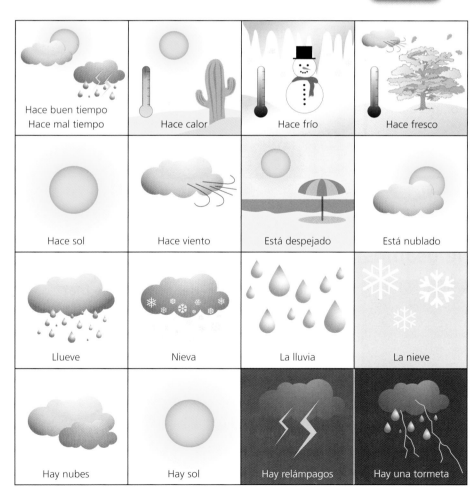

Hace buen tiempo / Hace mal tiempo	Hace calor	Hace frío	Hace fresco
Hace sol	Hace viento	Está despejado	Está nublado
Llueve	Nieva	La lluvia	La nieve
Hay nubes	Hay sol	Hay relámpagos	Hay una tormeta

ACTIVIDAD: Las estaciones del año en mi ciudad

Responde las siguientes preguntas. Considera el contexto de tu ciudad o país.

1 **¿Cuándo es la primavera?**
2 **¿Cuándo es el otoño?**
3 **¿Qué tiempo hace en verano?**
4 **¿Llueve en invierno?**
5 **¿Nieva en diciembre?**
6 **¿Está nublado en verano?**
7 **¿Hace fresco en marzo?**

Escribe diez oraciones sobre el tiempo en tu ciudad en diferentes meses. Observa la estructura de los siguientes ejemplos:

a **En mi ciudad, en primavera hace sol, pero en ocasiones hace frío.**
b **En Singapur nunca hace frío, porque el clima es tropical.**

▼ Nexos con: Ciencias

Los grados centígrados o Celsius y los grados Fahrenheit son dos escalas de temperatura termodinámica. En los países de habla hispana se utilizan los grados Celsius.

Ambas escalas tienen diferentes puntos de congelación y ebullición del agua:

	Celsius	Fahrenheit
Punto de congelación	0°	32°
Punto de ebullición	100°	212°

Para convertir Fahrenheit a Celsius puedes utilizar esta fórmula:

$T(F) = T(C) \times 1.8 + 32$

Para convertir Celsius a Fahrenheit puedes utilizar esta fórmula:

$T(C) = (T(F) - 32)/1.8$

¿Conoces otras formas de realizar esta conversión?

LA ROPA

ACTIVIDAD: La ropa que usamos

■ Enfoques del aprendizaje

- Habilidad de comunicación: Utilizan una variedad de técnicas de expresión oral para comunicarse con diversos destinatarios

Trabaja con un compañero.

Toma turnos para preguntar sobre el tiempo y la ropa. Observa la estructura en los siguientes ejemplos:

A **¿Qué ropa te gusta usar cuando hace frío?**
B **Cuando hace frío me gusta usar chaqueta.**
A **¿Qué te gusta usar en invierno?**
B **Me gusta usar bufandas.**

◆ Oportunidades de evaluación

- En esta actividad se han practicado las habilidades que son evaluadas por medio del Criterio D: Uso de la lengua de forma oral o escrita.

ACTIVIDAD: Masculinos y femeninos

¿Recuerdas la regla para identificar masculinos y femeninos?

Observa la imagen que muestra las diferentes prendas e intenta asociarlas con el artículo correcto: *el* o *la*.

Por ejemplo:

- **el** pantalón
- **la** camisa

¿Qué ropa te gusta usar?

ACTIVIDAD: La ropa y los diferentes climas en el mundo

Enfoques del aprendizaje

- Habilidad de gestión de la información: Establecen conexiones entre diversas fuentes de información

Consulta el mapa sobre los ecosistemas en el mundo en la página 56.

Escribe oraciones utilizando el vocabulario de la ropa y el tiempo.

Escribe sobre el propósito de la ropa que las personas usan.

Observa el ejemplo:

En Canadá **hace** frío en invierno, **entonces** las personas **usan** abrigos y bufandas **para** no tener frío.

Escribe diez oraciones.

Comparte tus ideas en equipos pequeños.

Oportunidades de evaluación

- En esta actividad se han practicado las habilidades que son evaluadas por medio del Criterio D: Uso de la lengua de forma oral o escrita.

Lee el siguiente artículo acerca de Brasil.

El país con mayor biodiversidad en el mundo

1   En el mundo hay varios países con una rica flora y fauna que los hace especiales, particularmente para los turistas que adoran la naturaleza.

2   Brasil es el lugar con más biodiversidad del planeta. Este país tiene enormes zonas verdes a lo largo de su territorio; una de ella, la más conocida, es la selva amazónica. Brasil tiene la más grande diversidad vegetal, y también tiene el mayor número de especies conocidas de mamíferos y peces de agua dulce.

3   La enorme variedad de animales, plantas, microorganismos y ecosistemas, muchos únicos en todo el mundo, que tiene Brasil existe gracias a la extensión territorial y a los diferentes climas del país. Ningún otro país tiene tantas variedades de orquídeas y palmeras como Brasil. En pocas palabras, en Brasil se concentra entre el 15 y el 20% de la biodiversidad del planeta.

4   Brasil posee seis biomas: amazonia, mata atlántica, cerrado, pantanal, catinga o Bosque de Brasil y pampas, además de la zona costera y marina. En cada uno de los biomas la diversidad biológica es sorprendente. La siguiente tabla compara los países megadiversos del mundo.

País	Mamíferos	Aves	Reptiles	Anfibios
Brasil	**56.215**	**648**	**1.712**	**630**
Colombia	48.000	456	1.815	520
China	32.200	502	1.221	387
Indonesia	29.375	670	1.604	511
México	23.424	564	1.150	864
Venezuela	21.073	353	1.392	293
Ecuador	21.000	271	1.559	374
Perú	17.144	441	1.781	298
Australia	15.638	376	851	880
Madagascar	9.505	165	262	300
Congo	6.000	166	597	268

5   En pocas palabras, Brasil es el país más verde de Latinoamérica. Sin embargo, este país megadiverso tiene un problema muy grande, porque muchas especies de su flora están en peligro de extinción. Esto, evidentemente, tiene consecuencias devastadoras para su medio ambiente y sociedad, porque todas las especies en peligro de extinción representan una consecuencia económica y social.

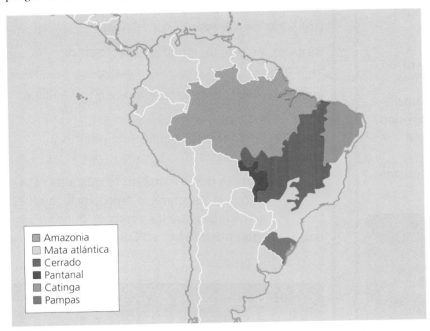

- Amazonia
- Mata atlántica
- Cerrado
- Pantanal
- Catinga
- Pampas

6   El problema de Brasil y de todos los países biodiversos del mundo es que la velocidad de extinción de las especies es más rápida que la de la ciencia para identificar y describir nuevas especies.

ACTIVIDAD: El país con mayor biodiversidad en el mundo

Después de leer el artículo sobre Brasil, responde las siguientes preguntas.

1 Menciona tres biomas que existen en Brasil.
2 ¿Qué país tiene más especies de aves que Brasil?
3 ¿Cuál es el porcentaje de biodiversidad que tiene Brasil en el mundo?
4 ¿Qué problema tiene Brasil respecto a su biodiversidad?
5 ¿Cuáles son las dos razones por las que Brasil es un país megadiverso?
6 ¿Qué datos incluye la tabla en el texto?
7 ¿Cómo ayuda la tabla a comprender la idea principal del texto?
8 ¿Por qué utilizó el autor la palabra "megadiverso" para referirse a Brasil y otros países?
9 ¿Cómo es tu país en comparación con Brasil? ¿Es también un país con mucha biodiversidad?
10 ¿Qué pueden ver los turistas que viajan a Brasil?
11 ¿Te gustaría viajar a Brasil para hacer turismo ecológico? ¿Por qué o por qué no?

ACTIVIDAD: Colombia, el segundo país con mayor diversidad en el mundo

Utiliza el siguiente enlace para leer sobre la biodiversidad en Colombia: http://tinyurl.com/colombbiod

Lee la información y **resume** los datos más importantes en un mapa conceptual.

Dibuja tu mapa conceptual en un póster y exhíbelo en tu aula.

Visita los mapas conceptuales de tus compañeros y observa las diferencias con el tuyo.

Después, **escribe** un email a tu profesor de Biología.

Imagina que estás de vacaciones con tu familia en Colombia.

Describe las diferentes especies de plantas y animales que has visto.

Menciona qué te gusta y qué no te gusta de esta experiencia con el turismo ecológico. Incluye ideas sobre las actividades que las personas pueden hacer y lo que pueden ver en Colombia.

Escribe 100 palabras.

ACTIVIDAD: Actividades en diferente regiones

■ **Enfoques del aprendizaje**

- Habilidad de gestión de la información: Establecen conexiones entre diversas fuentes de información

Revisa el vocabulario sugerido al principio de este capítulo. Enfócate en los verbos.

Escribe oraciones sobre las actividades que hacen las personas dependiendo de la región donde viven. Utiliza vocabulario relacionado con el clima, las estaciones y los meses del año. Observa la estructura de los ejemplos:

a En México hay muchas playas, entonces se puede practicar *surfing* en el verano y la primavera.
b En Chile hay montañas, entonces se puede esquiar en el invierno.

◆ **Oportunidades de evaluación**

- ◆ En esta actividad se han practicado las habilidades que son evaluadas por medio del Criterio D: Uso de la lengua de forma oral o escrita.

ACTIVIDAD: La vida en diferente condiciones

■ **Enfoques del aprendizaje**

- Habilidad de comunicación: Utilizan una variedad de técnicas de expresión oral para comunicarse con diversos destinatarios

Completa la siguiente tabla.

Utiliza los mapas en las páginas 56 y 61 como referencia.

Observa el ejemplo.

País	Lugares	Actividades que se pueden realizar
Venezuela	Playas	Nadar
Argentina		
España		
Costa Rica		

Después de completar la tabla, colabora con un compañero.

Imagina que tú eres de uno de esos países y tu compañero es de otro.

Charla con tu compañero sobre el tipo de lugares que hay en tu país y las actividades que puedes hacer en diferentes temporadas.

Considera estos ejemplos:

A ¿De dónde eres?
B Soy de Costa Rica.
A ¿Qué tipo de lugares hay en Costa Rica?
B Hay playas, bosques y ríos.
A ¿Qué tiempo hace en Costa Rica en verano?

◆ **Oportunidades de evaluación**

- ◆ En esta actividad se han practicado las habilidades que son evaluadas por medio del Criterio C: Comunicación en respuesta a textos orales, escritos o visuales y del Criterio D: Uso de la lengua de forma oral o escrita.

¿Cómo cambia la actitud, el temperamento y el estilo de vida de las personas según el clima?

NOTAS DE PERIODISTA

Observa las imágenes con atención.

Identifica la información que se indica en las columnas sobre cada una de las fotos.

Imagen	Hechos y eventos	Ideas y emociones	Lugares donde se puede practicar
Surfeo en las dunas			
Pesca en el hielo			
Observación de aves			

Colabora en equipos pequeños. **Comparte** tu opinión sobre cada una de las actividades utilizando la información de las tres columnas.

Considera la estructura del siguiente ejemplo:

La pesca en el hielo **es** popular **en** el Polo Norte, en invierno. **A** las personas **pacientes les gusta** la pesca en el hielo **porque** es una actividad muy **tranquila**.

Haz preguntas sobre las ideas de tus compañeros.

Estas son algunas de las preguntas que puedes utilizar:
- **¿En qué otros lugares es posible practicar la pesca en el hielo?**
- **¿Qué ropa y herramientas son necesarias para practicar la pesca en el hielo?**

ACTIVIDAD: ¿Cómo es la vida en diferentes regiones?

Responde las siguientes preguntas y después pregunta su opinión a tus compañeros. Organiza las respuestas en una tabla como la siguiente.

Utiliza este modelo para preguntar y responder:

A ¿Cómo es la vida en [la playa]?
B La vida en la playa es divertida.

Lugar	Tu respuesta	Compañero 1	Compañero 2	Compañero 3
La playa	Divertida			
Las montañas				
El desierto				
La ciudad				
El bosque				
El campo				
Una isla				

Después de preguntar a tres compañeros, **selecciona** dos lugares y **escribe** una descripción considerando las opiniones de tus compañeros. Responde la pregunta:

¿Cómo es la vida en [ese lugar]?

Incluye detalles y **justifica** mencionando información sobre los países donde es posible encontrarlo, el clima y las actividades que es posible hacer ahí.

En las aguas de Finlandia

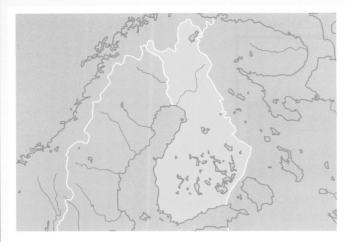

1   La pesca en el hielo es la pesca de invierno más tradicional. Las zonas abiertas del centro de los lagos o las cabeceras de las bahías son los lugares ideales para practicar la pesca en hielo de Finlandia. Los pescadores pueden experimentar la paz de la naturaleza y una tranquilidad que es difícil de encontrar en otro lugar del mundo.

2   La pesca en hielo es parte de los derechos públicos de los finlandeses. Esto significa que no se necesita ninguna licencia para practicar la actividad. La perca es el pez nacional de Finlandia y es la especie que se captura con más frecuencia cuando se practica la pesca en hielo. Muchos pescadores amateurs celebran su primera captura, especialmente si tienen pasión por la pesca, o si esta actividad es parte de las tradiciones de invierno de su familia.

3   La pesca en hielo es un pasatiempo popular en Finlandia. Hay aguas adecuadas para este deporte en prácticamente todas partes, porque en invierno, en Finlandia hay mucho hielo. Las competiciones de pesca en hielo también son muy populares. De hecho, muchas personas de otros países a quienes les gusta el silencio y la concentración vienen a Finlandia a practicar la pesca en hielo. Además, los finlandeses son muy amables, cordiales y tranquilos. Para muchas personas, la pesca en hielo es similar a meditar.

Cuidado con el hielo delgado

4   Sin importar donde se practique la pesca en hielo, es necesario tener cuidado, porque el grosor y lo sólido de las superficies dependen del clima; de hecho, puede haber superficies con hielo muy delgado y si las personas no caminan con cuidado pueden tener accidentes. Los pescadores que salen al hielo deben tener consigo punzones de hielo, una herramienta que les puede salvar la vida.

5   Para caminar sobre el hielo, este necesita estar duro y tener al menos 5 centímetros de espesor. Por ejemplo, el hielo de la orilla puede ser muy resistente mientras que las zonas del centro de los lagos el hielo puede ser delgado. En la primavera es cuando hay riesgos más grandes porque incluso una capa de medio metro puede estar fracturada por el efecto del sol de la primavera.

6   Sin embargo, si buscas una experiencia única, debes probar la pesca en el hielo en las aguas congeladas de Finlandia.

ACTIVIDAD: La pesca en el hielo: la meditación del finlandés

■ Enfoques del aprendizaje

■ Habilidad de comunicación: Leen con actitud crítica y para comprender

Después de leer el artículo sobre la pesca en el hielo en Finlandia, responde las siguientes preguntas.

1   ¿Por qué la pesca en hielo es como la meditación?

2   ¿Qué precaución es necesario tomar al practicar la pesca en hielo? ¿Por qué?

3   ¿En qué temporada no es recomendable pescar en el hielo? ¿Por qué?

4   ¿Qué características debe tener el hielo para poder caminar sobre él?

5   Según el texto, ¿para qué tipo de turistas es una buena actividad la pesca en hielo?

6   ¿Qué tipo de texto es este?

7   ¿Cuántas secciones hay en este documento?

8   ¿Es este documento para todo tipo de turistas? Explica.

¿Cómo escribir un texto para un blog personal?

Un blog personal es tu bitácora de opiniones. Los blogs personales presentan los puntos de vista de los autores de forma relajada y natural y en un tono que invita a los seguidores a ser parte del diálogo.

Los blogs son la representación virtual de la personalidad y voz de sus autores.

Para escribir un texto para un blog personal (no profesional), considera estas sugerencias:

1 Selecciona un tema sobre el que quieres compartir tu opinión.

2 Define las ideas que quieres aportar a tus seguidores antes de comenzar a escribir.

3 Piensa en tu audiencia. Reflexiona sobre lo que quieres sugerir y / o convencer.

4 Puedes comenzar tu blog de dos maneras:

   a Con una pequeña anécdota

   b Con una definición del tema sobre el que quieres escribir.

5 Saluda a tus seguidores. Un blog es versátil porque tiene un número fijo de seguidores, pero está abierto al mundo entero. Por esta razón, es buena idea invitar a los lectores a navegar la historia.

6 Menciona lugares, personas, libros, situaciones o los contenidos que te motivaron a escribir el texto. Si es una reflexión personal, es buena idea mencionarlo.

7 Incluye enlaces o cita las fuentes que utilizaste. Las fuentes aportan fiabilidad, pero es importante mantener la personalidad de tu blog.

8 Selecciona la mejor estructura para tu texto. Estas son algunas opciones:

   a Título + presentación + introducción del tema + discusión + ejemplos + reflexión + invitación a comentar

   b Título + anécdota + antecedentes + datos relevantes e ideas principales + reflexión + invitación a comentar

9 Escribe tu texto con claridad y con calidad. Respeta e incluye a tus lectores en tu historia.

10 No existe extensión mínima para un texto de blog, pero generalmente las entradas son breves, concisas y provocadoras.

11 Tu texto debe despertar el interés de tus lectores a comentar y a ser parte de la historia que cuentas.

12 No olvides leer y releer el texto antes de publicar. Tu blog representa el tipo de persona que eres.

---

9 ¿Por qué se incluye un mapa en este documento?

10 ¿Es posible leer el documento en otros idiomas? ¿Cómo sabes?

11 ¿Te gustaría practicar la pesca en el hielo? ¿Por qué o por qué no?

12 ¿Cómo es la pesca en el hielo diferente de tu actividad al aire libre favorita?

◆ Oportunidades de evaluación

◆ En esta actividad se han practicado las habilidades que son evaluadas por medio del Criterio B: Comprensión de textos escritos y visuales.

LAS PERSONAS QUE VIVEN EN LA PLAYA SON MÁS FELICES

1   Vivir o pasar más tiempo cerca del mar tiene efectos positivos para la salud, porque estar cerca del océano hace sentir mejor a las personas. Durante las vacaciones, la playa es el destino ideal para muchas personas y no es para más pues pasar unos días en la playa nos relaja. De hecho hay estudios que afirman que la gente que vive cerca del mar tiene mejor salud tanto física, como mental.

2   Entre las ventajas de vivir en el mar podemos mencionar:

- una mejor oxigenación en el cuerpo
- menor presión arterial
- relajación total
- vitamina D para la piel.

3   No podemos negar que la playa tiene algo especial. ¿No es sorprendente e interesante que los mejores tratamientos terapéuticos recomiendan lugares cerca del agua, el mar y la arena?

ACTIVIDAD: Las personas que viven en la playa son más felices

■ Enfoques del aprendizaje

- Habilidades de comunicación: Leen con actitud crítica y para comprender. Escriben con diferentes propósitos

Después de leer el extracto de periódico sobre las personas en la playa, **escribe** un texto de blog. Expresa tu opinión sobre este tema. Utiliza vocabulario relacionado con la personalidad, las emociones, los lugares y sus características, y diferentes tipos de actividades.

Escribe 100 palabras.

ACTIVIDAD: ¿Por qué las personas en los lugares con inviernos largos se deprimen más fácilmente?

■ Enfoques del aprendizaje

- Habilidad de comunicación: Leen con actitud crítica y para comprender

Después de leer el artículo sobre la falta de luz y el TAE en la siguiente página, responde las siguientes preguntas.

1   **¿Qué recomendación se menciona en el párrafo final?**
2   **Según la autora, ¿cómo se sienten las personas cuando hay sol y luz?**
3   **¿Por qué el ambiente de trabajo no es tan positivo en el invierno en algunos países?**
4   **¿Qué otro nombre tiene el TAE?**
5   **¿Cómo afecta la falta de luz la actitud de los estudiantes, según el artículo?**
6   **¿Qué ideas del texto representan las dos imágenes?**
7   **¿Qué información en el texto nos permite concluir que Daniela Olmos hizo una investigación para escribir este artículo?**
8   **¿Por qué es importante incluir opiniones de expertos en artículos como este?**
9   **¿Cuál es el objetivo del texto?**
10 **¿Estás de acuerdo con la idea central del artículo? ¿Por qué o por qué no?**
11 **¿Qué tan similar o diferente es tu país a los países que se mencionan en el artículo?**
12 **¿Cómo eres diferente tú en el verano y en el invierno? Explica.**

◆ Oportunidades de evaluación

- ◆ En esta actividad se han practicado las habilidades que son evaluadas por medio del Criterio B: Comprensión de textos escritos y visuales.

¿Por qué las personas en los lugares con inviernos largos se deprimen más fácilmente?

Por Daniela Olmos

1   ¿Por qué las personas que viven en la playa sonríen más que las personas que viven en lugares fríos? Aunque resulte difícil de creer, cuando no hay mucha luz podemos observar cambios nuestro cuerpo. El frío y la oscuridad del invierno provocan depresión tanto en las personas como a los animales, pues producen una disminución general de las funciones metabólicas, y la explicación más simple es que la luz solar determina nuestro estado de ánimo.

2   Cuando los turistas de lugares típicamente fríos como Finlandia o Canadá viajan a lugares cálidos mencionan que cuando hace sol se sienten mejor, con más energía, más activos y más felices; y que cuando hace frío experimentan una falta de motivación. Posiblemente por esta razón muchas personas asocian la lluvia y la neblina con la melancolía.

3   Muchas universidades en Bélgica y Alemania recomiendan a sus estudiantes desarrollar hábitos y rutinas para mantenerse activos en el invierno. Muchos profesores expresan que durante el invierno es común ver a los estudiantes con menos energía, y con una actitud más seria y sombría que en el verano. De hecho, una investigación de la Universidad de Southampton, Inglaterra, menciona que un 90% de los adultos experimentan cambios paulatinos en su estado de ánimo, energía y sueño cuando el verano termina, durante el otoño y con la llegada del invierno.

4   Esta situación no es nada el otro mundo y de hecho tiene un nombre; se le conoce como trastorno afectivo estacional (TAE). El impacto negativo del TAE es tan grande que la atmosfera de trabajo durante el invierno en países como Dinamarca, Noruega o incluso el Reino Unido, puede ser un tanto miserable debido a la depresión invernal. También es importante mencionar que aunque el cambio de clima afecta a toda la gente, también hay personas que sufren TAE crónico.

5   Los inviernos con menos luz provocan más casos de TAE, y cualquier persona puede estar en riesgo. Por esta razón, debemos poner atención para ofrecer ayuda a nuestros amigos y seres queridos si la necesitan.

ACTIVIDAD: La influencia del invierno

■ Enfoques del aprendizaje

■ Habilidades de comunicación: Escriben con diferentes propósitos. Utilizan una variedad de técnicas de expresión oral para comunicarse con diversos destinatarios

Realiza estas dos tareas:

Tarea escrita

Imagina que en este momento eres un estudiante de intercambio en un país que tiene un invierno muy severo. **Escribe** una entrada en tu diario. **Describe** qué actividades puedes y no puedes hacer debido a los cambios de temperatura y a la falta de luz. Menciona cómo te sientes y qué observas en las personas.

Escribe de 100 a 150 palabras.

Si vives en un país que tiene un invierno severo, imagina que estás de intercambio en la playa.

Tarea oral

Considera la situación anterior. Trabaja con un compañero. Decide quién es el estudiante de intercambio y quién es su amigo. Imagina que estás hablando por teléfono con tu mejor amigo. Habla de tus experiencias en el lugar donde estás de intercambio. Menciona las diferencias más marcadas con tu lugar de origen. El amigo debe preguntar acerca de las emociones, sentimientos y reacciones del estudiante de intercambio.

La interacción debe durar dos minutos.

◆ Oportunidades de evaluación

◆ En esta actividad se han practicado las habilidades que son evaluadas por medio del Criterio C: Comunicación en respuesta a textos orales, escritos o visuales y del Criterio D: Uso de la lengua de forma oral o escrita.

OBSERVA–PIENSA–PREGUNTATE

Presta atención a las imágenes a la izquierda sobre las personas en las montañas, en el desierto, la tundra y la ciudad. Observa su forma de vida.

1 **¿Qué observas?**
2 **¿En qué piensas cuando prestas atención a cada foto?**
3 **¿Qué te preguntas al contemplar cada foto?**

Comparte tus ideas y preguntas en equipos pequeños.

ACTIVIDAD: Vidas de diferentes colores, emociones con diferentes sabores

Enfoques del aprendizaje

- Habilidad de colaboración: Escuchan con atención otras perspectivas e ideas
- Habilidades de comunicación: Utilizan una variedad de técnicas de expresión oral para comunicarse con diversos destinatarios. Escriben con diferentes propósitos

Trabaja en equipos pequeños. **Comenta** sobre la vida en los siguientes lugares. Completa una tabla como la siguiente con la información necesaria sobre cada lugar.

Escribe únicamente el resumen de las ideas que **compartas** con tus compañeros.

La vida en ...	Características y actitudes de las personas	Actividades comunes	Dificultades que las personas pueden enfrentar
la playa			
las montañas			
el desierto			
la ciudad			
la tundra			

Después de completar la tabla, realiza las siguientes tareas de forma individual.

Tarea escrita

En un diagrama de Venn, compara tu vida con la vida de las personas en las montañas, en el desierto o en la tundra.

Después, escribe un texto para tu blog explicando las diferencias. Haz énfasis en la manera en que el lugar donde vivimos **determina** el estado de ánimo, la personalidad, los hábitos y las relaciones que las personas pueden tener. Escribe de 100 a 150 palabras. Utiliza las ideas que mencionaste en la tabla.

Tarea oral

Colabora con un compañero.

Imagina que tú y el vienen de lugares distintos y ahora estudian en la misma escuela. Decide de qué lugar vienes. **Preséntate**, habla de las actividades que las personas hacen en tu lugar de origen y menciona las cosas que echarás de menos. Toma turnos para hacer preguntas acerca de la vida de tu compañero. Utiliza las ideas en la tabla anterior.

La interacción debe durar de dos a tres minutos.

Oportunidades de evaluación

- En esta actividad se han practicado las habilidades que son evaluadas por medio del Criterio C: Comunicación en respuesta a textos orales, escritos o visuales y del Criterio D: Uso de la lengua de forma oral o escrita.

¿Podemos aprender o desarrollar destrezas especiales al vivir en diferentes lugares?

GENERA–ORGANIZA–CONECTA–EXPLICA

Considera las imágenes sobre las personas en las montañas, en el desierto y en la tundra en la página 70; y las ideas que escribiste en la tabla en la página 71.

1 **Genera ideas sobre las dificultades que tendrías si vivieras en cada una.**
2 **Organiza las ideas que generaste en diferentes familias. Por ejemplo: vida diaria, responsabilidades, etc.**
3 **Establece conexiones con las habilidades que son necesarias para vivir en esos lugares.**
4 **Explica que podrías aprender si pasaras tres meses en uno de esos lugares.**

Comparte tus ideas en equipos pequeños.

▼ Nexos con: Individuos y Sociedades: Geografía

El término *nómada* está muy vinculado a una persona que está en constante viaje. En la antigüedad los seres humanos en su totalidad eran nómadas ya que debían trasladarse de un lugar a otro para conseguir alimento, lo cual permitió poblar extensas áreas del planeta así como la adaptación a los diferentes fenómenos naturales. Hoy en día aún existen varias tribus nómadas en varias partes del mundo.

ACTIVIDAD: Nómadas por un mes

Enfoques del aprendizaje

- Habilidades de comunicación: Utilizan una variedad de técnicas de expresión oral para comunicarse con diversos destinatarios. Escriben con diferentes propósitos
- Habilidad de colaboración: Escuchan con atención otras perspectivas e ideas

Ve a este enlace: http://tinyurl.com/iranomxs y observa las imágenes. Realiza las siguientes tareas.

Tarea escrita

Toma notas sobre lo que observas: los lugares, las personas, las actividades, etc.

Imagina que pasaste un mes con una comunidad nómada en Irán.

Utiliza la información en las imágenes para **describir** los hábitos de las personas y las habilidades especiales que tienen, y lo que aprendiste durante el tiempo que estuviste con ellos. **Escribe** una entrada para tu blog y **presenta** tu experiencia. Enfócate en lo que es posible aprender cuando pasamos tiempo en otro lugar, con condiciones diferentes a las que tenemos en nuestra vida cotidiana. Escribe 150 palabras.

Tarea oral

Trabaja con un compañero.

Decide quién será una persona del grupo nómada de Irán y quién será el visitante.

Participa en una interacción. Pregunta sobre los hábitos que tiene tu compañero; **comparte** tus opiniones sobre las tareas que realizas, y responde las preguntas que te haga tu compañero. Habla sobre las cosas que es posible aprender en el lugar donde vives.

La interacción debe durar de dos a tres minutos.

Utiliza el presente y "deber"/ "poder"/ "podrías" + infinitivo.

Oportunidades de evaluación

- En esta actividad se han practicado las habilidades que son evaluadas por medio del Criterio C: Comunicación en respuesta a textos orales, escritos o visuales y del Criterio D: Uso de la lengua de forma oral o escrita.

OBSERVA–PIENSA–ESCRIBE–PREGÚNTATE

Presta atención a las imágenes a la izquierda sobre los hombres y las mujeres menonitas.

1 ¿Qué observas?
2 ¿Qué puedes mencionar acerca de las actividades que hacen y la ropa que usan? ¿Qué piensas al respecto?
3 Escribe tus ideas e incluye algunas preguntas que consideras importante hacer acerca de esta comunidad y sus costumbres.

Comparte tus ideas y preguntas en equipos pequeños. Responde las preguntas de tus compañeros y preguntas sobre las ideas que consideres interesantes.

ACTIVIDAD: Manos y habilidades humanas vs las máquinas

Mira el vídeo en el siguiente enlace:
http://tinyurl.com/amiactx

Toma notas sobre las actividades y la forma de colaborar que tiene la sociedad menonita, y que no existe en la ciudad.

En un diagrama de Venn, **compara** la forma de trabajar de los menonitas y de las personas en la ciudad.

Realiza estas tareas:

Tarea 1
Escribe un texto para tu blog. **Describe** qué habilidades practican los menonitas con frecuencia debido a que no utilizan máquinas o tecnología.

Menciona qué podemos aprender de los menonitas si pasamos tiempo en su comunidad.

Escribe de 100 a 150 palabras.

Tarea 2: Notas de reportero
Considera la situación que viste en el vídeo anterior.

Identifica la información más importante y **organízala** en una tabla como la siguiente. Considera categorías como estas: roles, actividades, responsabilidades, ropa, etc.

Utiliza la información para preparar una breve presentación sobre la sociedad menonita.

Trabaja en equipos de tres personas.

Presenta tu trabajo y escucha las presentaciones de tus compañeros.

Escribe datos relevantes sobre las presentaciones en una tabla como esta:

Categorías	Información de mi presentación	Presentación de mi compañero (1)	Presentación de mi compañero (2)

Comparte las diferencias que observas con la clase entera.

▼ Nexos con: Individuos y Sociedades: Geografía

La cultura de las comunidades menonitas se basa en una vida sencilla sin tecnología, para evitar que la modernidad controle sus vidas, o trasforme la esencia de sus tradiciones, creencias y modo de vida. La principal actividad de los menonitas es la agricultura; siembran soya, maíz, trigo y sorgo, entre otros productos.

Para el menonita, su vida transcurre dentro de un contexto fuertemente influenciado por tres temas: la familia, el trabajo y la espiritualidad. Los menonitas son austeros, disciplinados y serios. En cuanto a la educación, tienen un sólo nivel de 5 a 12 años donde aprenden a leer, escribir y realizar operaciones aritméticas básicas en su idioma.

Existen comunidades menonitas consolidadas en Pensilvania, Estados Unidos; Chihuahua, México; y Paraguay.

ACTIVIDAD: ¿Qué podemos aprender de Bután?

Realiza una breve investigación sobre Bután. **Investiga** los siguientes puntos:

- **Ubicación**
- **Clima**
- **Principales actividades**
- **Religión**
- **Economía**
- **Prohibiciones**
- **Reglas.**

Utiliza la información de tu investigación y produce un mapa conceptual en un cartel para **compartirlo** con toda la clase. **Organiza** la información de manera lógica y clara.

Cuelga tu póster y participa en una galería en tu aula. Toma turnos para **presentar** tu póster, y para apreciar el trabajo de los demás.

En tu presentación, menciona qué podemos aprender de Bután.

Pregunta sobre lo que consideres importante.

■ Bután, el único país donde la felicidad es patrimonio del país

Lee el artículo sobre los beduinos.

La sociedad beduina
Por Lidia Medina

1 La palabra *beduino* proviene del árabe y significa "viajero del desierto".

 Existen varias clases bien diferenciadas entre los beduinos, pero podemos decir que los "verdaderos beduinos" son pastores que viven en el desierto, lejos de la ciudad.

2 Los beduinos viven en el desierto; sus comunidades más grandes se localizan en Arabia Saudita, Jordania, Irak, Libia y Egipto. Para soportar el calor extremo del desierto, los beduinos usan ropa ligera, y / o túnicas que les permiten tener fácil movimiento y que sirven como protección contra el sol y la arena. La ropa de los beduinos se diseña para cubrir el cuerpo entero, excepto la cara, manos y pies. Los hombres utilizan el *thawb* de algodón blanco o una túnica gris, y encima de la túnica, llevan mantos de seda larga o chaquetas de algodón llamadas *kibrs*; además utilizan cinturones de cuero.

3 La mayoría de los beduinos viven en tiendas bajas y rectangulares, hechas con pelo de camello o de cabra. Los extremos de las tiendas generalmente se levantan para dejar entrar la brisa, aunque también pueden cerrarse herméticamente durante la lluvia o las tormentas de arena. Las tiendas están divididas en dos partes: la mitad es para los hombres, e incluye espacio para los invitados. La otra mitad es para las mujeres y los niños; se usa para almacenar la despensa, y tiene un espacio para cocinar.

4   Las mujeres beduinas se ocupan del trabajo en la casa, mientras los hombres se dedican a los asuntos de la comunidad. Las responsabilidades de las mujeres incluyen el cuidado de los niños; la preparación de las comidas; coser; la confección de los tejidos; cargar las tiendas; recoger leña para cocinar; y alimentar a los ancianos. Los niños beduinos viven con sus madres en la sección de las mujeres de la tienda hasta los siete años. Por su parte, los jóvenes adolescentes con frecuencia ayudan con el pastoreo de los animales y, cuando tienen visitas, atienden a los invitados.

5   La economía de los beduinos se basa en la cría de ganado, así que parte de su rutina es desplazarse constantemente para encontrar agua y pastos. Los beduinos consumen leche y sus derivados, así como un tipo de manteca que llaman *ghee*. Además, comen pan de trigo, dátiles y otros frutos del desierto.

6   Los beduinos también practican el comercio; y aunque aprecian el camello sobre todos los animales, también crían ovejas, cabras, asnos y caballos. Utilizan los caballos sólo para montar, pero nunca para trabajos duros.

ACTIVIDAD: La sociedad beduina

■ Enfoques del aprendizaje

■ Habilidad de comunicación: Leen con actitud crítica y para comprender

Después de leer el artículo sobre la sociedad beduina, responde estas preguntas.

1 ¿Dónde viven los beduinos?
2 ¿Qué responsabilidades tienen los adolescentes beduinos?
3 Menciona dos actividades que practican los hombres beduinos.
4 Menciona dos actividades que son responsabilidades de las mujeres beduinas.
5 ¿Cuáles son las características de la ropa que usan los beduinos?
6 ¿Qué comen los beduinos en general?
7 ¿Qué párrafo describe las condiciones geográficas y climáticas del lugar donde viven los beduinos?
8 ¿Qué párrafo describe la vivienda de los beduinos?
9 ¿Qué párrafo describe el origen de la palabra *beduino*?
10 ¿Cómo es tu familia diferente de una familia beduina?
11 ¿Cómo son las responsabilidades de los hombres y las mujeres de tu sociedad diferentes o similares a las de los hombres y mujeres beduinas?
12 ¿Qué te parece interesante sobre la sociedad beduina? ¿Por qué?

◆ Oportunidades de evaluación

◆ En esta actividad se han practicado las habilidades que son evaluadas por medio del Criterio B: Comprensión de textos escritos y visuales.

GENERA–ORGANIZA–CONECTA–EXPLICA

Presta atención a las imágenes anteriores. Piensa en las personas que viven en estas condiciones.

1 **Genera** ideas sobre las categorías en la siguiente tabla.

Pasatiempos que pueden tener las personas que viven ahí.	Precauciones que deben tener las personas que viven ahí.	Lo que debes aprender para adaptarte.	Qué es diferente de tu comunidad.

2 Ahora, **organiza** las ideas que generaste en las columnas anteriores en diferentes categorías. Decide las categorías que consideres necesarias. Por ejemplo: reglas, responsabilidades, etc.

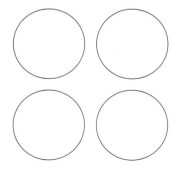

3 Después, con una línea **conecta** las ideas en los círculos que tienen cierta relación.
4 Finalmente, en equipos pequeños, **explica** la conexión.

ACTIVIDAD: Viviendo como beduino

Presta atención a las dos imágenes a la izquierda. Imagina que quieres pasar tres meses en una comunidad beduina. **Escribe** diez oraciones como las siguientes para expresar qué necesitas aprender para adaptarte. Presta atención al propósito de cada frase. Por ejemplo:

Para adaptarme al calor necesito usar ropa ligera.

Después de escribir tus oraciones, trabaja con un compañero. Decide quién será un beduino y quién es el visitante que quiere vivir en la comunidad beduina. Participa en una interacción para aprender sobre los hábitos de la comunidad beduina.

Pregunta información personal y acerca de:
- **las rutinas diarias**
- **la dieta**
- **las responsabilidades**
- **las reglas.**

Utiliza como apoyo la información en el texto "La sociedad beduina".

La interacción debe durar de dos a tres minutos.

ALGUNAS TAREAS SUMATIVAS PARA EVALUAR ESTE CAPÍTULO

Considera las siguientes actividades para poner en práctica lo que has aprendido en este capítulo. Las tareas se diseñaron considerando el vocabulario y estructuras que se introdujeron, así como las ideas que se presentaron. Estas tareas te permitirán valorar tu desempeño en diferentes áreas de la lengua utilizando los criterios de evaluación de Adquisición de Lenguas del PAI.

TAREA 1

La vida de un islero

Mira los primeros tres minutos del vídeo en el siguiente enlace: **http://tinyurl.com/hbkpjzd** y responde las preguntas.

1 **¿Cómo se llama el narrador?**
2 **¿Cómo se llama la mamá de Joaquín?**
3 **¿Cómo describe el vídeo a la mamá de Joaquín?**
4 **Considera las imágenes del vídeo. Con tus propias palabras, describe dónde vive Joaquín.**
5 **Según el vídeo, ¿quiénes y / o qué eran la compañía de Joaquín?**
6 **¿Qué aprendió Joaquín de su madre? Menciona dos ejemplos. ¿Por qué fue importante aprender estas habilidades?**
7 **Considera la información en la narración y en las imágenes. Infiere sobre el estilo de vida de Joaquín. ¿Qué hace todos los días? Justifica tu respuesta.**
8 **¿Qué atmósfera crea la música del vídeo? ¿Qué sentimientos produce? Explica.**
9 **¿Qué tipo de producción es este vídeo? Explica por qué piensas eso.**
10 **¿Qué tan similar y / o diferente es Joaquín a ti? Explica.**
11 **¿Qué opinas sobre Joaquín y su vida? ¿Podrían él y tú ser amigos? Explica por qué o por qué no.**

Las Islas Malvinas
La vida en una isla desierta

1   En la Isla de los Leones Marinos, al oeste de la Isla de la Soledad, una de las Islas Malvinas también conocidas como *Falkland Islands* en inglés, sólo hay un hotel: el Sea Lion Lodge. El hotel puede hospedar a 20 personas, aunque generalmente sólo hospeda a grupos pequeños. El personal del hotel incluye cuatro personas, los únicos habitantes en esta isla desierta.

2   La isla de los Leones Marinos es una isla desierta, porque sólo se puede llegar en una avioneta que vuela 35 minutos desde Stanley, la capital de las Islas Malvinas. Como no hay zona de aterrizaje, la avioneta aterriza en una terracería, a escasos 50 pasos del hotel: una gran casa de una sola planta, la única construcción en esta isla. ¿Qué hay alrededor? Una sorprendente variedad de paisajes y ecosistemas como dunas de arena, e intransitables zonas de arbustos. No hay caminos trazados; en un extremo de la isla puedes ver miles de pingüinos; mientras que el otro extremo está reservado para leones marinos; también hay una playa en donde los elefantes marinos descansan sin preocupación. Tan simple como maravilloso, así es la Isla de los Leones Marinos, el lugar donde Luis Plaza, un chileno de 27 años decidió trabajar como chef del Sea Lion Lodge.

Lee el artículo sobre las Islas Malvinas.

Spanish for the IB MYP 1–3: *by Concept*

3   Luis trabaja de lunes a domingo, todo el día, de 7 de la mañana a 8 de la noche. Luis prepara todos los alimentos para los huéspedes del hotel; y también administra los consumibles que entran en esta isla. Estos productos llegan a la isla cada mes. La pregunta que posiblemente tienen en este momento es: ¿por qué una persona de 27 años abandonó su vida cotidiana en la moderna civilización chilena para vivir a una isla en dónde, además de él, sólo viven tres personas más?

4   "El primer mes es complicado, porque uno debe adaptarse al estilo de vida de la isla, especialmente a la soledad. Poco a poco, a medida que uno se adapta, uno comienza a echar de menos las fechas importantes como la Navidad, los cumpleaños especiales, etc. Yo acepté venir porque me gustan las aventuras; me gusta trabajar en lugares diferentes y conocer a diferentes personas. Aquí, es otro estilo de vida completamente nuevo e inimitable. Es necesario adaptarse al clima con nieve, al viento, al aire, al sol, y también a los horarios extremos. Aquí se sirve el desayuno a las 8 a.m, se come a las 12 p.m. y la cena a las 7 p.m. Cuando hay una fiesta, lo más que podemos desvelarnos es a la media noche … (risas, muchas risas) …"

5   Luis menciona que los turistas que más visitan la isla son japoneses, chinos, estadounidenses y británicos. Nosotros somos los primeros mexicanos. Luis menciona que aunque la naturaleza es preciosa en la isla la soledad y el aislamiento provoca emociones difíciles de asimilar porque uno echa de menos a su familia y a sus amigos.

6   Cuando hablamos de su vida en la isla, Luis no habla de años, sino de "temporadas" como si fuera una serie de televisión, y es que el hotel, sólo abre sus puertas de agosto a marzo. El resto del año (invierno en esta parte del mundo), Sea Lion Lodge cierra sus puertas y Luis regresa a casa. "Vivir aquí es una buen oportunidad no sólo para juntar dinero, sino también para conocerse y crecer como persona, así que estar aquí es un buen inicio."

TAREA 2

Después de leer el artículo, responde las siguientes preguntas.

1. **¿Dónde está la Isla de los Leones Marinos?**
2. **Aparte de Luis, ¿cuántas personas viven en la isla?**
3. **¿De dónde es el autor del artículo? ¿Cómo lo sabes?**
4. **¿Cuáles meses está cerrado el Sea Lion Lodge?**
5. **¿A qué se necesitan adaptar las personas que viven en la Isla de los Leones Marinos?**
6. **En tu opinión, ¿por qué Luis no utiliza "años" para hablar del tiempo?**
7. **¿Cómo es la Isla de los Leones Marinos diferente del lugar dónde vives? Menciona tres ejemplos en tu respuesta.**
8. **¿Qué actividad realizó el autor de este artículo para obtener información? ¿Cómo llegas a esa conclusión?**
9. **¿Por qué las ideas en el párrafo 4 están entre comillas ("…")?**
10. **¿Sería fácil o difícil para ti vivir en la Isla de los Leones Marinos durante un mes? Explica.**
11. **¿Qué atributo de la comunidad de aprendizaje del IB utilizarías para describir a Luis? Explica.**

◆ Oportunidades de evaluación

- ◆ Esta tarea evalúa habilidades del Criterio B: Comprensión de textos escritos y visuales.

▼ Nexos con: Individuos y Sociedades: Historia

Las Islas Malvinas son un territorio autónomo administrado por el Reino Unido.

El 2 de abril de 1982, el ejército argentino ocupó las Islas Malvinas. El gobierno británico respondió a la ocupación. Después de duros combates, Argentina se rindió el 14 de junio de 1982, y así se restableció la administración británica sobre las Malvinas.

TAREA 3: Escrita

Descarga las imágenes en este enlace:
http://tinyurl.com/jy9tv5p

Selecciona dos imágenes.

Escribe un artículo para la revista de tu escuela.

Imagina que participaste en un viaje escolar a los lugares que se representan en las imágenes que seleccionaste. Escribe sobre los hábitos de las personas en esos lugares; **compara** los estilos de vida en esos lugares con el estilo de vida que tienes. Menciona por qué sería o no sería difícil para ti adaptarte a vivir en esos lugares.

Responde la pregunta de este capítulo en tu artículo:

¿Cómo nos define el lugar donde vivimos?

Escribe de 100 a 150 palabras.

TAREA 4: Oral

Estudia las imágenes de la Tarea 3 durante cinco minutos. Planifica una presentación frente a tu profesor para hablar acerca de los estilos de vida en diferentes lugares. Toma notas sobre lo que observas. Infiere sobre los estilos de vida de las personas que viven en estos lugares. En esta tarea no puedes utilizar diccionarios.

Presenta tu trabajo. Puedes utilizar tus notas en tu presentación, pero no debes leer.

Responde las preguntas que tu profesor hará.

La interacción debe durar cinco minutos en total.

◆ Oportunidades de evaluación

- ◆ Estas tareas evalúan habilidades del Criterio C: Comunicación en respuesta a textos orales, escritos o visuales y del Criterio D: Uso de la lengua de forma oral o escrita.

Reflexión

En este capítulo leímos sobre la vida en diferentes lugares, sobre las actividades que realizan las personas que viven en ellos, así como sobre el estilo de vida de las personas. También apreciamos la manera en que el clima y las condiciones geográficas definen los hábitos de las personas, sus habilidades de adaptación y las destrezas necesarias para tener una vida normal en su medio.

■ Enfoques del aprendizaje

- Habilidad de reflexión: Consideran los contenidos y preguntarse: ¿Sobre qué aprendí hoy? ¿Hay algo que aún no haya entendido? ¿Qué preguntas tengo ahora?

Es importante recordar que cada lugar en el mundo nos brinda oportunidades para aprender sobre diferentes formas de vida, sobre diferentes formas de completar tareas y nos ayuda a ver oportunidades de aprendizaje.

Reflexionemos sobre nuestro aprendizaje …
Usa esta tabla para reflexionar sobre tu aprendizaje personal en este capítulo.

Preguntas que hicimos	Respuestas que encontramos	Preguntas que podemos generar ahora			
Fácticas: ¿Qué ecosistemas podemos encontrar en los países hispanohablantes? ¿Qué actividades son específicas de las regiones frías, calurosas o templadas? ¿Qué actividades se pueden practicar en diferentes regiones del mundo?					
Conceptuales: ¿Cómo cambia la actitud, el temperamento y el estilo de vida de las personas según el clima?					
Debatibles: ¿Es la vida dónde hay clima templado más fácil que en otros lugares? ¿Podemos aprender o desarrollar destrezas especiales al vivir en diferentes lugares?					
Enfoques de aprendizaje en este capítulo:	Descripción: ¿qué destrezas nuevas adquiriste?	¿Qué tan bien has consolidado estas destrezas?			
		Novato	En proceso de aprendizaje	Practicante	Experto
Habilidades de comunicación					
Habilidades de colaboración					
Habilidades de reflexión					
Habilidades de gestión de la información					
Habilidades de alfabetización mediática					
Atributos de la comunidad de aprendizaje	Reflexiona sobre la importancia de ser alguien informado e instruido en este capítulo. ¿Cómo demostraste tus habilidades como estudiante informado e instruido en este capítulo?				
Informado e instruido					

4 ¿Son los festivales reflejos fieles de las culturas?

Los festivales **definen** una **cultura** gracias a los diferentes valores y **formas de expresión** que encierran.

CONSIDERAR Y RESPONDER ESTAS PREGUNTAS:

Fácticas: ¿Cuáles son tus festivales favoritos en tu país? ¿Qué celebraciones y / o festivales de otros países te gustan? ¿Qué te gusta celebrar? ¿Qué comidas se acostumbran en diferentes celebraciones? ¿Son todas las celebraciones religiosas?

Conceptuales: ¿Por qué existe comida especial para ciertos festivales? ¿Cómo son los festivales y la comida ejemplos de la identidad de un país?

Debatibles: ¿Hasta qué punto respetamos y comprendemos las celebraciones de culturas diferentes?

Ahora **compara** y **comparte** con un compañero o con la clase entera.

■ Holi es el festival hindú de los colores y es una celebración de la belleza y la vida

EN ESTE CAPÍTULO VAMOS A:

■ **Descubrir:**
  ■ vocabulario y estructuras para hablar acerca de diferentes festivales y celebraciones.
■ **Explorar:**
  ■ el significado de una variedad de festivales de diferentes países.
■ **Tomar acción y:**
  ■ reflexionar sobre la apreciación que tenemos de los festivales de nuestro país y de otros lugares.

Las siguientes habilidades de los enfoques del aprendizaje serán útiles:

- Habilidades de comunicación
- Habilidades de colaboración
- Habilidades de reflexión
- Habilidades de gestión de la información
- Habilidades de pensamiento crítico
- Habilidades de transferencia

Oportunidades de evaluación en este capítulo:

- **Criterio A:** Comprensión de textos orales y visuales
- **Criterio B:** Comprensión de textos escritos y visuales
- **Criterio C:** Comunicación en respuesta a textos orales, escritos o visuales
- **Criterio D:** Uso de la lengua de forma oral o escrita

Reflexiona sobre el siguiente atributo de la comunidad de aprendizaje:

- Mente abierta: Desarrollamos una apreciación crítica de nuestras propias culturas e historias personales, así como de los valores y tradiciones de los demás. Buscamos y consideramos distintos puntos de vista y estamos dispuestos a aprender de la experiencia.

VOCABULARIO SUGERIDO

Vocabulario sugerido para mejorar la experiencia de aprendizaje.

Sustantivos	Adjetivos	Verbos
bailes	aburrido	bailar
canción	agradable	beber
celebración	alegre	caminar
ciudad	atractivo	cantar
comida	bonito	celebrar
costumbre	colorido	cocinar
estatuas	conmovedor	comer
familiares	divertido	comprar
festival	emocionante	convivir
fiesta	emotivo	decorar
flores	feliz	dibujar
iglesia	histórico	festejar
imágenes	impresionante	invitar
juegos	interesante	marchar
leyenda	natural	montar
máscaras	ocupado	orar
música	original	organizar
país	raro	pintar
pueblo	religioso	planear
religión	romántico	recordar
ritual	sentimental	usar
ropa	sorprendente	vender
tradición	tradicional	visitar
vecinos		

Contenido esencial

Los contenidos temáticos que se abordarán en este capítulo pertenecen a las fases 1 y 2 del continuo de aprendizaje y son:
- El calendario y las fechas
- Las celebraciones y las tradiciones
- Los días especiales y los festivales
- La comida en ocasiones especiales
- Las conexiones culturales e interculturales
- La cultura y la identidad
- Los actos sociales y religiosos
- La cultura gastronómica, la alimentación y el consumo de bebidas
- El presente
- El verbo "gustar"
- Construcciones con "deber", "querer", "debería", "podría" + infinitivo

¿Qué te gusta celebrar?

■ Un cumpleaños, el Día de Acción de Gracias y Chuseok: ¿Qué tan importante es compartir?

OBSERVA–ESCRIBE–PREGÚNTATE

1 De manera individual, observa las imágenes.
2 Escribe ideas sobre la situación en cada una. Menciona actividades, posibles relaciones entre las personas, ropa, etc.
3 Haz una lista de preguntas que te gustaría hacer sobre estas celebraciones.

Comparte tus ideas en equipos pequeños. Toma turnos para opinar y responder.

ACTIVIDAD: Género y número

Observa las palabras que tienen "el" o "la". Presta atención a las terminaciones. Considera tu conclusión y **escribe** "el" o "la" en las líneas.

el baile	... familiar	... música
la canción	el festival	... país
... café	... fiesta	... pan
... casa	... iglesia	... pueblo
... celebración	... juego	... ritual
... ciudad	... leyenda	... ropa
la comida	... máscara	... tradición
... estatua	... mesa	... vecino

Observa la transformación de singular a plural de las siguientes palabras. Considera tu conclusión y escribe "s" o "es" al final de las palabras.

bailes	festival...	país...
canciones	fiesta...	pan...
casas	iglesia...	pueblo...
celebración...	juegos	ritual...
ciudad...	juguetes	tradición...
comida...	leyenda...	vecino...
estatua...	máscara...	
familiar...	mesa...	

Utiliza el vocabulario sugerido, y considera las celebraciones y tradiciones como contexto. Combina los verbos y los sustantivos para escribir diez oraciones sobre lo que te gusta hacer cuando celebras. Escribe los sustantivos en plural. Observa el ejemplo:

Me gusta utilizar máscaras en el carnaval.

> **Sugerencia**
> ¿Cuándo utilizamos "el" o "la"?
> ¿Cuándo no es necesario utilizar ni "el" ni "la"?

> **Sugerencia**
> ¿Cuál es la regla básica general para transformar sustantivos de singular a plural en español?
> Recuerda que existen excepciones.

PIENSA–COMPARA–COMPARTE

Responde las siguientes preguntas y después **comparte** tus ideas con tus compañeros.

1 ¿Qué te gusta celebrar con tus amigos?
2 ¿Qué te gusta celebrar con tu familia?
3 ¿Cuáles son algunos festivales en tu país y en el mundo que te gustan? ¿Por qué?
4 ¿Qué aspectos de algunos festivales no te gustan? Por ejemplo, el ruido.
5 ¿Te gusta celebrar festivales en tu escuela? ¿Por qué?

ACTIVIDAD: Estadísticas sobre celebraciones en la escuela

Enfoques del aprendizaje

- Habilidad de transferencia: Indagan en diferentes contextos para obtener una perspectiva distinta
- Habilidad de gestión de la información: Presentan la información en diversos formatos y plataformas
- Habilidad de comunicación: Estructuran la información en resúmenes, ensayos e informes

Haz preguntas con las siguientes ideas y encuentra personas en tu clase con esas experiencias. Presta atención al contexto para utilizar adjetivos posesivos correctamente. Observa el ejemplo:

Abraham Leo, ¿te gusta celebrar tu cumpleaños con tu familia?
Leo Sí, me gusta celebrar mi cumpleaños con mi familia.

Experiencia	Nombre de tu compañero
Celebrar cumpleaños con la familia.	Leo
Celebrar en restaurantes.	
Escribir tarjetas.	
Dar regalos.	
Recibir regalos.	
Organizar fiestas de cumpleaños para amigos.	
Organizar fiestas en tu casa.	
Ser el Dj en fiestas.	
Decir bromas en las fiestas.	
Bailar.	

Después, utiliza la información en la tabla para **escribir** diez oraciones sobre tus compañeros. Observa el ejemplo:

A Leo le gusta celebrar su cumpleaños con su familia.

Extensión

Diseña una encuesta con las personas que estudian español en tu escuela. Utiliza una plataforma como https://es.surveymonkey.com u otra similar. Indaga sobre las cosas que les gusta celebrar y cómo les gusta celebrar.

Analiza los resultados de tu encuesta. Escribe un informe sobre lo que les gusta celebrar a los estudiantes de español en tu escuela. Incluye gráficas para representar tus estadísticas.

Oportunidades de evaluación

- En esta actividad se han practicado las habilidades que son evaluadas por medio del Criterio C: Comunicación en respuesta a textos orales, escritos o visuales y del Criterio D: Uso de la lengua de forma oral o escrita.

¿Qué comidas se acostumbran en diferentes celebraciones?

Alimentos

PRODUCTOS LÁCTEOS
mantequilla   leche   queso
yogurt   margarina   crema

VERDURAS
zanahoria   brócoli   lechuga
col   coliflor   pepino   calabaza
patata / papa   remolacha   cebolla
ajo   chícharos   maíz

CARNES
pollo   jamón
chorizo   (de) res

PRODUCTOS DEL MAR (MARISCOS)
pescado   langosta   camarón   cangrejo

FRUTAS
manzana   uvas   naranja   piña
melón   sandía   tomate   higo
cereza   pera   durazno   plátano

GRANOS Y SEMILLAS
arroz   almendras   frijoles   trigo
nueces   garbanzos   habas

OTROS
huevos   pan   pasta
mermelada   mayonesa

LA COMIDA Y LAS CELEBRACIONES

Celebrar momentos importantes es parte de la cultura de todos los países. Cada celebración se distingue no sólo por la ocasión que se festeja, sino también por los platos que se comen, las bebidas que se consumen, e incluso las actividades que se hacen.

De hecho, muchos países comparten algunas celebraciones, pero la comida que se acostumbra poner sobre la mesa es muy diferente.

■ Comidas que se acostumbran en la Navidad, el Eid al-Fitr y el Día de Acción de Gracias

ACTIVIDAD: ¿Qué se acostumbra comer en diferentes celebraciones?

Consulta la lista de alimentos que se presenta en la página anterior e **indica** qué comidas se acostumbran en Navidad, en Eid al-Fitr y el Día de Acción de Gracias. **Organiza** el vocabulario en una tabla como la siguiente.

Navidad	Eid al-Fitr	Día de Acción de Gracias

Después de organizar el vocabulario, **escribe** diez oraciones. Observa el ejemplo y considera el **contexto** de las celebraciones:

En el Día de Acción de Gracias se acostumbra comer pavo.

O

Los estadounidenses acostumbran comer pavo en el Día de Acción de Gracias.

ACTIVIDAD: ¿Qué te gusta comer?

■ Habilidad de colaboración: Ofrecen y reciben comentarios pertinentes

Trabaja con un compañero.

Toma turnos para preguntar y responder.

Reproduce los siguientes patrones.

Día de Acción de Gracias

A ¿Qué te gusta comer en el Día de Acción de Gracias?
B Me gusta comer pavo.

Eid al-Fitr

A ¿Qué te gustaría comer en Eid al-Fitr?
B Me gustaría comer humus.

Navidad

A ¿Qué deberíamos comer en Navidad?
B Deberíamos comer pavo.

¿Comprendes las diferencias del uso de "gustar", "gustaría" y "debería"? ¿Qué propósito expresa cada palabra?

◆ Oportunidades de evaluación

◆ En esta actividad se han practicado las habilidades que son evaluadas por medio del Criterio D: Uso de la lengua de forma oral o escrita.

ACTIVIDAD: ¿Qué tan sana es la comida de las celebraciones tradicionales?

■ Enfoques del aprendizaje

■ Habilidad de gestión de la información: Establecen conexiones entre diversas fuentes de información

Utiliza la información en la ilustración en la página 88, e investiga más información. Completa una tabla como la siguiente:

¿Qué alimentos, frutas o verduras contienen ...?							
proteínas	minerales	vitamina A	vitamina C	vitamina D	hierro	calcio	potasio

Utiliza el contexto de las comidas en diferentes celebraciones y **escribe** diez oraciones como en el ejemplo:

a La **leche** tiene calcio y es buena para mantener los huesos fuertes.
b Las **zanahorias** tienen vitamina A y son buenas para reducir el colesterol.

Después de escribir las oraciones, trabaja con un compañero. Reproduce la siguiente interacción:

A ¿Sabías que la naranja tiene vitamina C?
B Sí, lo sabía. La vitamina C es buena para prevenir resfriados.

A ¿Sabías que la naranja tiene vitamina C?
B No, no lo sabía. ¿Para qué sirve la vitamina C?

▼ Nexos con: Ciencias: Biología

El valor nutricional de los alimentos refleja el potencial nutritivo o la cantidad de nutrientes que diferentes alimentos aportan al cuerpo humano. Aunque muchos de los alimentos que consumimos indican el valor nutricional de sus ingredientes, este valor es difícil de medir porque no le corresponde ninguna unidad de medición. Podemos comprender el valor nutricional de los alimentos si consideramos factores como la energía que brindan, los nutrientes que contienen, por ejemplo, carbohidratos, proteínas, lípidos, vitaminas, minerales, agua, etc.

! Actúa e involúcrate

! Presta atención a los alimentos que se consumen en diferentes celebraciones tradicionales en tu familia.

! Calcula el valor nutricional de las comidas y evalúa qué tan sanas son.

! Charla con tu coordinador de Comunidad y Servicio para crear conciencia e invitar a las personas en tu ciudad a comer sano en estas fiestas.

Lee el siguiente artículo sobre el *iftar*.

Las consecuencias de un *iftar* sin medida

Por Noor Marín

1   Ayunar durante el mes de Ramadán puede ser bueno para la salud y para el desarrollo personal. El Ayuno de Ramadán, además de ser una práctica esencial de la fe musulmana, también es una oportunidad para disciplinar el cuerpo, pues los practicantes no sólo deben abstenerse de consumir comida y beber agua desde antes del alba hasta el ocaso, sino que también deben evitar el enojo, hacer buenas acciones y ejercer la disciplina personal.

2   El *iftar* se refiere a la comida nocturna con la que se rompe el ayuno diario durante el mes sagrado del Ramadán. Este alimento se come de manera comunitaria, justo después de la puesta de sol, con grupos de musulmanes e invitados que se reúnen para romper el ayuno. Tradicionalmente, el primer alimento que se consume al romper el ayuno es un dátil.

3   Debido a que el ayuno durante Ramadán es muy severo, las personas que no toman las precauciones adecuadas, a la hora de comer durante el *iftar*, pueden tener problemas muy graves. Debido a que el ayuno dura muchas horas, a la hora de romperlo, es recomendable consumir alimentos que ayuden a tener una digestión lenta, y que permitan al cuerpo a procesar la comida lentamente. Algunos ejemplos de esos alimentos son granos o semillas como la cebada, avena, las lentejas y arroz integral.

4   "Muchas personas no prestan atención a las comidas que consumen y seleccionan productos con un alto contenido de azúcar y grasa debido a que satisfacen el hambre más rápidamente pero, de igual forma, también provocan problemas como indigestión, acidez y problemas de peso."

5   Desgraciadamente, muchas personas no reconocen el cansancio de sus cuerpos debido al esfuerzo del ayuno y, además de comer en exceso, consumen alimentos que obligan a su cuerpo fatigado a trabajar en lugar de ayudarlo a recuperar su equilibrio. Como consecuencia del consumo exagerado de comida que no es sana, muchas personas sufren de indigestión, presión baja de la sangre, dolores de cabeza y calambres musculares.

6   Para ayudar a las personas a tener un *iftar* más balanceado, el gobierno de Jordania ha comenzado una campaña de conciencia pública, para invitar a las personas a tener más precaución con los alimentos que consumen pues el sagrado mes de Ramadán es una oportunidad para estar en contacto con la esencia del ser humano, no para visitar el hospital.

ACTIVIDAD: Las consecuencias de un *iftar* sin medida

■ **Enfoques del aprendizaje**

- Habilidades de comunicación: Leen con actitud crítica y para comprender

Después de leer el artículo sobre el *iftar* en la página anterior, responde las siguientes preguntas:

1. ¿Qué país está actuando para prevenir los problemas de la salud durante Ramadán?
2. ¿A qué hora toma lugar el *iftar*?
3. Tradicionalmente, ¿con qué comida se rompe el ayuno?
4. ¿Qué esfuerzos deben los musulmanes practicar durante Ramadán?
5. ¿Cuál problema se puede observar durante el *iftar*, en el mes de Ramadán?
6. ¿Cuál es el propósito de este artículo?
7. ¿El párrafo 4 presenta una idea que apoya las ideas de qué otro párrafo? Explica.
8. Explica la relación entre la imagen y las ideas del artículo.
9. Considera la información del texto, ¿qué opinas del gobierno de Jordania?
10. En tu comunidad, ¿existen problemas similares con la comida durante ciertos festejos? Explica y menciona ejemplos.
11. ¿Qué tan fácil o difícil sería para ti practicar el ayuno durante un mes? Si eres musulmán, ¿cuáles son los retos que el ayuno te presenta?

◆ **Oportunidades de evaluación**

- En esta actividad se han practicado las habilidades que son evaluadas por medio del Criterio B: Comprensión de textos escritos y visuales.

5 consejos comer sano en Navidad

1. Disfruta con cabeza
2. Cocina más
3. Equilibra los excesos
4. Cuida los pequeños detalles
5. Evita la gula

Taller de nutrición: Come sano en Navidad

Instructores: Mario Marín y Fabiola Ramos, nutriólogos

viernes
15 diciembre
19:00–21:00

¡Ven y aprende cómo preparar comidas navideñas sanas llenas de sabor!

Centro Integral Familiar
Ave de las Américas 1567
Cerca del Monumento a la revolución.
Entrada gratuita. Plazas limitadas.
Inscripciones: 91-854-32-58

OBSERVA–ESCRIBE–COMPARA CONVERSA

Observa los pósters a la izquierda.

Individualmente, **escribe** ideas y preguntas importantes para cada una en una tabla como esta:

Póster	Ideas	Preguntas que te gustaría hacer
Consejos		
Taller de nutrición		

Después, trabaja en equipos pequeños y **comparte** tus ideas y preguntas.

Responde las preguntas de tus compañeros y pregunta sobre las ideas que consideres relevantes.

◆ Oportunidades de evaluación

◆ En esta actividad se han practicado las habilidades que son evaluadas por medio del Criterio C: Comunicación en respuesta a textos orales, escritos o visuales y del Criterio D: Uso de la lengua de forma oral o escrita.

! Actúa e involúcrate

! Charla con tu coordinador de Comunidad y Servicio. Diseña carteles que inviten a la gente a comer sano durante ciertas celebraciones. Explora las posibilidades de visitar mercados locales o supermercados para obtener permiso y colgarlos.

ACTIVIDAD: Recuerdos de la cena de Navidad

■ Enfoques del aprendizaje

■ Habilidad de pensamiento crítico: Extraen conclusiones y realizan generalizaciones razonables

Mira el vídeo en el siguiente enlace: http://tinyurl.com/sbrpexnav y responde las preguntas.

1 ¿Cómo se llama el presentador?
2 ¿Qué problema ocasiona la Navidad para muchas personas?
3 ¿Qué imágenes mostró el autor del vídeo para explicar el problema que muchas personas viven en Navidad?
4 Según el médico en el vídeo, ¿cuántos kilos suben muchas personas, en promedio?
5 Menciona dos de las sugerencias que comparte el doctor en el vídeo.
6 ¿Cuál es el objetivo de este vídeo?
7 ¿Cómo ayuda el agua a controlar la cantidad de comida que se consume, según el doctor?
8 ¿Qué método para presentar información relevante utilizó el autor de este vídeo?
9 ¿Existe este problema en Navidad en tu país también? Explica qué tan similar o diferente es.

◆ Oportunidades de evaluación

◆ En esta actividad se han practicado las habilidades que son evaluadas por medio del Criterio A: Comprensión de textos orales y visuales.

¿Son todas las celebraciones religiosas?

■ La Navidad, el *iftar* durante Ramadán y Janucá, tres momentos para compartir

OBSERVA–ESCRIBE–PIENSA–PREGUNTATE

1 **Observa** las imágenes con atención y **escribe** qué observas. Toma nota sobre las decoraciones e interacciones que ves.
2 **Considera** el contexto que se muestra en las fotos y **piensa** en el significado que puede tener cada una. Escribe **preguntas** que te gustaría hacer para comprender mejor el mensaje en las fotos.

Comparte tus ideas en equipos pequeños. Toma turnos para preguntar y responder.

ACTIVIDAD: ¿Festejos sociales o religiosos?

■ Enfoques del aprendizaje

■ Habilidad de gestión de la información: Acceden a la información para estar informados e informar a otros

En casi todos los países hispanohablantes se practica la religión católica, mayoritariamente; por ello, existe una gran cantidad de celebraciones sociales que están relacionadas con la religión o cuyos festejos incluyen elementos o prácticas religiosas.

Investiga qué sucede en los siguientes acontecimientos sociales. Menciona qué roles tienen las diferentes personas; qué organizan; qué etapas tienen; cómo se festejan; y si existe un tipo de ropa específica que es necesario usar.

- **Bautismo**
- **Primera comunión**
- **Quinceañera**
- **Boda (en la iglesia)**

Después, **compara** los resultados de tu investigación en equipos pequeños.

Pregunta sobre la información que mencionen tus compañeros que consideres interesante.

◆ Oportunidades de evaluación

◆ En esta actividad se han practicado las habilidades que son evaluadas por medio del Criterio D: Uso de la lengua de forma oral o escrita.

ACTIVIDAD: La quinceañera

Mira el vídeo en el siguiente enlace: http://tinyurl.com/15a-erax y responde las preguntas.

1 ¿Qué otras dos formas de llamar a las quinceañeras se mencionan en el vídeo?
2 Menciona cinco de los elementos más importantes de una fiesta de quinceañera.
3 ¿Qué puedes inferir sobre el costo de esta fiesta, considerando las imágenes del vídeo?
4 ¿Qué pasó con las decoraciones que se ponían en las paredes?
5 ¿Esta fiesta se celebró en la casa de la chica? Explica tu conclusión.
6 ¿Qué significado tiene esta celebración, de acuerdo con la frase al final del vídeo: "la niña se convirtió en mujer"?
7 ¿Qué tipo de vídeo es este?
8 ¿Cómo mostró el autor énfasis en ciertos elementos importantes de la celebración?
9 Si eres chica, ¿te gustaría celebrar tu quinceañera? Si eres chico, ¿te gustaría que hubiera un equivalente para los chicos? ¿por qué o por qué no?
10 ¿Existe una celebración similar a la quinceañera en tu país? Explica.
11 En tu opinión, en celebraciones como esta, ¿es buena idea mantener las tradiciones o aceptar las tendencias más modernas? Explica.

ACTIVIDAD: Navratri: celebrando la vida

Después de leer el artículo sobre Navratri en las páginas 96 y 97, responde las siguientes preguntas.

1 ¿Cuándo se festeja el Navratri?
2 Menciona dos de las características esenciales del Navratri.
3 Explica por qué se festeja el Navratri durante nueve noches.
4 Realiza una inferencia. ¿Por qué podemos decir que este festival es más relevante para las mujeres?
5 ¿Qué representa la tabla con días y fechas que acompaña al texto?
6 ¿Qué relación existe entre las imágenes y la tabla que acompañan al texto?
7 ¿Qué enfatiza el párrafo 6?
8 ¿Qué relación existe entre las líneas 2 y 4 del párrafo 4?
9 ¿Existe un festival similar a Navratri en tu país? Explica. Si eres de la India, ¿qué opinas de este festival?
10 ¿Te gustaría participar en las celebraciones de Navratri? ¿Por qué o por qué no?

Lee el artículo sobre Navratri.

Navratri: celebrando la vida
Por Mahalaxmi Dubey

1   Cuando las lluvias llegan a su fin y la temporada del monzón dice adiós, los hindús se preparan para celebrar uno de sus festivales más queridos: Navratri.

2   Navratri es un festival dedicado a adorar a la diosa Durga, una deidad hindú, una de las nueve encarnaciones de la diosa Shakti y protagonista del período central de las fiestas. La palabra *Navaratri* significa "nueve noches" en sánscrito. Durante nueve días, las mujeres hindús se visten con colores diferentes, debido a que cada uno de estos días representan una de las nueva formas o avatares de la diosa: Kali, Amba, Gauri, Sheetal, Bhairavi, Chandi, Lalita, Bhavani y Tara. Al décimo y último día se le conoce como Dussehra.

Colores para Navratri 2016		
Día	Fecha	Color
1	sábado, 1 de octubre	gris
2	domingo 2 de octubre	naranja
3	lunes 3 de octubre	blanco
4	martes, 4 de octubre	rojo
5	miércoles, 5 de octubre	azul rey
6	jueves 6 de octubre	amarillo
7	viernes, 7 de octubre	verde
8	sábado, 8 de octubre	verde pavorreal
9	domingo, 9 de octubre	púrpura

3   El Navratri es una época en la que se siembra, se preparan dulces y se estrena ropa de colores. También, los personas se reúnen y participan en danzas típicas como el Dandiya; además, como la India es un país enorme, cada una de las regiones hindús tiene prácticas propias. Por ejemplo, en Calcuta se sumergen estatuas de la diosa Durga.

4   No obstante, la característica principal de Navratri es alegría, pues este festival representa un momento de introspección y austeridad en relación a la palabra. En otras palabras, Navratri es un momento para conectarse con uno mismo, y por ello muchas personas repiten mantras durante los nueve días. Del mismo modo, cada día tiene una energía especial porque cada uno representa uno de los avatares de Durga.

5   En Navratri también se celebran la prosperidad y la riqueza, así como la sabiduría, festejando a la diosa Lakshmi y a la diosa Saraswati, respectivamente.

6   Para las mujeres hindús, el ayuno durante Navratri es observado desde el primer hasta el noveno día. Muchas de las personas que practican el ayuno únicamente consumen frutas durante estos días durante la noche y evitan comer carne. Muchas personas incluso se abstienen de comer cebolla y ajo durante el Navaratri. Así, algunas de las comidas más comunes durante este festival son: el raita, el dahi, ladoos y otros.

¿Cómo son los festivales y la comida ejemplos de la identidad de un país?

CELEBRACIONES, FESTIVIDADES Y TRADICIONES

Para comunicarnos efectivamente con personas de diferentes culturas es necesario conocer su cultura, sus tradiciones y los aspectos de la vida que les gusta celebrar. Varios países del mundo hispanohablante comparten algunas festividades y / o celebran valores similares. Muchas de las celebraciones en Latinoamérica, por ejemplo, son el resultado de la mezcla de los valores y las tradiciones de las culturas indígenas de cada país y las españolas.

■ La Guelaguetza forma parte del festival de la Virgen del Carmen en Oaxaca, México; la palabra *guelaguetza* proviene del idioma zapoteco y significa "cooperar"

ACTIVIDAD: La Guelaguetza

■ Enfoques del aprendizaje

■ Habilidad de pensamiento crítico: Extraen conclusiones y realizan generalizaciones razonables

Mira el vídeo en el siguiente enlace:
http://tinyurl.com/guelafestmx y responde las preguntas.

1 ¿Cuántas delegaciones participaron en la Guelaguetza?
2 ¿Cuántas diferentes regiones hay en Oaxaca?
3 Describe la ropa que se usa en los bailes típicos de la Guelaguetza.
4 ¿Qué se mencionó sobre la duración real de la danza de las plumas y la duración en el festival? ¿Cuál es la razón?
5 Según el vídeo, ¿cuál canción provoca sentimientos más fuertes en los oaxaqueños?
   a el jarabe chenteño
   b el jarabe mixteco
   c los sones istmeños
6 ¿Cuál es el baile más esperado por los visitantes?
   a flor de piña
   b el jarabe mixteco
   c la danza de las plumas
7 ¿Qué podemos observar en los trajes de los participantes de la Guelaguetza?
8 ¿Qué tipo de vídeo es este?
9 ¿Cuál es el tema central de este vídeo?
10 Menciona dos de las noticas que se mencionan al final del vídeo.
11 Después de mirar el vídeo, ¿por qué piensas que Karen Hale tiene esa opinión?
12 ¿Te gustaría ir a Oaxaca para participar en la celebración de la Guelaguetza? ¿Por qué o por qué no?

◆ Oportunidades de evaluación

◆ En esta actividad se han practicado las habilidades que son evaluadas por medio del Criterio A: Comprensión de textos orales y visuales.

OBSERVA–PIENSA–ESCRIBE–PREGÚNTATE

1 **Observa** con atención las fotos sobre la Guelaguetza a la izquierda.

2 **Piensa** acerca del tipo de celebración que supones que es; **escribe** algunas ideas y **preguntas** que consideras importante hacer para comprender el contexto de las imágenes y el significado de la celebración.

Comparte tus ideas con tus compañeros.

Toma turnos para preguntar y responder.

▼ Nexos con: Individuos y Sociedades

Como consecuencia de la conquista española, los países de Latinoamérica adoptaron la religión católica y, por esta razón, sus celebraciones y festivales religiosos, e incluso sus creencias, son parecidos. Sin embargo, también existen festividades y celebraciones en España, Guinea Ecuatorial y los países Latinoamericanos que conmemoran fechas con relevancia histórica local.

ACTIVIDAD: El folclor boliviano

■ Enfoques del aprendizaje

■ Habilidad de gestión de la información: Acceden a la información para estar informados e informar a otros
■ Habilidad de comunicación: Escriben con diferentes propósitos

Selecciona uno de los siguientes festivales que toman lugar en Bolivia.

● **Carnaval de Oruro**
● **Wayllunk'as de San Andrés**
● **Fiesta del Mar en el Titicaca**
● **Festival Universitario**
● **Fiesta de la Virgen de Urkupiña**
● **Carnaval de la Concordia**

Realiza una investigación sobre tu selección. Toma notas sobre la ropa y la comida que se acostumbra, así como las actividades que hacen las personas.

Escribe un artículo cultural para la revista de tu escuela en el que informes a tu comunidad sobre este festival, sus características, su significado y las relaciones que las personas tienen con él. Incluye algunas comparaciones y contrastes con festivales en tu cultura. Incluye imágenes y menciona su fuente.

Escribe de 100 a 150 palabras.

◆ Oportunidades de evaluación

◆ En esta actividad se han practicado las habilidades que son evaluadas por medio del Criterio C: Comunicación en respuesta a textos orales, escritos o visuales y del Criterio D: Uso de la lengua de forma oral o escrita.

■ El encierro, una de las actividades más famosas de las Fiestas de San Fermín, en Pamplona, capital de Navarra, en España

GENERA–ORGANIZA–CONECTA–EXPLICA

Presta atención a las imágenes sobre los Sanfermines y la tauromaquia.

Individualmente:

1 **Genera una lista de ideas en las que piensas cuando observas las fotos.**
2 **Organiza las ideas en diferentes categorías. Por ejemplo, emociones, acciones, etc.**
3 **Crea conexiones entre lo que demuestran las fotos: imágenes y subtítulos, y las ideas de celebraciones.**

Después, en equipos pequeños:

4 **Comparte tus puntos de vista y explica tus ideas a tus compañeros. Preguntas sobre las ideas que consideres interesantes.**

ACTIVIDAD: Los Sanfermines

■ Enfoques del aprendizaje

■ Habilidad de comunicación: Escriben con diferentes propósitos

Considera tus ideas en la tarea "Genera–organiza–conecta–explica". Realiza estas tareas.

Tarea escrita

Imagina que eres un español que no está de acuerdo con el maltrato a los animales durante los Sanfermines, y que quiere **demostrar** que no todos los españoles apoyan el festival.

Escribe un texto para tu blog. **Explica** tu punto de vista sobre los Sanfermines y su significado cultural. Habla sobre los derechos de los animales y enfatiza que aunque es un festival de España, no todos los españoles están de acuerdo con la idea del maltrato a los animales. Tu objetivo es pedir a tus lectores que no es buena idea generalizar.

Utiliza verbos como "pensar", "creer", "respetar", "aceptar" y construcciones con "deber" / "poder" / "debería" / "podría" + infinitivo.

Escribe 150 palabras.

Tarea oral

Imagina que eres una de las personas que están protestando en contra del maltrato a los animales en los Sanfermines.

Participa en una charla con tu profesor acerca de tus sentimientos sobre el maltrato a los animales y el significado de la protesta. Expresa tu punto de vista sobre la cultura, las celebraciones y las responsabilidades.

La interacción debe durar dos minutos.

◆ Oportunidades de evaluación

◆ En esta actividad se han practicado las habilidades que son evaluadas por medio del Criterio C: Comunicación en respuesta a textos orales, escritos o visuales y del Criterio D: Uso de la lengua de forma oral o escrita.

! ¿Estás de acuerdo con el uso de animales en diferentes celebraciones tradicionales? ¿Por qué o por qué no?

! Charla con tu coordinador de Comunidad y Servicio. Diseña carteles que inviten a crear conciencia sobre el buen trato a los animales. Explora las posibilidades para invitar a tu comunidad en charlas en tu escuela sobre este tema.

! Muchas tradiciones y celebraciones se están perdiendo debido a la globalización. Con tus compañeros, piensa en una forma de crear conciencia e informar a las personas para mantener vivas estas festividades y tradiciones.

ACTIVIDAD: ¿Qué festivales se celebran en diferentes países?

■ Enfoques del aprendizaje

■ Habilidad de gestión de la información: Acceden a la información para estar informados e informar a otros
■ Habilidad de comunicación: Escriben con diferentes propósitos

Realiza una investigación breve sobre los siguientes festivales. **Investiga** la información que se indica en las columnas.

Festival	Fecha	Actividades populares	Comidas populares		¿Qué representa para el país?
El carnaval, São Paulo, Brasil					
Festival de las Linternas, Tailandia					
Holi, India					
Fiesta del fuego, Cuba					
Janucá, Festival judío					
Feria de las Flores, Colombia					
Día de la Hispanidad, España					
Desfile de San Patricio, Irlanda					
Festival de la primavera, Año Nuevo Chino					
Hanami, Japón					
Qoyllur Rit'l, Perú					

Después de completar la tabla, colabora con un compañero.

Toma turnos para preguntar sobre la información que tu compañero y tú obtuvieron en su investigación. Indaga sobre la información que consideres interesante.

Finalmente, de manera individual, **selecciona** uno de estos festivales y redacta un artículo para la revista de tu escuela. **Describe** las características principales del festival que seleccionaste. Menciona

qué podemos aprender de él, y por qué piensas que es interesante.

Escribe 100 palabras.

◆ Oportunidades de evaluación

◆ En esta actividad se han practicado las habilidades que son evaluadas por medio del Criterio C: Comunicación en respuesta a textos orales, escritos o visuales y del Criterio D: Uso de la lengua de forma oral o escrita.

ALGUNAS TAREAS SUMATIVAS PARA EVALUAR ESTE CAPÍTULO

Considera las siguientes actividades para poner en práctica lo que has aprendido en este capítulo. Las tareas se diseñaron considerando el vocabulario y estructuras que se introdujeron, así como las ideas que se presentaron. Estas tareas te permitirán valorar tu desempeño en diferentes áreas de la lengua utilizando los criterios de evaluación de Adquisición de Lenguas del PAI.

TAREA 1

El Día de Muertos

Mira el vídeo sobre el Día de Muertos y responde las siguientes preguntas. Utiliza este enlace: **http://tinyurl.com/diademtx**

1 **Menciona cinco elementos característicos del Día de Muertos que se mencionan en el vídeo.**
2 **¿Cuándo inician las preparaciones para la celebración del Día de Muertos?**
3 **¿Qué objetos se colocan sobre el altar?**
4 **¿Cuál producto característico de Día de Muertos no se menciona en el vídeo?**
    a **atole**
    b **chocolate**
    c **mole negro**
    d **café**
    e **tamales**
    f **manzanitas de tejocote**
    g **pan de muertos**
    h **calabaza en conserva**
5 **¿Qué se utiliza para adornar los altares de muertos?**
6 **¿Qué elementos del vídeo te permiten afirmar que esta es una celebración histórica y cultural? Menciona dos.**

7 **¿Qué rol juega la música en el concepto del vídeo?**
8 **¿Qué tipo de filme es este?**
    a **un comercial**
    b **un avance de cine**
    c **un documental**
9 **En tu opinión, ¿por qué el vídeo comienza en un cementerio?**
10 **¿Qué adjetivos utilizarías para describir esta tradición? Menciona tres ejemplos y justifica. Usa información del vídeo para justificar.**
11 **En tu opinión, ¿a las personas de tu país les gustaría participar en esta celebración? ¿Por qué o por qué no?**
12 **¿Qué puedes generalizar sobre los mexicanos y su concepto de la muerte, considerando el vídeo?**
13 **¿Es esta tradición una celebración triste? Justifica tu respuesta utilizando información del vídeo.**
14 **¿Conoces una tradición o celebración similar? ¿Cuál? ¿De dónde es originaria?**

◆ Oportunidades de evaluación

♦ Esta tarea evalúa habilidades del Criterio A: Comprensión de textos orales y visuales.

El Día de Muertos

Por Brenda Ariadna Miranda

1 Hay una tradición única en su especie que no existe en otras culturas. El 1 de noviembre, los mexicanos celebran el Día de Muertos y festejan de una forma original y alegre. Este festival no es triste ni terrorífico; es un día para recordar a las personas queridas que no viven más.

2 El Día de Muertos es una tradición con muchos colores y mucho humor negro. En las escuelas, por ejemplo, los estudiantes y los profesores decoran el aula con decoraciones de colore amarillo, violeta y con cempasúchiles, una flor tradicional de México. También, en ocasiones construyen altares dedicados a personas importantes.

3 Muchas personas comparan el Día de Muertos con Halloween, pero las dos tradiciones no tienen nada en común. Por ejemplo, en el Día de Muertos, muchas personas compran dulces "calaveras", o pan de muerto; otras personas decoran las tumbas de sus familiares en el cementerio; muchos actores locales organizan piezas de teatro cómicas por la noche en los cementerios o en las plazas centrales.

4 Recientemente algunas fundaciones organizan competiciones de diseño de catrinas y muchos artistas participan. En este evento, los artistas seleccionan una imagen representativa de México y construyen una escultura. Muchas personas también escriben poemas llamados "calaveritas" y en estos poemas generalmente bromean con sus amigos.

5 El Día de Muertos es un festival muy mexicano y actualmente también es popular en las comunidades mexicanas en Estados Unidos, en España y en Francia. Incluso Karin Ontiveros, Miss México 2010 usó ropa representativa de la Catrina, el símbolo del Día de Muertos, en Miss Universo 2010. Entonces, en conclusión, es posible observar que los mexicanos aprecian y respetan mucho esta tradición. También es posible afirmar que el Día de Muertos es una celebración que define y representa la cultura mexicana y que es posible comprender muchos aspectos de sus hábitos, experiencias, prácticas e identidad.

TAREA 2

Después de leer el artículo en la página 103, responde las siguientes preguntas.

1 ¿Cómo se llama la flor tradicional del Día de Muertos?
2 ¿Cuáles son los colores clásicos del Día de Muertos?
3 ¿Qué podemos comer en el Día de Muertos?
4 ¿Por qué el Día de Muertos también se celebra en Estados Unidos, España y Francia?
5 ¿Cuándo se celebra el Día de Muertos?
6 ¿Qué relaciones puedes establecer entre la foto 3 y el párrafo 4? Justifica tu respuesta.
7 ¿Cómo se llaman los dulces tradicionales del Día de Muertos?
8 Este texto es:
   a un poema
   b un artículo
   c una crítica de cine
9 ¿Cómo se llama el autor del artículo?
10 ¿Qué tipo de artículo es?
   a científico
   b cultural
   c de deportes
11 ¿Por qué podemos aprender mucho sobre la cultura mexicana con el Día de Muertos?
12 ¿Te gustaría celebrar el Día de Muertos con tus amigos mexicanos? ¿Por qué?
13 ¿Qué opinas del Día de Muertos en general? ¿Por qué?
14 ¿El Día de Muertos es similar a una tradición en tu país? ¿Cómo es similar?

◆ Oportunidades de evaluación

◆ Esta tarea evalúa habilidades del Criterio B: Comprensión de textos escritos y visuales.

TAREAS 3 y 4

Considera estos enlaces para tus tareas:
● **La Romería:** http://tinyurl.com/festromexx
● **Festival de la diosa Durga:** http://tinyurl.com/festdrgax

TAREA 3: Oral

Selecciona entre la Romería y Festival de la diosa Durga.

Estudia las imágenes en el enlace correspondiente.

Participa en una interacción con tu profesor acerca de la celebración que seleccionaste.

Tu profesor hará preguntas acerca de las actividades que las personas realizan, de la ropa que llevan, los lugares donde toma lugar la celebración, tu opinión, etc.

La interacción debe durar dos minutos.

TAREA 4: Escrita

Utiliza los enlaces acerca de la Romería y Festival de la diosa Durga.

Escribe un texto para tu blog. **Compara** los dos festivales; menciona las similitudes y las diferencias.

En tu texto, expresa la manera en que los festivales definen una cultura.

Escribe 150 palabras.

◆ Oportunidades de evaluación

◆ Estas tareas evalúan habilidades del Criterio C: Comunicación en respuesta a textos orales, escritos o visuales y del Criterio D: Uso de la lengua de forma oral o escrita.

Reflexión

■ Enfoques del aprendizaje

■ Habilidad de reflexión: Consideran los contenidos y preguntarse: ¿Sobre qué aprendí hoy? ¿Hay algo que aún no haya entendido? ¿Qué preguntas tengo ahora?

En este capítulo abordamos algunos de los festivales y celebraciones que además de representar aspectos de la cultura de los países hispanohablantes, también revelan aspectos de la identidad de las personas. Así, nos hemos percatado de la importancia de comprender la cultura del idioma que aprendemos para entender tanto su sistema de valores, así como la manera en que las personas utilizan el lenguaje para expresarse social y culturalmente.

Reflexionemos sobre nuestro aprendizaje …
Usa esta tabla para reflexionar sobre tu aprendizaje personal en este capítulo.

Preguntas que hicimos	Respuestas que encontramos	Preguntas que podemos generar ahora			
Fácticas: ¿Cuáles son tus festivales favoritos en tu país? ¿Qué celebraciones y / o festivales de otros países te gustan? ¿Qué te gusta celebrar? ¿Qué comidas se acostumbran en diferentes celebraciones? ¿Son todas las celebraciones religiosas?					
Conceptuales: ¿Por qué existe comida especial para ciertos festivales? ¿Cómo son los festivales y la comida ejemplos de la identidad de un país?					
Debatibles: ¿Hasta qué punto respetamos y comprendemos las celebraciones de culturas diferentes?					
Enfoques de aprendizaje en este capítulo:	Descripción: ¿qué destrezas nuevas adquiriste?	¿Qué tan bien has consolidado estas destrezas?			
		Novato	En proceso de aprendizaje	Practicante	Experto
Habilidades de comunicación					
Habilidades de colaboración					
Habilidades de reflexión					
Habilidades de gestión de la información					
Habilidades de pensamiento crítico					
Habilidades de transferencia					
Atributos de la comunidad de aprendizaje	Reflexiona sobre la importancia de ser alguien de mente abierta en este capítulo. ¿Cómo demostraste tus habilidades como estudiante con mente abierta en este capítulo?				
Mente abierta					

¿Qué necesitamos hacer para estar sanos y ser felices?

○ Los hábitos y el estilo de vida que poseemos **comunican** aspectos sobre **el tipo de persona que somos** y sobre la manera en que **funcionamos** e interactuamos **en la sociedad**.

CONSIDERAR Y RESPONDER ESTAS PREGUNTAS:

Fácticas: ¿Qué actividades te hacen feliz?

Conceptuales: ¿Por qué es necesario ser equilibrado para estar mentalmente, físicamente y emocionalmente sanos? ¿Cómo cambia la calidad de nuestra felicidad debido a la competición excesiva?

Debatibles: ¿Qué rol tienen los deportes en la felicidad de las personas? ¿Qué rol tiene la alimentación balanceada en la felicidad de las personas? ¿Podemos estar sanos y ser felices al mismo tiempo?

Ahora **compara y comparte** con un compañero o con la clase entera.

■ Nuestro cuerpo también sabe expresar cómo nos sentimos

○ EN ESTE CAPÍTULO VAMOS A:

■ **Descubrir:**
■ diferentes maneras de hablar acerca de nuestros hábitos y rutinas deportivas.

■ **Explorar:**
■ aspectos de las habilidades que podemos practicar cuando hacemos deportes.

■ **Tomar acción y:**
■ reflexionar sobre el valor que damos a los deportes en nuestras vidas.

● Reflexiona sobre el siguiente atributo de la comunidad de aprendizaje:

● Equilibrado: Entendemos la importancia del equilibrio físico, mental (espiritual) y emocional para lograr el bienestar propio y el de los demás. Reconocemos nuestra interdependencia con respecto a otras personas y al mundo en que vivimos.

◆ Oportunidades de evaluación en este capítulo:

◆ **Criterio A:** Comprensión de textos orales y visuales

◆ **Criterio B:** Comprensión de textos escritos y visuales

◆ **Criterio C:** Comunicación en respuesta a textos orales, escritos o visuales

◆ **Criterio D:** Uso de la lengua de forma oral o escrita

■ Las siguientes habilidades de los enfoques del aprendizaje serán útiles:

■ Habilidades de comunicación

■ Habilidades de colaboración

■ Habilidades de reflexión

■ Habilidades de gestión de la información

■ Habilidades de alfabetización mediática

■ Habilidades de pensamiento crítico

■ Habilidades de pensamiento creativo

Contenido esencial

Los contenidos temáticos que se abordarán en este capítulo pertenecen a las fases 1 y 2 del continuo de aprendizaje y son:
- El cuidado personal y el cuidado de otras personas
- El deporte, los pasatiempos y el entretenimiento
- Construcciones con "poder", "querer", "deber" + infinitivo
- El presente
- Futuro con "ir a" + infinitivo

VOCABULARIO SUGERIDO

Vocabulario sugerido para mejorar la experiencia de aprendizaje.

Sustantivos	Adjetivos	Verbos
deportes	activo	acelerar
malestares	agradable	anotar
comunes	agresivo	apoyar
objetos de	amateur	ayudar
cuidado	ameno	bloquear
personal	arrepentido	caer
partes del	atractivo	capturar
cuerpo	aventurero	consumir
ropa	bohemio	controlar
deportiva	calmado	cooperar
aventura	cansado	correr
cancha	competitivo	dejar caer
consulta	cooperador	dejar de comer
diagnosis	dedicado	disparar
farmacia	deportista	doler
gimnasio	descansado	enfermarse
médico	descuidado	entrenar
ocasión	ético	ganar
oportunidad	fuerte	golpear
pasatiempo	integral	interceptar
pista	interesante	jugar
práctica	libre	lanzar
receta	natural	levantar
síntomas	obediente	levantarse
trabajo	perezoso	organizar
uniforme	placentero	parar
viaje	puntual	patear
	relajado	pegar
	responsable	perder
	sano	practicar
	sereno	recoger
	solidario	recuperarse
	viajero	saltar
		servir
		tener
		transmitir

¿Qué actividades te hacen feliz?

PIENSA–COMPARA–COMPARTE

Responde las siguientes preguntas de manera individual.

1 **¿Cuál pasatiempo es tu favorito?**
2 **¿Qué actividad te aburre?**
3 **¿Disfrutas más estar solo que con otras personas? ¿Por qué?**
4 **¿Cómo afectan positivamente tus emociones las actividades y comida que te gustan?**
5 **Para ti, ¿quién es un ejemplo de una persona feliz? ¿Por qué?**
6 **¿Qué opinas de la foto que introduce este tema y del subtítulo que la acompaña?**

Comparte tus respuestas en equipos pequeños. ¿Qué tan similares o diferentes son tus ideas?

■ Aprendamos a disfrutar la vida con los pies en la tierra y desde las alturas

LOS DEPORTES

¿Qué deportes te gusta practicar?

la equitación   el bádminton   el béisbol   el boliche   el baloncesto

el boxeo   el fútbol   el ciclismo   el patinaje   el golf

la pesca   el kárate   el rugby   el voleibol   el esquí

el tenis   la natación   el buceo   la danza   la gimnasia

¿Cuáles pasatiempos son tus favoritos?

Los pasatiempos

ir al gimnasio

jugar videojuegos

dormir

usar la internet

pintar

dibujar

bailar

escuchar música

hablar por teléfono

mirar la televisión

ir a la playa   leer

cantar

ir al cine

tomar fotografías

hacer ejercicios

tocar instrumentos musicales

la guitarra

el piano

el tambor de acero

jugar juegos de mesa

el dominó

el monopolio

el ajedrez

las damas

los naipes

ACTIVIDAD: ¿Qué te gusta hacer?

■ Enfoques del aprendizaje

■ Habilidad de colaboración: Escuchan con atención otras perspectivas e ideas

Presta atención a las ilustraciones sobre los deportes y los pasatiempos.

Escribe diez oraciones sobre las actividades que te gusta hacer y los deportes que te gusta practicar. **Explica** por qué. Observa el patrón en los ejemplos:

a **Me gusta practicar** natación porque **me gusta** el silencio.
b **Me gusta tomar** fotografías porque **me gusta usar** mis fotos en las redes sociales.
c **Me gusta nadar** porque **no me gusta hacer** deportes en equipos.

Después **comparte** tus ideas en equipos pequeños. Escucha las ideas de tus compañeros y toma notas de las similitudes.

Finalmente, escribe cinco oraciones como esta. Observa el patrón:

Después de compartir mis ideas y escuchar las ideas de mis compañeros, puedo ver que a José y a mí **nos gusta nadar** porque **no nos gusta hacer deportes** en equipos.

◆ Oportunidades de evaluación

◆ En esta actividad se han practicado las habilidades que son evaluadas por medio del Criterio C: Comunicación en respuesta a textos orales, escritos o visuales y del Criterio D: Uso de la lengua de forma oral o escrita.

ACTIVIDAD: Los pasatiempos y la personalidad

Completa la tabla.

¿A qué tipo de personas les pueden gustar los pasatiempos que se indican? **Escribe** una justificación.

Observa el ejemplo.

Después de completar la tabla, **comparte** tus ideas en equipos pequeños.

¿Qué tan similares o diferentes son tus ideas?

Escribe diez oraciones como el ejemplo. Observa el **patrón**:

José y yo **estamos de acuerdo en que** a las personas artísticas **les gusta** pintar porque **pueden** explorar su creatividad.

Pasatiempo	Personalidad	Justificación
Pintar	Artístico	A los chicos y chicas artísticas les gusta pintar porque pueden explorar su creatividad.

◆ Oportunidades de evaluación

◆ En esta actividad se han practicado las habilidades que son evaluadas por medio del Criterio D: Uso de la lengua de forma oral o escrita.

Cómo redactar el informe de una encuesta

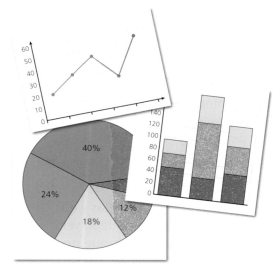

Cuando realizamos una encuesta, deseamos conocer las necesidades, opiniones, preferencias, inquietudes o tendencias de una comunidad. Las encuestas son una herramienta excelente para obtener datos que podemos utilizar para preparar conclusiones informadas.

Después de realizar una encuesta, es necesario preparar un informe. A continuación leerás ocho pasos para redactar un informe sobre encuestas:

Después de la encuesta

1 **Organizar los datos** para detectar similitudes, diferencias y frecuencias de las respuestas.

2 **Seleccionar un instrumento** para analizar los datos, porque es más fácil estudiar información organizada. Las tablas son un ejemplo de instrumentos populares.

Durante la redacción

3 **Recuerda el objetivo de tu encuesta** para que puedas analizar los datos de forma objetiva. Comienza tu texto mencionando por qué realizaste la encuesta.

4 **Indica cómo fue realizada la encuesta** para que tu lector conozca los pasos que seguiste.

5 **Menciona qué preguntas hiciste** y qué información obtendrías con las respuestas.

6 **Utiliza tablas y gráficos** para resumir y simplificar los datos que obtuviste.

7 **Explica las tablas.**

8 **Realiza una buena conclusión.**

No olvides redactar con lenguaje claro, y con ideas y explicaciones firmes y consistentes.

ACTIVIDAD: Las actividades escolares y la personalidad

Realiza una encuesta sobre las actividades escolares favoritas de las personas que estudian español en tu escuela.

En una tabla similar a la siguiente, incluye una serie de actividades que realizas en cada asignatura. Observa el ejemplo.

Después pregunta a diez personas si les gusta realizar esas actividades.

Considera este **patrón**:

¿**Te gusta resolver** problemas en matemáticas?

Asignatura	Actividades	Personas									
		1	2	3	4	5	6	7	8	9	10
Matemáticas	Resolver problemas	✓	✓								
Arte											
Educación Física y para la Salud											
Ciencia											
Lenguas											

Después de realizar tu encuesta, **organiza** los datos que obtuviste en gráficas. Dibuja tus gráficas en un cartel y **comparte** los resultados en clase, en una galería. Toma turnos para escuchar las presentaciones de tus compañeros y hacer preguntas sobre sus resultados.

Finalmente, utiliza la información que obtuvieron tus compañeros y tú y **escribe** un informe sobre tu encuesta. Sigue las instrucciones de la guía en la página 110.

Evita ir al gimnasio

Por Diana Salazar

1   ¡El gimnasio no es un lugar inclusivo!

2   Cada vez que escucho las historias de las personas que tienen una mala experiencia, me convenzo de que el gimnasio no es un lugar apropiado para las personas que no están en forma y que quieren concentrar su energía en mejorar su calidad de vida y sentirse bien. Es una lástima que la mayoría de las personas que van al gimnasio sólo quieren verse bien y prestan más atención a su apariencia. Incluso me hacen pensar que van al gimnasio para trabajar en su vanidad, y no en su salud.

3   El gimnasio es una fantasía y un universo paralelo extraño. Desde la chica preciosa que nos recibe, quien quizás no sabe nada sobre la salud, hasta el hombre fortachón 4×4 que nos da instrucciones sobre la rutina que debemos seguir, parece que el tipo de personas que no van al gimnasio son las normales.

Lo peor de todo es que la actitud de muchos "deportistas" que van al gimnasio, pues en lugar de inspirar, apoyar y motivar a las personas que tienen problemas, que no saben cómo utilizar ciertos aparatos, pasan su tiempo tomando *selfies* y viéndose al espejo.

4   Yo tengo problemas con mi peso y quiero ir al gimnasio para ponerme en forma, pero debo admitir que tengo terror de entrar en este lugar. Me gustaría pensar que las personas que van al gimnasio tienen el objetivo de verse bien y ser felices, y que están dispuestos a ayudar a todos los que tienen intenciones similares, pero la verdad no es así.

5   No es difícil comprender que para las personas que tenemos problemas de peso, no es nada fácil sentirse cómodas en un ambiente donde todo el mundo compite por verse mejor y donde las palabras de ánimo no son comunes. Quizás es un sueño, pero el gimnasio sería un lugar perfecto para la superación personal si existiera un ambiente amigable y de apoyo mutuo, en lugar de ser superficial y frívolo.

6   Por esta razón, si no queremos tener presión emocional, es mejor no ir al gimnasio y probar otras alternativas de deportes.

ACTIVIDAD: Evita ir al gimnasio

Después de leer el blog titulado "Evita ir al gimnasio" responde estas preguntas.

1 **¿Por qué Diana menciona que el gimnasio no es un lugar inclusivo?**
2 **Menciona dos comportamientos que, según Diana, no deben ser parte de la vida en el gimnasio.**
3 **¿Qué le gustaría experimentar a Diana cuando va al gimnasio?**
4 **¿Por qué Diana menciona que "muchas personas van al gimnasio para trabajar en su vanidad, y no en su salud"? Justifica tu respuesta con información del texto.**
5 **¿Por qué las personas con problemas de peso no se sienten cómodas en el gimnasio, según Diana?**
6 **¿En qué tipo de revista puede aparecer este artículo? Justifica tu respuesta.**
    a revista de moda
    b revista de tecnología
    c revista para jóvenes
7 **¿Qué ideas del texto reflejan las imágenes? Explica.**
8 **¿Diana consideró las historias de otras personas para escribir este artículo? ¿Cómo lo sabes?**
9 **Considerando la información del texto, ¿es Diana una persona que expresa sus ideas abiertamente? Explica.**
10 **¿Estás de acuerdo con la opinión de Diana? ¿Por qué o por qué no?**

¿Qué rol tienen los deportes y la alimentación en la felicidad de las personas?

LOS DEPORTES Y LA COMIDA

Algunas personas dicen que los deportes son como la comida: cada uno tenemos un favorito y seleccionamos qué comer y qué jugar dependiendo de nuestro estado de ánimo y de nuestra personalidad. De manera similar a la manera en que consumimos alimentos, debemos aprender a equilibrar nuestros esfuerzos cuando practicamos deportes para evitar poner en riesgo nuestro cuerpo.

"Nada con exceso, todo con medida" es una expresión común cuando hablamos de las cosas que consumimos, pero también la podemos aplicar a los deportes, porque el exceso puede afectar nuestra salud física, mental y emocional. Este capítulo, además de pensar en aspectos sobre la integridad, considera los aspectos éticos y de equilibrio emocional y físico cuando a la hora de practicar deportes.

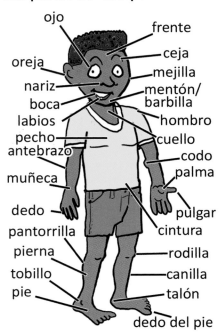

Las partes del cuerpo

ojo
frente
oreja
ceja
nariz
mejilla
boca
mentón/barbilla
labios
hombro
pecho
cuello
antebrazo
codo
muñeca
palma
dedo
pulgar
pantorrilla
cintura
pierna
rodilla
tobillo
canilla
pie
talón
dedo del pie

OBSERVA–ESCRIBE–COMPARTE

Observa la ilustración sobre las partes del cuerpo.

En una tabla como la siguiente, indica qué partes del cuerpo están directamente relacionadas con cada uno de los deportes. También incluye la **función** de tales partes, mencionando la acción que realiza cada parte del cuerpo. Observa el ejemplo.

Deporte	Partes del cuerpo	Acciones que realizan
Baloncesto	Manos	Con las manos botamos el balón.
Fútbol		
Tenis		
Gimnasia olímpica		
Halterofilia		
Natación		
Voleibol		

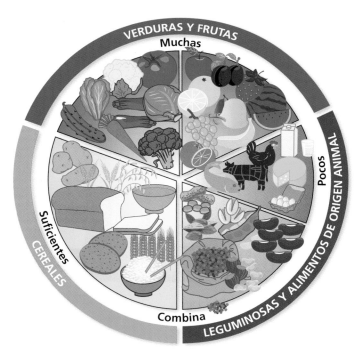

■ Algunas sugerencias para tener una alimentación balanceada

PIENSA–COMPARA–COMPARTE

Responde las siguientes preguntas.

1 ¿Qué alimentos comes más de dos veces a la semana?
2 ¿Qué alimentos nunca comes? ¿Por qué?
3 ¿Qué alimentos consumes en exceso?

Después, estudia la información en la gráfica en la página 114 y responde y reflexiona sobre las siguientes preguntas:

4 ¿Respetas las sugerencias en la gráfica? ¿Por qué o por qué no?
5 ¿Qué puedes hacer para mejorar las decisiones que tomas respecto a los alimentos que consumes?
6 ¿Por qué es (o no es) difícil comer sano para ti? Explica.

Comparte tus ideas en equipos pequeños. Escucha las ideas de tus compañeros y pregunta sobre lo que consideres interesante.

▼ Nexos con: Ciencias: Biología

Evaluación de mi dieta

■ Enfoques del aprendizaje

- Habilidad de alfabetización mediática: Localizan, organizan, analizan, evalúan, sintetizan y utilizan de manera ética información procedente de diversas fuentes y medios
- Habilidad de gestión de la información: Establecen conexiones entre diversas fuentes de información

En una tabla como la siguiente, en la columna marcada "Alimentos", escribe los alimentos que consumes con más frecuencia, después indica con una palomita (✓) los elementos nutricionales que contiene. Observa el ejemplo.

Después de completar tu tabla, trabaja en equipos pequeños. Compara tu dieta con tus compañeros. Presta atención a la información que compartan. ¿Qué tan diferentes o similares son? Toma turnos para preguntar y responder. Pregunta sobre la información que consideres interesante.

Finalmente, utiliza la información en tu tabla y las observaciones que hicieron tus compañeros para escribir una reflexión sobre el tipo de dieta que tienes. Menciona los alimentos que consumes con más frecuencia, su valor nutricional y la cantidad que consumes. Concluye mencionando si es necesario modificar tu dieta o si puedes mantenerla tal como es.

Escribe de 100 a 150 palabras.

(Hay tareas similares en *MYP Sciences by Concept 1–3*.)

Alimentos	Minerales	Proteínas	Vitaminas					Calcio	Potasio	Calorías
			A	B	C	D	E			
Leche entera								✓		124 (un vaso)

◆ Oportunidades de evaluación

- En esta actividad se han practicado las habilidades que son evaluadas por medio del Criterio C: Comunicación en respuesta a textos orales, escritos o visuales y del Criterio D: Uso de la lengua de forma oral o escrita.

Nexos con: Ciencias: Biología; Química

Las comidas que me gustan más son las más dañinas

Visita a tu profesor(a) de química y pregunta los efectos dañinos que tienen los ingredientes de las siguientes comidas. Toma notas en la columna de la derecha.

Comida	Ingredientes dañinos que contienen	¿Qué provocan estos ingredientes dañinos?
Té helado	alginato de propilenglicol	
Palomitas de microondas	diacetilo	
	ácido perfluorooctanoico	
Nuggets de pollo	diglicéridos y carragenina	
Cereal azucarado	hidroxitolueno butilado	
	hidroxianisol butilado	
	exceso de azúcar	
Refrescos azucarados	colorantes artificiales	
	aceite vegetal bromado	
	bisfenol A	
	aspartame	
Crema en polvo (para el café)	dióxido de titanio	
	grasas transgénicas	
Comidas congeladas	exceso de sodio y grasas transgénicas	
Bebidas energéticas	sacarosa	
	glucosa	
	cafeína	
Salmón	Omega 6	
Cheetos y Doritos	glutamato monosódico	
Oreos	aceite de palma	
	cacao procesado alcalino	
	jarabe de maíz de alta fructosa	
Malteadas de McDonald's	sorbato de potasio	

Después de charlar con tu profesor(a) de química, comparte tus observaciones con la clase.

1 ¿Cuáles de estos alimentos consumes con frecuencia?

2 ¿Qué piensas al respecto ahora que conoces lo dañinos que pueden ser?

Finalmente, escribe una reflexión titulada:

"Las comidas que me gustan más son las más dañinas".

Describe tu experiencia en esta actividad y evalúa tus niveles de consumo de alimentos dañinos. Menciona algunas medidas que puedes tomar para evitar consumirlos y la responsabilidad de las compañías que los producen.

Utiliza "deber" / "poder" / "querer" + infinitivo.

Escribe de 100 a 150 palabras.

◆ Oportunidades de evaluación

◆ En esta actividad se han practicado las habilidades que son evaluadas por medio del Criterio C: Comunicación en respuesta a textos orales, escritos o visuales y del Criterio D: Uso de la lengua de forma oral o escrita.

■ Comer comida chatarra siempre es un placer

ACTIVIDAD: El problema de la obesidad infantil en México

Estudia la imagen en el siguiente enlace: **http:// tinyurl.com/obsddmexk** y responde las preguntas.

1 **Explica la imagen en el centro de la infografía.**
2 **¿Cuáles son los alimentos que más engordan?**
3 **¿Cuál es la causa más frecuente de la obesidad?**
4 **Según los resultados, ¿quiénes son los responsables de la obesidad de los niños?**
5 **Según las estadísticas, ¿cuáles son los factores familiares que provocan la obesidad infantil en México?**
6 **¿Qué método de investigación se utilizó para reunir estos datos?**
7 **¿Qué herramientas utilizó el autor para resumir y agrupar información?**
8 **¿En tu opinión, la información se presentó de manera efectiva? ¿Por qué o por qué no?**
9 **¿En tu país hay problemas de obesidad infantil? Si es así, ¿es más o menos grave que el que existe en México?**
10 **¿Qué opinas sobre las soluciones que se proponen en la infografía? Explica.**

▼ Nexos con: Individuos y Sociedades

En octubre de 2015, la Organización Mundial de la Salud (OMS), presentó evidencia científica que demuestra que el consumo de carnes procesadas como el tocino, el salami, el chorizo y el jamón serrano tienen relación directa con el cáncer colorrectal. Esto significa que estas carnes pertenecen al grupo en el que se encuentran el tabaco, el alcohol, el arsénico y el amianto.

Según el estudio, cada porción de 50 gramos de carne procesada consumida diariamente aumenta el riesgo de cáncer colorrectal en un 18%.

La pregunta ética que muchos se hicieron fue la siguiente:

¿Cómo es que una organización con un gran equipo de científicos tardó tanto tiempo en dar esta noticia?

▼ Nexos con: Ciencias: Física

En Física se estudian temas tales como:

- la fuerza
- la velocidad
- la Resistencia
- la masa
- el volumen
- la distancia.

Estos elementos son esenciales en el desempeño de muchos deportes.

¿Cómo nos ayuda conocer las relaciones entre estos temas cuando practicamos deportes?

Mi actividad favorita es una droga que me hace feliz y me hace sudar

Por Jorge Galván

1 ¿Qué nos hace felices?

2 Muchas personas son felices bailando; otras son felices corriendo; algunas otras son felices pasando tiempo con sus amigos. Yo soy feliz sudando y sintiéndome cansado. Adoro correr, y salir a correr por las mañanas es mi droga.

3 Correr me hace más feliz y lo mejor de todo es que no cuesta nada. Correr y sudar son una adicción que me permite ser productivo durante el día, enfocarme en mi trabajo y ponerme metas. Muchos me preguntan cómo es que correr me hace tan feliz y mi respuesta es muy simple: la "culpa" la tienen las endorfinas; es decir, esas pequeñas proteínas que nacen en el cerebro, que estimulan nuestro cuerpo y, como consecuencia, nos ayudan a sentirnos mejor.

4 Cuando corro y sudo, las endorfinas entran en acción y producen sensaciones muy similares a las de la morfina, el opio o la heroína, pero, lógicamente, sin efectos negativos. ¿Ahora comprenden por qué digo que correr es mi droga?

5 No obstante, comprendo que correr puede implicar un esfuerzo muy grande para muchas personas y también reconozco que muchas personas pueden tener problemas físicos que les impiden correr. Las buenas noticias es que esas drogas fabulosas que se llaman endorfinas no sólo se producen al correr. Entonces, ¿de qué otras maneras podemos generar endorfinas? Aquí están algunas ideas:

- Riendo
- Disfrutando del contacto con la naturaleza
- Escuchando música
- Realizando ejercicios de relajación, como el yoga o el tai-chi
- Recordando buenos momentos del pasado
- Imaginando situaciones agradables
- Descansando o durmiendo
- Tomando café.

6 Es necesario mencionar que el dolor que producen los esfuerzos físicos, también produce endorfinas, pues el cuerpo es capaz de producir un "contradolor" como respuesta para disminuir el efecto de un dolor mayor. ¿Ahora comprenden por qué Nike dice "si no duele, no ganas nada" (*No pain, no gain*)?

7 Si estás en condiciones para correr y no lo has intentado, toma el reto y date la oportunidad de sudar y sentirte feliz. ¡No te arrepentirás!

ACTIVIDAD: Mi actividad favorita es una droga que me hace feliz y me hace sudar

Después de leer el artículo sobre la pasión de Jorge, responde las siguientes preguntas.

1 ¿A qué hora le gusta salir a correr a Jorge?
2 ¿Qué reacciones producen las endorfinas?
3 ¿Qué explicación ofrece Jorge sobre las similitudes y diferencias entre las endorfinas y la morfina, el opio y la heroína?
4 Según Jorge, ¿para qué tipo de personas puede ser difícil correr frecuentemente?
5 Considera la información en el texto. ¿Qué tipo de persona es Jorge? Justifica tu respuesta.
6 ¿Qué información agregan las imágenes a la idea central del artículo?
7 ¿En qué tipo de revista puede aparecer este artículo? Justifica tu respuesta.
8 ¿Qué dos palabras puedes identificar en "contradolor"? ¿Qué relación existe entre estas palabras y el ejercicio?
9 Además de correr, Jorge ofrece otras alternativas para estar feliz. Selecciona dos y expresa tu punto de vista. Explica cómo nos hacen felices.
10 ¿Jorge y tú podrían ser amigos? ¿Por qué o por qué no?

ACTIVIDAD: Deportes poco comunes

Deporte	A qué deporte es similar	Equipo necesario para jugar	Espacio donde se juega (nombre, dimensiones)	Actividades que incluye
Snookball				
Pádel				
Kitesurf				
Quidditch Muggle				
Ultimate Frisbee				
Petanca				
Hurling				
Tchoukball				
Indiaca				

Realiza una investigación breve sobre los deportes en la tabla. **Investiga** los detalles que se mencionan en las columnas a la derecha.

Después de completar la tabla, **comparte** tus ideas en equipos pequeños. Toma turnos para preguntar y responder. Haz preguntas sobre la información que consideres interesante.

Finalmente, de manera individual, **selecciona** uno de los deportes que investigaste y redacta el perfil del deporte. Incluye información sobre:
● si es un deporte que se juega en equipos
● el número de jugadores por equipo
● el lugar donde se juega
● el objetivo del juego
● las actividades que hacen los jugadores
● las oportunidades para colaborar y aprender de los demás.

Escribe el perfil en un póster. Cuelga el póster en uno de los pasillos de tu escuela para que la comunidad conozca información sobre estos deportes poco conocidos.

Escribe de 100 a 150 palabras. Incluye fotografías e ilustraciones.

■ El fútbol, el baloncesto y las carreras de relevos: tres deportes en los que la velocidad, la fuerza y la resistencia son clave

ACTIVIDAD: ¿Hay deportes más completos que otros?

■ Enfoques del aprendizaje

■ Habilidades de pensamiento crítico: Reconocen los sesgos y los supuestos no explícitos. Extraen conclusiones y realizan generalizaciones razonables

Copia y completa la siguiente tabla. **Indica** qué hacen y experimentan los jugadores cuando practican estos deportes.

Acción / deporte	Fútbol	Baloncesto	Atletismo	Natación	Fútbol americano	Tenis	Golf	Esgrima	Equitación	Lacrosse	Billar
Correr											
Sudar											
Perder calorías											
Usar la fuerza											
Ser veloz											
Estar concentrado											
Tener resistencia											
Disfrutar											
Hacer estrategias											

Las diccionarios definen la palabra "deporte" de la siguiente manera:

m. Actividad física, ejercida como juego o competición, cuya práctica supone entrenamiento y sujeción a normas.

Tarea oral

Colabora con un compañero.

1 **Considerando las ideas que capturaste en la tabla anterior, ¿cuál sería tu definición de deportes?**
2 **Y ¿qué opinas de las actividades en la tabla qué se experimentan en ciertos deportes?**
3 **¿Hay deportes que son más o mejores deportes que otros?**
4 **¿Por qué o por qué no?**

Toma turnos para preguntar y responder. Pregunta sobre las ideas que consideres interesantes.

Tarea escrita

Escribe un texto para tu blog. **Presenta** tu punto de vista sobre los deportes que son característicos de las clases altas, por ejemplo el golf, la esgrima y la equitación. Menciona si los consideras deportes completos y ofrece una justificación. **Explica** si consideras probable que el público general se interesaría en esos deportes.

Escribe de 100 a 150 palabras.

◆ Oportunidades de evaluación

◆ En esta actividad se han practicado las habilidades que son evaluadas por medio del Criterio C: Comunicación en respuesta a textos orales, escritos o visuales y del Criterio D: Uso de la lengua de forma oral o escrita.

■ Kinball, rugby y waterpolo: tres juegos de pelota en escenarios distintos

CODE

Presta atención a las imágenes de las personas jugando kinball, rugby y waterpolo. Copia y completa la siguiente tabla considerando el significado de CODE, y las características de cada deporte.

CODE	Kinball	Rugby	Waterpolo
Colaboración (formas de colaborar)			
Oportunidades (oportunidades para ser creativo)			
Dificultades del juego			
Experimentos que podemos realizar			

En equipos pequeños, **compara** tus respuestas.

Toma turnos para preguntar y responder. Pregunta sobre las ideas que te parezcan interesantes.

ACTIVIDAD: El kinball

Mira el vídeo en este enlace: http://tinyurl.com/kinbllx y responde las siguientes preguntas.

1 Infiere de dónde es el autor de este vídeo. ¿Cómo sabes?
2 ¿Dónde y cuándo comenzó la práctica del kinball?
3 ¿Cuáles son las dos habilidades que el creador del kinball quería promover?
4 ¿Cuántos equipos participan en un juego de kinball? ¿Cómo se identifican?
5 ¿Cuánto pesa la pelota?
6 ¿Cuál es el objetivo del juego?
7 Además de "omnikin", ¿qué otra palabra utiliza el atacante?
8 ¿Qué recursos utilizó el autor para explicar cómo se juega el kinball?
9 ¿Qué tipo de vídeo es este? Justifica tu respuesta.
  a documental
  b vídeo de un canal de deportes
  c vídeo promocional de una asociación o club
10 ¿A tus amigos y a ti les gustaría jugar kinball? ¿Por qué o por qué no?
11 ¿Sería buena idea practicar el kinball en la clase de Educación Física y para la Salud en tu escuela? ¿Por qué o por qué no?
12 Explica que arreglos sería necesario hacer para jugar kinball en tu escuela.

¿Por qué es necesario ser equilibrado para estar mentalmente, físicamente y emocionalmente sanos?

▼ Nexos con: Educación Física y para la Salud; Ciencias; y Matemáticas

La Educación Física y para la Salud es importante porque en cualquier actividad física intervienen:

- las matemáticas (la distancia de pase, las puntuaciones o tanteos)
- la física (fuerza que imprimo a un móvil y la trayectoria que describe)
- la expresión corporal (comunicación no verbal, los gestos)
- la música (para transmitir, sentir, comunicar; el placer del baile, compartir el ritmo y sus sensaciones)
- la química (conexión entre los miembros de un equipo).

ENCABEZADOS

Presta atención a los siguientes encabezados.

Localiza la palabra más importante o la que comunique la idea clave en cada uno.

1 Clasifica los encabezados. Escribe una "P" si consideras que el encabezado hablará de aspectos positivos, y una "N" si piensas que abordará aspectos negativos. Justifica tu respuesta.
2 Selecciona tres encabezados y escribe el primer párrafo para cada uno.

Comparte tus párrafos con tus compañeros.

1 **La salud mental y emocional: la crisis del presente**
(El Sol de México)

2 **Los deportes son más que jugar, competir y sudar**
(Tiempo Argentino)

3 *Los estudiantes que practican meditación son los más felices y exitosos*
(El Acontecer de Panamá)

4 **La atención plena (Mindfulness): las nuevas matemáticas de la educación moderna**
(La Palabra de Uruguay)

5 *Padres de familia seleccionan escuelas que ayudan a sus hijos a estar y ser felices, y a cultivar sus pasiones.*
(El Cronista de Lima

6 **La felicidad transforma el aprendizaje; el exceso de exámenes arruinan la vida.**
(La Razón)

7 **Las escuelas que hablan de felicidad y plenitud (*mindfulness*), no toman en serio la educación.**
(Diario de Buenos Aires)

ACTIVIDAD: Campaña para promover la plenitud

■ Enfoques del aprendizaje

■ Habilidades de pensamiento creativo: Crean soluciones novedosas para problemas auténticos. Establecen conexiones inesperadas o inusuales entre objetos o ideas

Considera las ideas que se expresan en los encabezados en la página anterior. **Selecciona** los encabezados que, en tu opinión, mencionen ideas sobre el bienestar y la plenitud. Realiza una lluvia de ideas (*brainstorm*) para generar más información que apoye los puntos de los encabezados que seleccionaste.

Utiliza la información que produjiste y **diseña** un póster y un tríptico. El póster debe apoyar las ideas que reuniste sobre las diferentes maneras de promover la plenitud y el bienestar. El tríptico debe informar sobre algunas alternativas que se pueden considerar para estar sanos y ser felices.

Considera las siguientes especificaciones:

Póster	Tríptico
Una página A3	Una página A4 doblada en tres partes
No más de tres imágenes	Puedes usar los formatos preestablecidos de *Word* o *Pages*
Letra de diferentes tamaños para diferenciar secciones	Incluye entre cuatro y ocho imágenes
Utiliza por lo menos dos colores para diferenciar los textos	Letra Arial de 14 puntos
	Espacio sencillo
Presta atención a la estética y la distribución del espacio	Utiliza por lo menos tres colores para diferenciar los textos
	Presta atención a la estética y la distribución del espacio

Presenta tu póster y tu tríptico en una galería en el aula de clase. Toma turnos para presentar tu trabajo y responder preguntas de tus compañeros, y para visitar el trabajo de los demás.

◆ Oportunidades de evaluación

◆ En esta actividad se han practicado las habilidades que son evaluadas por medio del Criterio C: Comunicación en respuesta a textos orales, escritos o visuales y del Criterio D: Uso de la lengua de forma oral o escrita.

ACTIVIDAD: ¿Por qué es necesario ser equilibrado para estar mentalmente, físicamente y emocionalmente sanos?

■ Enfoques del aprendizaje

■ Habilidad de comunicación: Escriben con diferentes propósitos

Considera la información en las columnas que aparecen en la siguiente actividad "Los países más felices y los países con mejor calidad de vida del mundo", y también las ideas que compartiste con tus compañeros.

Escribe un texto para tu blog en el que **critiques** las diferencias entre los resultados de CNN y http://actualidad.rt.com en la tabla. Escribe sobre las relaciones entre el clima, la comida, las actividades que acostumbran las personas en los diferentes en las listas y su nivel de felicidad. Incluye especulaciones sobre las razones por las que ambas fuentes son tan diferentes.

Utiliza el presente, vocabulario relacionado con el ocio y construcciones con "poder", "gustar" + infinitivo.

Escribe 150 palabras.

◆ Oportunidades de evaluación

◆ En esta actividad se han practicado las habilidades que son evaluadas por medio del Criterio C: Comunicación en respuesta a textos orales, escritos o visuales y del Criterio D: Uso de la lengua de forma oral o escrita.

ACTIVIDAD: Los países más felices y los países con mejor calidad de vida del mundo

Enfoques del aprendizaje

- Habilidades de pensamiento crítico: Reconocen los sesgos y los supuestos no explícitos. Formulan preguntas fácticas, de actualidad, conceptuales y debatibles

En marzo de 2016, el sitio web http://cnnespanol. cnn.com publicó la lista de los países más felices del mundo. Del mismo modo, la Organización para la Cooperación y el Desarrollo Económicos (OCDE) reveló su informe sobre los países con mejor calidad de vida. Curiosamente el sitio web https://actualidad.rt.com publicó una lista muy diferente a la que público CNN.

A continuación se muestran los resultados.

Países más felices según CNN		Países con mejor calidad de vida según OCDE		Países más felices según https://actualidad.rt.com	
1	Dinamarca	1	Australia	1	Panamá
2	Suiza	2	Suecia	2	Costa Rica
3	Islandia	3	Suiza	3	Puerto Rico
4	Noruega	4	Dinamarca	4	Suiza
5	Finlandia	5	Canadá	5	Belice
6	Canadá	6	Noruega	6	Chile
7	Países Bajos	7	Estados Unidos	7	Dinamarca
8	Nueva Zelandia	8	Nueva Zelanda	8	Guatemala
9	Australia	9	Islandia	9	Austria
10	Suecia	10	Finlandia	10	México

Observa las listas con atención y responde las siguientes preguntas.

1 ¿Qué datos interesantes identificas en las tablas?
2 ¿Qué relación existe entre los resultados de CNN y la OCDE?
3 ¿Cuáles particularidades identificas en la lista que publicó https://actualidad.rt.com?
4 ¿Cuál tabla te parece más acertada: la de CNN o la de https://actualidad.rt.com? ¿Por qué?
5 ¿Qué puedes inferir acerca de las fuentes que publicaron estas listas: CNN, la OCDE y https:// actualidad.rt.com?
6 ¿Qué relaciones puedes establecer entre el clima, la comida, las actividades que acostumbran las personas en los diferentes países en las listas y su nivel de felicidad y calidad de vida?

Escribe tus respuestas y después **comparte** con tus compañeros. Presta atención a sus opiniones y pregunta sobre las ideas que consideres interesantes.

◆ Oportunidades de evaluación

- ◆ En esta actividad se han practicado las habilidades que son evaluadas por medio del Criterio C: Comunicación en respuesta a textos orales, escritos o visuales y del Criterio D: Uso de la lengua de forma oral o escrita.

ACTIVIDAD: ¿Buenos o malos hábitos?

Utiliza el vídeo en el siguiente enlace: **http://tinyurl.com/bumalhabit** y realiza las siguientes tareas.

Tarea 1

Mira el vídeo del minuto 0 al minuto 1:55.

Presta atención a las imágenes. Generaliza e infiere sobre los hábitos de la mamá de Linda a partir de lo que ves.

Imagina que eres un(a) amigo/a de esta mujer y estás preocupado/a por su salud y bienestar.

Escribe un correo a su hermano Félix. **Explica** los hábitos de tu amiga, las razones por las que estás preocupado/a y la manera en que te gustaría que Félix te apoyara.

Utiliza el presente y construcciones con "debería" / "gustaría" + infinitivo.

Escribe de 100 a 150 palabras.

Tarea 2

Mira el vídeo del minuto 2 al minuto 4:30.

Presta atención a las imágenes. Generaliza e infiere sobre los hábitos de Linda y la relación con su mamá a partir de lo que ves.

Trabaja con un compañero.

Uno de ustedes será Linda y el otro será un amigo o amiga de ella.

Imagina que estás en la cafetería de la escuela.

Charla sobre la comida que te gusta y te gustaría comer. **Comparte** puntos de vista sobre los hábitos alimenticios que tus padres te hacen seguir.

La charla debe durar de dos a tres minutos.

Tarea 3

Mira el vídeo del minuto 5 al minuto 7:30.

Imagina que eres Linda.

Escribe una entrada en tu diario. **Describe** tu relación con tu mamá, el problema que tienes y las soluciones que tu mamá encontró para ti.

Describe tus emociones.

Escribe de 100 a 150 palabras.

◆ Oportunidades de evaluación

◆ En esta actividad se han practicado las habilidades que son evaluadas por medio del Criterio C: Comunicación en respuesta a textos orales, escritos o visuales y del Criterio D: Uso de la lengua de forma oral o escrita.

ALGUNAS TAREAS SUMATIVAS PARA EVALUAR ESTE CAPÍTULO

Considera las siguientes actividades para poner en práctica lo que has aprendido en este capítulo. Las tareas se diseñaron considerando el vocabulario y estructuras que se introdujeron, así como las ideas que se presentaron. Estas tareas te permitirán valorar tu desempeño en diferentes áreas de la lengua utilizando los criterios de evaluación de Adquisición de Lenguas del PAI.

TAREA 1

Deporte y felicidad

Mira el vídeo en el siguiente enlace: **http://tinyurl.com/esgdepfeli** y responde las siguientes preguntas.

1 **¿Cómo se llama la persona que habla en el vídeo?**
2 **¿De dónde es? ¿Cómo llegas a esta conclusión?**
3 **¿Qué es la felicidad para este chico? Menciona dos ideas.**
4 **¿Qué deporte práctica?**
5 **¿Qué es el deporte para este chico? Menciona tres ideas.**
6 **¿Por qué es posible decir que este chico es muy bueno en el deporte que practica?**
7 **Además de los deportes, ¿qué otra pasión tiene el chico?**
8 **¿Quién produjo este vídeo?**
9 **¿Cuál es el objetivo de este vídeo?**
10 **¿Qué simbolizan los colores amarillo y rojo en el vídeo?**
11 **Con tus propias palabras, explica la frase final del vídeo: "+ deportes + vida + felicidad".**

◆ Oportunidades de evaluación

◆ Esta tarea evalúa habilidades del Criterio A: Comprensión de textos orales y visuales.

Lee el siguiente artículo acerca de la felicidad.

¡Disfruta de la felicidad!
Por Esther Lugo

1 La ciencia nos puede decir cómo ser feliz. Investigaciones recientes revelan datos reales y concretos sobre una cuestión que sólo los filósofos debatían hasta hace poco: ¿Qué nos hace feliz?

2 El equipo formado por Ed Diener y su hijo Robert Biswas-Diener, la psicóloga de Stanford Sonja Lyubomirsky, y el especialista en ética Stephen Post estudia a centenas de personas de todo el mundo para descubrir cómo afectan a nuestro bienestar cosas tales como el dinero, la actitud, la cultura, la memoria, la salud, el altruismo y nuestros hábitos diarios.

3 La psicología positiva moderna sugieren que *nuestras acciones pueden tener un efecto significativo en la felicidad y satisfacción con la vida*, y comparten diez estrategias científicamente demostradas para ser feliz.

4 **Saborea los momentos pequeños.** Avanza con calma; haz una pausa para oler una rosa o mirar jugar a los niños y niñas, porque cuando pensamos en momentos agradables, estamos más abiertos a la felicidad, dice la psicóloga Sonja Lyubomirsky.

5 **Evita comparaciones.** No es necesario estar al nivel de los vecinos, ni compararnos con los demás. Debemos cuidar nuestra autoestima, porque enfocarnos en nuestra realización personal nos ayuda a sentirnos satisfechos, según Lyubomirsky.

6 **El dinero no es prioridad.** Si pensamos que el dinero es importante, podemos sufrir de depresión, ansiedad y baja autoestima, según los investigadores Tim Kasser y Richard Ryan.

7   **Establece metas significativas.** Cuando aprendemos una nueva habilidad, elevamos nuestra moral y nos sentimos más felices.

8   **Toma la iniciativa.** Estar felices es nuestra responsabilidad y nosotros debemos ser los primeros en luchar por las cosas que nos hacen felices. En ocasiones esperar ayuda o posponer planes no es bueno.

9   **Haz amigos y valora a tu familia.** La gente más feliz tiene buenas familias, amigos y relaciones comprensivas. No es necesario ser el alma de la fiesta si estás rodeado de conocidos superficiales, necesitamos relaciones, no interacciones.

10 **Siempre sonríe.** Parece simple, pero funciona. "La gente feliz ... ve posibilidades, oportunidades y éxito. Cuando piensan en el futuro, son optimistas, y cuando revisan el pasado, recuerdan los buenos momentos", dice Diener y Biswas-Diener.

11 **¡Di gracias con el corazón!** La investigación de Martin Seligman, fundador de la psicología positiva, revela que las personas que escriben "cartas de agradecimiento" a alguien que les ayudó disfrutan de paz por mucho tiempo.

12 **Haz ejercicio.** Un estudio de la Universidad de Duke menciona que el ejercicio es tan efectivo como las drogas para tratar la depresión, sin los efectos secundarios.

13 **Regala, ayuda y comparte.** Ser altruista, compartir y trabajar como voluntario nos ayuda a ser compasivos y empáticos.

TAREA 2

¡Disfruta de la felicidad!

Después de leer el artículo "¡Disfruta de la felicidad!" en las páginas 128 a 129, responde las siguientes preguntas.

1 **¿Quién es el fundador de la psicología positiva?**
2 **En el artículo, ¿qué relación se establece entre los deportes y las drogas? Explica.**
3 **Según el artículo, ¿quiénes debatían la pregunta sobre la felicidad antes que la ciencia? ¿Por qué piensas que este tema no era tan científico?**
4 **Según Sonja Lyubomirsky, ¿por qué es importante vivir la vida con calma y tranquilidad?**
5 **¿Qué menciona el artículo sobre la competencia y el dinero? ¿Qué relación establece?**
6 **¿Qué quiere decir la frase "necesitamos relaciones, no interacciones"? Explica por qué es importante en este artículo.**
7 **¿Por qué el párrafo 1 funciona como introducción general al artículo?**
8 **Infiere. ¿Qué documentos utilizó Esther Lugo para escribir este artículo? Explica.**
9 **Selecciona dos ideas de los párrafos 4 a 13 y menciona por qué son importantes para ti.**
10 **¿Qué idea de los párrafos 4 a 13 piensas que es importante debatir en tu comunidad? ¿Por qué?**
11 **Selecciona tres ideas de los párrafos 4 a 13 y menciona con que atributo del perfil de la comunidad de aprendizaje se relaciona cada uno. Explica.**

◆ Oportunidades de evaluación

◆ Esta tarea evalúa habilidades del Criterio B: Comprensión de textos escritos y visuales.

TAREA 3: Escrita

Escribe un texto para tu blog sobre la importancia de una dieta balanceada y una vida activa.
Explica por qué es importante comer bien y hacer deportes; menciona ideas sobre la manera en que los deportes ayudan a reducir el estrés, la tensión y a estar más felices.

Escribe de 100 a 150 palabras.

TAREA 4: Oral

Participa en una charla con tu profesor.

Tu profesor te hará preguntas sobre tus hábitos relacionados con la comida y el deporte. Responde las preguntas que te haga, menciona ejemplos cuando sea posible y **justifica** tus respuestas.

Habla sobre las actividades que te hacen sentirte feliz.

La interacción debe durar dos minutos.

◆ Oportunidades de evaluación

◆ Estas tareas evalúan habilidades del Criterio C: Comunicación en respuesta a textos orales, escritos o visuales y del Criterio D: Uso de la lengua de forma oral o escrita.

Reflexión

En este capítulo exploramos la manera en que los deportes tienen una gran influencia en la sociedad, y la importancia especial que tienen en la cultura de un país y en la construcción de la personalidad y la salud emocional de sus habitantes. Además, examinamos ejemplos de las maneras en que los deportes y la comida nos ayudan a mantener el equilibrio entre nuestra mente y nuestro cuerpo.

■ Enfoques del aprendizaje

- Habilidad de reflexión: Consideran los contenidos y preguntarse: ¿Sobre qué aprendí hoy? ¿Hay algo que aún no haya entendido? ¿Qué preguntas tengo ahora?

Reflexionemos sobre nuestro aprendizaje …
Usa esta tabla para reflexionar sobre tu aprendizaje personal en este capítulo.

Preguntas que hicimos	Respuestas que encontramos	Preguntas que podemos generar ahora			
Fácticas: ¿Qué actividades te hacen feliz?					
Conceptuales: ¿Por qué es necesario ser equilibrado para estar mentalmente, físicamente y emocionalmente sanos? ¿Cómo cambia la calidad de nuestra felicidad debido a la competición excesiva?					
Debatibles: ¿Qué rol tienen los deportes en la felicidad de las personas? ¿Qué rol tiene la alimentación balanceada en la felicidad de las personas? ¿Podemos estar sanos y ser felices al mismo tiempo?					
Enfoques de aprendizaje en este capítulo:	Descripción: ¿qué destrezas nuevas adquiriste?	¿Qué tan bien has consolidado estas destrezas?			
		Novato	En proceso de aprendizaje	Practicante	Experto
Habilidades de comunicación					
Habilidades de colaboración					
Habilidades de reflexión					
Habilidades de gestión de la información					
Habilidades de alfabetización mediática					
Habilidades de pensamiento crítico					
Habilidades de pensamiento creativo					
Atributos de la comunidad de aprendizaje	Reflexiona sobre la importancia de ser un estudiante equilibrado en este capítulo. ¿Cómo demostraste tus habilidades como estudiante equilibrado en este capítulo?				
Equilibrado					

6 ¿Viajar realmente nos convierte en ciudadanos del mundo?

○ Entrar en contacto con diferentes culturas amplifica la visión que tenemos del **mundo** y enriquece el **significado** de los valores de nuestra **cultura**.

CONSIDERAR Y RESPONDER ESTAS PREGUNTAS:

Fácticas: ¿A qué lugares te gusta viajar? ¿Cómo se pueden clasificar los destinos turísticos?

Conceptuales: ¿Por qué algunas personas viven el choque cultural cuando viajan? ¿Cómo nos ayudan los viajes a comprender otras culturas?

Debatibles: ¿Son todos los turistas similares? ¿Por qué no pueden todas las personas tener la misma experiencia en un destino turístico?

Ahora **compara y comparte** con un compañero o con la clase entera.

■ "¿Cómo es posible que eche de menos una civilización que ni siquiera conocí?" Ché Guevara

○ EN ESTE CAPÍTULO VAMOS A:

■ **Descubrir:**
  ■ diferentes formas de expresar opiniones sobre los viajes.
■ **Explorar:**
  ■ las razones por las que las personas viajan.
■ **Tomar acción y:**
  ■ reflexionar y evaluar qué tanto podemos aprender cuando viajamos.

Las siguientes habilidades de los enfoques del aprendizaje serán útiles:

- Habilidades de comunicación
- Habilidades de colaboración
- Habilidades de reflexión
- Habilidades de gestión de la información
- Habilidades de alfabetización mediática
- Habilidades de pensamiento crítico
- Habilidades de pensamiento creativo

◆ Oportunidades de evaluación en este capítulo:

- ◆ **Criterio A:** Comprensión de textos orales y visuales
- ◆ **Criterio B:** Comprensión de textos escritos y visuales
- ◆ **Criterio C:** Comunicación en respuesta a textos orales, escritos o visuales
- ◆ **Criterio D:** Uso de la lengua de forma oral o escrita

Contenido esencial

Los contenidos temáticos que se abordarán en este capítulo pertenecen a las fases 1 y 2 del continuo de aprendizaje y son:
- Los viajes y el transporte
- Las compras: transacciones e interacciones en diferentes lugares
- Las vacaciones
- El estudio y la vida en el extranjero
- Situaciones de viajeros en el extranjero
- Los viajes y el turismo
- El presente
- El pretérito indefinido
- Indicadores temporales

● Reflexiona sobre el siguiente atributo de la comunidad de aprendizaje:

- ● Mente abierta: Desarrollamos una apreciación crítica de nuestras propias culturas e historias personales, así como de los valores y tradiciones de los demás. Buscamos y consideramos distintos puntos de vista y estamos dispuestos a aprender de la experiencia.

VOCABULARIO SUGERIDO

Vocabulario sugerido para mejorar la experiencia de aprendizaje.

Sustantivos	Adjetivos	Verbos
ropa	barato	cambiar
aeropuerto	bonito	comprar
avión	caro	dar
balneario	cerca	disfrutar
bolso	colorido	explorar
calle	congestionado	hacer (las
campo	ecológico	maletas)
centro	grande	investigar
comercial	histórico	ir
cine	largo	llevar
dinero	lejos	organizar
edifico	limpio	pagar
estación de	organizado	pasear
autobús	pequeño	planear
estación de	precio	preparar
tren	sucio	recibir
hospital	turístico	regalar
hostal	verde	regresar
hotel		tomar (un taxi)
mochila		vender
montaña		ver
monumento		viajar
museo		
parque		
pasaporte		
playa		
postal		
recuerdos		
restaurante		
seguro (de		
viajero)		
tienda		
tren		
visa		

¿A qué lugares te gusta viajar?

■ Viajo tanto como puedo porque mis ojos no pueden ver el fin

Nómada fui cuando era niña y contemplaba las carreteras; nómada seré toda mi vida; siempre estaré enamorada de los horizontes, de los lugares lejanos y de las geografías aún inexploradas; porque todo es viaje; porque todo es exploración; porque todo es una oportunidad para descubrir lo pequeños que somos en el mundo.

ACTIVIDAD: Mejores destinos 2017

Enfoques del aprendizaje

■ Habilidad de gestión de la información: Establecen conexiones entre diversas fuentes de información

Realiza una investigación breve sobre los siguientes países. **Investiga** sobre los lugares que se pueden visitar, y las actividades que se pueden realizar en diferentes estaciones del año.

Escribe tus ideas en una tabla como esta.

País	Actividades que se pueden hacer en la primavera	Actividades que se pueden hacer en el verano	Actividades que se pueden hacer en el otoño	Actividades que se pueden hacer en el invierno
Argentina				
Chile				
China				
Colombia				
Cuba				
España				
Francia				
India				
Italia				
México				
Perú				

OBSERVA–PIENSA–ESCRIBE–PREGÚNTATE

1 **Observa** la imagen y el texto en la roca. Presta atención al significado de ambos.
2 **Escribe** lo que piensas acerca de la imagen y el texto.
3 **Explica** la relación que observas entre los dos.
4 **Escribe** una serie de preguntas que te gustaría debatir acerca de la foto y el texto.

Trabaja en equipos pequeños y **comparte** tus ideas.

Toma turnos para preguntar y responder.

A mí me gusta viajar **en** tren. Y a ti, ¿**cómo** te gusta viajar?

tren

avión

autobús

carro/coche

tren bala

Después de completar la tabla, **comparte** tus ideas en equipos pequeños.

Toma turnos para responder y preguntar estas preguntas.

1 **¿Qué es popular en cada uno de estos países?**
2 **¿Qué atrae a los turistas a cada uno de estos países?**
3 **¿Conoces alguno(s) de estos países? ¿Cuáles? ¿Qué recuerdas?**
4 **¿Qué aspectos de los países que visitas tomas en consideración al viajar?**
5 **¿Qué elementos influyeron para que otros países no estén en la lista?**

■ Podemos viajar acompañados o en solitario, pero ¿disfrutamos de la misma manera?

PIENSA–COMPARA–COMPARTE

Individualmente, **escribe** ideas sobre los siguientes temas.

Tema 1

¿Qué tipo de personas prefieren viajar a la playa? ¿Por qué?

Tema 2

¿Qué tipo de personas prefieren viajar en grupos de turismo masivo? ¿Por qué?

Tema 3

¿Qué tipo de personas prefieren viajar con paquetes todo incluido? ¿Por qué?

Tema 4

¿Qué tipo de personas prefieren viajar "de mochilazo"? ¿Por qué?

Después **comparte** tus ideas en equipos pequeños. Escucha las ideas de tus compañeros.

Resume las ideas que se mencionaron sobre cada tema y escríbelas en un póster.

Presenta tu póster a la clase y compara los resúmenes.

¿Qué diferencias notas?

Toma turnos para preguntar y responder.

Sugerencia

¡Practica el pretérito indefinido!

Si quieres aprender sobre el pretérito indefinido, utiliza este enlace: https://youtu.be/6c9tEidimFc

---

ACTIVIDAD: Tres amigos

■ Enfoques del aprendizaje

■ Habilidades de comunicación: Leen con actitud crítica y para comprender. Utilizan una variedad de técnicas de expresión oral para comunicarse con diversos destinatarios

Lee la siguiente tabla con atención.

Trabaja en equipos de tres. **Selecciona** uno de los tres nombres en la tabla. Practica el pretérito indefinido con tus compañeros. Pregunta acerca de los estímulos en la tabla.

Sugerencia

Primero decide cuál pregunta es la correcta para cada estímulo.

Observa el patrón en el ejemplo:

Fecha de partida: ¿Cuándo saliste de viaje?

Estímulo	Patricia/o	Roberto/a	Francisco/a
Fecha de partida	30 de abril	13 de diciembre	5 de mayo
Destino	Cancún	Patagonia	La Habana
Duración del viaje	Una semana	Dos semanas	Dos semanas
Compañía	Dos amigas y un amigo	Familia	Profesor y compañeros de clase
Algunas actividades	Nadar en los cenotes Visitar Xel-Ha Tomar fotos	Montar a caballo Acampar Tomar fotos	Bailar salsa Caminar en la ciudad Tomar fotos
Compras	Un sombrero Una guayabera Recuerdos	Un sombrero argentino Mate Recuerdos	Un sombrero cubano Recuerdos Postales
Comida	Mariscos	Carne de res	Arroz y banana
Bebida	Limonada	Mate	Jugos de frutas
Fecha de regreso	7 de mayo	28 de diciembre	20 de mayo

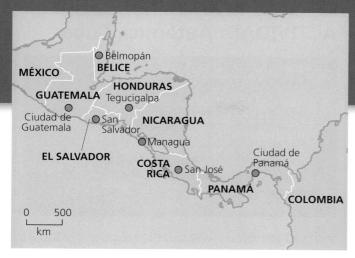

■ Belice es el único país en América Central donde no se habla español como lengua oficial; Belice fue una colonia del Reino Unido hasta su independencia en 1981

ACTIVIDAD: Belice: El gran desconocido

■ Enfoques del aprendizaje

■ Habilidad de gestión de la información: Acceden a la información para estar informados e informar a otros
■ Habilidad de comunicación: Escriben con diferentes propósitos

El ministro de Turismo de Belice asegura que muchas personas no saben dónde está su país, pero que su calidad de desconocido lo ha transformado en uno de los destinos más visitados del mundo.

Realiza una investigación breve sobre Belice y **escribe** un texto para tu blog. **Presenta** las razones por las que es buena idea visitar Belice. Menciona las actividades que se pueden hacer, los diferentes lugares que se pueden visitar, así como información sobre la comida y la gente.

Escribe 150 palabras.

◆ Oportunidades de evaluación

◆ En esta actividad se han practicado las habilidades que son evaluadas por medio del Criterio C: Comunicación en respuesta a textos orales, escritos o visuales y del Criterio D: Uso de la lengua de forma oral o escrita.

▼ Nexos con: Individuos y Sociedades: Historia

Además de la Península de Yucatán en México, Guatemala y Honduras, la civilización maya también tuvo asentamientos importantes en Belice. El Caracol y Xunantunich son ejemplos del legado maya en Belice.

ACTIVIDAD: Cuba: La isla bonita

Visita el sitio web en el siguiente enlace: www.cubatravel.cu/es y responde las siguientes preguntas.

1 ¿Cómo se puede llegar a Cuba? Menciona información sobre cómo viajar desde tres países diferentes.
2 ¿Qué diferentes lugares es posible visitar en Cuba? Menciona cuatro ejemplos e indica qué tipo de lugar es.
3 ¿Cuáles son algunos platos típicos de Cuba?
4 En dos o tres líneas describe el contenido de la sección titulada "Naturaleza".
5 Entra en la sección titulada "Salud" y observa las imágenes y los subtítulos que las acompañan. ¿Qué tipo de turismo describen estas imágenes y oraciones? ¿Qué podemos inferir sobre la medicina y la salud en Cuba?
6 ¿Por qué es posible decir que este sitio web se diseñó tomando en cuenta turistas de diferentes nacionalidades?
7 En tu opinión, ¿el contenido de este sitio web está bien organizado? Explica.
8 En tu opinión, ¿es fácil navegar este sitio web? ¿Por qué o por qué no?
9 ¿Te gustaría visitar Cuba? ¿Por qué o por qué no?
10 ¿Cómo es diferente Cuba de tu país? Menciona tres ejemplos concretos.

◆ Oportunidades de evaluación

◆ En esta actividad se han practicado las habilidades que son evaluadas por medio del Criterio B: Comprensión de textos escritos y visuales.

ACTIVIDAD: Auténtica Cuba

Visita el sitio web www.cubatravel.cu/es y estudia los destinos que se pueden visitar en Cuba. Presta atención particular a las distancias entre las ciudades, los diferentes lugares que se pueden visitar y la variedad de actividades que se pueden hacer. **Selecciona** una de las siguientes categorías de turismo y planea un itinerario de una semana. Toma en cuenta las particularidades de cada opción.

a **Una familia de cinco personas adultas**
b **Un chico que viaja solo**
c **Una pareja con dos hijos menores de diez años**

Organiza tu información en una tabla similar a la siguiente.

Lugar	Tiempo destinado	Clima	Posibles actividades	Ropa necesaria

Después de preparar tu itinerario, colabora en equipos pequeños con compañeros que seleccionaron una categoría diferente a la tuya.

Toma turnos para **compartir** ideas y preguntas.

◆ Oportunidades de evaluación

◆ En esta actividad se han practicado las habilidades que son evaluadas por medio del Criterio C: Comunicación en respuesta a textos orales, escritos o visuales y del Criterio D: Uso de la lengua de forma oral o escrita.

Sugerencia
¡Practica el pretérito indefinido!

ACTIVIDAD: Mi viaje a Cuba

■ Enfoques del aprendizaje

■ Habilidad de comunicación: Escriben con diferentes propósitos

Mira el vídeo en este enlace: http://tinyurl.com/cubdiariox. Toma notas sobre los lugares y las actividades que veas.

Imagina que fuiste de viaje a Cuba.

Escribe tres entradas de diario. En cada entrada **describirás** un día de tu viaje en Cuba. Menciona las actividades que hiciste y tus impresiones sobre los lugares que visitaste y lo que comiste.

Utiliza verbos y sustantivos del vocabulario sugerido.

Escribe en pretérito indefinido y usa indicadores temporales.

Cada entrada debe constar de 50 palabras mínimo.

◆ Oportunidades de evaluación

◆ En esta actividad se han practicado las habilidades que son evaluadas por medio del Criterio C: Comunicación en respuesta a textos orales, escritos o visuales y del Criterio D: Uso de la lengua de forma oral o escrita.

▼ Nexos con: Individuos y Sociedades: Historia

La República de Cuba país es un Estado marxista-leninista con un sistema político dominado por el Partido Comunista. La fundación del Partido Comunista en la década de los 60 provocó tensiones entre la Unión Soviética y Estados Unidos, lo que llevo a Cuba ser parte del conflicto conocido como la Crisis de los misiles de 1962.

¿De que manera crees que la historia política de Cuba ha afectado su potencial como destino turístico?

■ Argentina, Bolivia, Costa Rica y Cuba, cuatro joyas de Latinoamérica

Lee el siguiente blog acerca algunas viajeras interesantes.

Grandes mujeres con alas

■ Amelia Earhart

■ Isabelle Eberhardt

■ Mary Kingsley

1 Podría hablar de Marco Polo, Thomas Cook y de los jóvenes aristócratas ingleses del siglo XVI. Pero, como este blog está dedicado a celebrar a las grandes mujeres del mundo, en esta ocasión quiero hablar de esas mujeres que tienen un gran deseo por conquistar las tierras, los vientos y los mares del mundo.

2 En esta ocasión tengo el gusto de compartir mis opiniones sobre Amelia Earhart, Isabelle Eberhardt, Mary Kingsley y Gertrude Bell; cuatro mujeres indomables que devoraron al mundo, y cuyas aventuras nos permiten reconocer que viajar es mucho más que hacer turismo, que es un ejercicio de aprendizaje constante que nos aleja de nuestra rutina, nos pone a prueba, nos permite conocernos mejor a nosotras mismas y nos puede ayudar a contribuir a la historia.

3 Las cuatro mujeres sobre quienes escribo fueron individuos excepcionales, pues decidieron viajar y explorar el mundo por convicción propia, algo que implicó un cambio drástico porque los exploradores eran generalmente hombres. Además de haber sido mujeres intrépidas, estas damas lucharon contra una sociedad machista y resultaron victoriosas.

4 Gracias a sus viajes y exploraciones, estas mujeres escribieron páginas importantes en la historia. Por ejemplo, gracias a Gertrude Bell fue posible conocer detalles importantes sobre la cultura del Medio Oriente. Mary Kingsley fue una escritora y exploradora inglesa que tuvo una gran influencia en las ideas europeas sobre África y sus gentes. Isabelle Eberhardt fue una exploradora y escritora suiza que vivió y viajó por el Norte de África. Isabelle se vistió como hombre (Si Mahmoud Essadi) y logró sumergirse en la cultura para después escribir sobre las injusticias del régimen colonial. Por su parte, Amelia Earhart fue una aviadora estadounidense, una mujer arriesgada, célebre por intentar el primer viaje aéreo alrededor del mundo sobre la línea ecuatorial.

5 Estas cuatro mujeres me enseñaron una lección de vida muy importante: Viajar, además de un derecho, deber ser una obligación. Viajar con el objetivo de conocer y aprender es tan importante como aprender a leer y escribir; como saber sumar y restar. Viajar es no tener miedo a la realidad y a los obstáculos; viajar significa tomar el reto de explorar lo desconocido, pues esta es una de las pocas maneras para analizar situaciones de forma espontánea desde nuevas perspectivas.

6 Estas mujeres demostraron que los deseos no se deben quedar en los sueños, que para ser parte del presente hay que tener el valor para abrir las puertas del futuro. Personalmente pienso que estas mujeres hicieron mucho por nosotras, y que gracias a ellas hoy es posible cumplir nuestros anhelos.

■ Gertrude Bell

ACTIVIDAD: Grandes mujeres con alas

1 ¿Cómo define la autora la palabra *viajar*?
2 ¿Quién se vistió como hombre?
3 ¿Para qué tipo de público se escribe este blog? ¿Cómo llegas a esta conclusión?
4 ¿Qué detalles menciona la autora sobre los conflictos entre las mujeres y los hombres?
5 Menciona dos ideas del texto que la autora utiliza para explicar por qué viajar es más que el turismo.
6 En el párrafo 2, ¿de quién habla la autora cuando menciona "nos permite conocernos mejor a nosotras mismas"? Explica.
7 ¿Por qué la autora escribió este texto?
8 Con tus propias palabras, explica la siguiente frase: "para ser parte del presente hay que tener el valor para abrir las puertas del futuro".
9 Después de leer el texto, ¿por qué piensas que la autora tituló su texto "Grandes mujeres con alas"?
10 Selecciona una de las ideas del texto que te parezca interesante para aprender más sobre viajar y explica por qué.

¿Por qué no pueden todas las personas tener la misma experiencia en un destino turístico?

■ Las maravillas del mundo hacen que los turistas hagan cosas interesantes

PIENSA–COMPARA–COMPARTE

Piensa en una respuesta para la siguiente pregunta y después **compara** y **comparte** tu respuesta de la siguiente manera:

a **en parejas**
b **en grupos de cuatro**
c **en grupos de ocho.**

¿Qué te parece de peor gusto: una foto posando con estatuas o una selfie?

Finalmente, considerando el contexto en el que se toman estas fotos, **escribe** una síntesis de las opiniones que se compartieron.

ACTIVIDAD: Estereotipos

■ Enfoques del aprendizaje

- ■ Habilidad de pensamiento crítico: Reconocen los sesgos y los supuestos no explícitos
- ■ Habilidad de colaboración: Escuchan con atención otras perspectivas e ideas

Trabaja individualmente. Copia y completa la tabla. Lee los estereotipos en la columna de la izquierda, y, en la columna en medio, indica a qué países se les atribuyen. Finalmente, en la columna de la derecha, menciona las razones de los estereotipos.

Estereotipo	País	Razones
Son puntuales		
Saben bailar		
Son románticos		
Son alcohólicos		
Son tacaños		
Tienen una pistola en casa		
Son obesos		
Son tontos		
Son arrogantes		
Usan sombreros y botas vaqueras		
Sólo comen queso y baguettes		
Hablan con las manos		
Copian o imitan ideas		
Tienen reglas muy estrictas		
Son ruidosos		

Después de completar la tabla, trabaja en equipos pequeños.

Toma turnos para preguntar y **compartir** tus ideas. Pregunta sobre las ideas que consideres interesantes.

Después **discutir** los estereotipos, responde a las siguientes preguntas en equipo, como conclusión. Recuerda que "los viajes" son el contexto.

1 **¿Qué estereotipos comparten varios países? ¿Por qué?**
2 **¿Qué estereotipos te parecen ilógicos? ¿Por qué?**
3 **¿Qué estereotipos puedes comprobar que son incorrectos? ¿Cómo?**

◆ Oportunidades de evaluación

- ◆ En esta actividad se han practicado las habilidades que son evaluadas por medio del Criterio D: Uso de la lengua de forma oral o escrita.

Viajar es un arte y no hay una receta

1 Está claro que viajar no sólo se hace porque uno tiene dinero; y que viajar es una de las mejores inversiones que podemos hacer en nuestras vidas. También creo que está claro que hay diferentes tipos de viajes y de viajeros. Todos sabemos que muchas personas escogen lugares por razones específicas, y que no piensan tanto en conocer y aprender, sino en experiencias glamorosas.

2 Personalmente, yo pienso que viajar es un arte: es un ejercicio para aprender y para cambiar. Por eso, yo no creo en los viajes cómodos, porque si uno no vive momentos difíciles y quiere sentirse en casa, pues mejor no viajar.

3 ¿Qué opinan?

Fabián

4 Muy bueno, David. Yo viajé por Asia durante 5 meses y me olvidé por completo de Europa. En mi viaje, nunca comparé los países que visité con el mío, o con España que es donde vivo ahora (soy originario de Guatemala).

5 Viajé por Laos, Camboya, Vietnam y Malasia, y creo que es lo mejor que he hecho en muchísimo tiempo. No me imaginaba que mi cabeza tenía capacidad para ver, vivir, experimentar y aprender tantas cosas. No viajé con lujos, y por eso creo que pude conocer el lado auténtico de estos países.

Rubén

6 Estoy totalmente de acuerdo, David. Muchas personas sólo viajan para tomarse fotos en los lugares populares y muchas veces no saben ni por qué son populares. Es una lástima.

7 Yo sólo soy un microbio en el mundo, y cada vez que viajo siento que crezco un poco.

Fátima

8 Yo creo que depende de lo que buscas en tu vida. Si tienes dinero y lo quieres gastar mal, ese es tu problema. Si tus decisiones no afectan a los demás, sigue viajando como te guste. Sin embargo, si estoy de acuerdo en algo: "no puedes decir que conoces París si sólo visitaste los Campos Elíseos".

Jaime

9 No es viajar por viajar. Depende de cómo uno viaje. Es una cuestión de actitud, y de ir abierto de mente. Si no es así, ni aprendes idiomas, ni conoces otra gente, ni amplías perspectivas. Y sí, a mí me apasiona viajar, y he viajado mucho.

ACTIVIDAD: Viajar es un arte y no una receta

Después de leer el blog sobre los viajes, responde las siguientes preguntas.

1 ¿Cómo se llama el autor del texto? ¿Cómo llegas a esta conclusión?
2 ¿Qué quiere decir el autor con la frase "hay diferentes tipos de viajes y de viajeros"? Explica.
3 ¿Por qué el autor menciona que él no cree en los viajes cómodos?
4 ¿Con qué ideas del blog y de los comentarios de Fabián y Rubén está en desacuerdo Fátima? Explica.
5 Con tus propias palabras, explica esta idea que menciona Rubén: "Yo sólo soy un microbio en el mundo".
6 ¿Cuál es la idea central que quiere comunicar el autor?
7 ¿Qué ideas y significado agregan las imágenes al texto?
8 Según Jaime, ¿qué pasa si viajamos con una mente abierta? ¿Estás de acuerdo?
9 Después de leer el texto, ¿qué tipo de persona crees que es el autor? Explica.
10 ¿Con cuales ideas del texto estás de acuerdo? Escoge dos y explica.

Cómo escribir un artículo de prensa

Una de las reglas doradas del periodismo es que las cosas importantes siempre aparecen al principio del texto, y que las ideas deben ser breves y concisas.

Si deseas escribir un artículo de prensa, o artículo periodístico, sigue estas sugerencias.

Selecciona un tipo de público

Debemos expresar ideas de forma diferente cuando escribimos para niños y para adultos.

Formula preguntas

Piensa en las preguntas que tus lectores podrán tener. Tu artículo deberá ayudarles a encontrar una respuesta.

Investiga

Reúne información relevante. Necesitas leer, hacer entrevistas e investigar para poder obtener las respuestas a todas las preguntas de tus lectores. Considera y utiliza diferentes fuentes tales como:
- líderes de opinión
- expertos
- voceros oficiales
- una autoridad de rango
- testigos
- gente común

Clasifica tus resultados

Considera estas categorías:
- lugar
- tiempo
- impacto cultural y social
- información práctica

Redacta

Al escribir menciona de dónde obtuviste la información. Menciona tus fuentes.

Escribe párrafos de cuatro o cinco líneas. Escribe solo lo que sea cierto.

Selecciona un título atractivo

El título deberá cubrir todas tus ideas y deberá despertar el interés en tu artículo.

▼ Nexos con: Individuos y Sociedades: Geografía

■ Los cenotes son depósitos de agua manantial con una cierta profundidad que se formaron por los derrumbes de techo de una o más cuevas; estas maravillas de la naturaleza existen en la Península de Yucatán, en México

ACTIVIDAD: ¿Cenotes o playa?

Visita este enlace para conocer más información sobre los cenotes: http://tinyurl.com/zenotlx

Realiza las siguientes tareas.

Tarea 1

Trabaja con un compañero.

Imagina que irás de vacaciones con él. En este momento necesitan decidir si irán a la playa o si visitarán varios cenotes.

Uno de ustedes quiere ir a la playa y el otro a los cenotes.

Participa en una interacción. Expresa las razones por las que quieres ir a la playa o a los cenotes y pregunta sobre las razones que tiene tu compañero. **Justifica** tus ideas y menciona ejemplos cuando sea necesario.

La interacción debe durar tres minutos.

Tarea 2

Escribe un texto para tu blog.

Selecciona una de las siguientes opciones:

a **Es buena idea visitar los cenotes en las vacaciones. Menciona las oportunidades de estar en contacto con la naturaleza, y la posibilidad de combinar el viaje con visitas a sitios arqueológicos o playas cercanas.**

b **Es mala idea visitar los cenotes porque están lejos de la ciudad, los restaurantes de lujo y las comodidades.**

Escribe 150 palabras.

■ Podemos estar en contacto con la naturaleza de la manera más básica o con todos los lujos

PIENSA–COMPARA–COMPARTE

Hacer camping o campismo es una actividad que consiste en acampar de manera rústica al aire libre, en lugares no acondicionados. El *glamping*, por su parte, es una forma de estar en contacto con la naturaleza pero de manera sofisticada, con todos los lujos necesarios y la tecnología más avanzada. Es como estar en un hotel de lujo.

¿Qué opinas al respecto de ambas actividades? **Escribe** tus ideas y después compártelas con tus compañeros en equipos pequeños.

GENERA–ORGANIZA–CONECTA–EXPLICA

Imagina un viaje a la playa.

Trabaja en equipos pequeños. Prepara varios trozos de papel o *Post-its*. Con tu equipo, realiza una lluvia de ideas acerca de los siguientes puntos. **Escribe** una idea en cada uno de los trozos de papel o *Post-its*:

- **Costo del viaje**
- **Espacio**
- **Precio**
- **Transporte**
- **Comida**
- **Qué hacer en el destino**
- **Seguridad**

Después de escribir tus ideas, **organízalas** en diferentes categorías. Estos son algunos ejemplos de categorías: servicios, accesibilidad, etc.

Ahora, en otros papeles o *Post-its*, escribe una serie de soluciones para resolver los problemas.

Presta atención a los problemas que se observan en cada categoría. **Conecta** los problemas con las posibles soluciones y **explica** la conexión.

Puedes **compartir** tus opiniones con otros equipos.

ACTIVIDAD: Una playa incluyente

Enfoques del aprendizaje

- Habilidad de comunicación: Hacen deducciones y extraen conclusiones

Observa y lee con atención el póster en el siguiente enlace: **http://zonaguadalajara.com/wp-content/uploads/2016/05/Cihuatlan-Jalisco.jpg**. ¿Cuál es el significado del póster? Responde las siguientes preguntas.

1 ¿Qué destino para viajar se presenta en el póster? Menciona dos piezas de información para justificar tu idea.
2 ¿De qué habla el póster?
3 ¿Qué servicios especiales describe el póster?

4 De acuerdo con la información en el póster, ¿por qué es este lugar especial?
5 ¿Qué significado especial tiene las palabras "mobiliario anfibio" en la idea central del póster?
6 ¿Qué opinas sobre la decisión de tener una playa incluyente?
7 ¿Qué opinaría la gente de tu país sobre esta iniciativa? Explica.

Oportunidades de evaluación

- En esta actividad se han practicado las habilidades que son evaluadas por medio del Criterio B: Comprensión de textos escritos y visuales.

■ Cihuatlán, Jalisco, México, la primera playa incluyente en el Pacífico

ACTIVIDAD: Diario de periodista

Observa las imágenes anteriores con atención.

Identifica la información que se indica en las columnas sobre cada una de las fotos.

Imagen (de izquierda a derecha)	¿Qué observas?	Ideas y emociones	¿Qué te hace pensar?
1			
2			
3			

Colabora en equipos pequeños. **Comparte** tus ideas sobre cada una de las imágenes. Utiliza la información que **escribiste** en las tres columnas.

Pregunta sobre las ideas de tus compañeros. Estas son algunas de las preguntas que puedes utilizar:

a ¿Cómo es diferente esta playa de otras playas?
b ¿Por qué es buena idea tener espacios incluyentes en diferentes destinos turísticos?

Después de compartir tus ideas, mira el vídeo y las imágenes en este enlace: http://tinyurl.com/playinclujx

Realiza las siguientes tareas.

Tarea 1

Escribe un artículo de periódico sobre la Bahía de Cuastecomates en Cihuatlán, Jalisco, México. **Describe** la iniciativa que tomó el pueblo y los cambios que hicieron en el pueblo para lograr su meta. Expresa tu opinión sobre el turismo incluyente. Menciona entrevistas ficticias u opiniones de las personas del pueblo. Utiliza las imágenes y el artículo anterior como fuentes.

Escribe 150 palabras.

Tarea 2

Participa en una interacción con otro compañero.

Uno de ustedes será un periodista y el otro será una persona que tiene un familiar con discapacidades.

El periodista entrevistará a la persona quien llevó a su familiar con discapacidades a la playa de Cihuatlán. El periodista preguntará sobre las experiencias en la playa; sobre opiniones personales acerca de iniciativas como esta; y las nuevas posibilidades para viajar.

La interacción debe durar de dos a tres minutos.

¿Cómo nos ayudan los viajes a comprender otras culturas?

1
"No existen tierras extrañas. Es el viajero el único que es extraño".

Robert Louis Stevenson

2
"Necesitas escalar la montaña para disfrutar el paisaje".

Pablo Neruda

3
"Viajamos para cambiar, no de lugar, sino de ideas".

Hipólito Taine

4
"Viajar es como las drogas porque requiere un aumento constante de la dosis".

John Dos Passos

5
"La forma más segura de saber si amas u odias a alguien es hacer un viaje con él".

Mark Twain

6
"Cuando regresamos a un lugar que no ha cambiado descubrimos cuánto cambiamos nosotros".

Nelson Mandela

7
"El único verdadero viaje de descubrimiento no consiste en buscar nuevos paisajes, sino en mirar con nuevos ojos".

Marcel Proust

8
"Un viaje se mide en amigos, no en millas".

Tim Cahill

9
"Viajar enseña tolerancia".

Benjamín Disraeli

OBSERVA–PIENSA–ESCRIBE–PREGÚNTATE–CONECTA

Lee las citas célebres con atención.

Utiliza una tabla como la siguiente para organizar información sobre ellas.

Cita	Palabra(s) clave(s)	Emociones que evoca en ti	Situación en la que la podrías usar
1			
2			
3			
4			
5			
6			
7			
8			
9			

Después **organiza** las citas en diferentes categorías. Considera las palabras clave y las emociones que **identificaste**. Algunas opciones pueden ser: entendimiento internacional, crecimiento personal, etc.

Escribe una serie de preguntas que te gustaría hacer acerca de las citas.

Trabaja en equipos pequeños.

Toma turnos para **compartir** tus ideas y para preguntar acerca de las ideas que compartan tus compañeros.

Conecta las ideas que mencionen tus compañeros con las tuyas. Menciona ejemplos concretos cuando sea necesario.

Comparte una síntesis de la actividad con la clase entera.

ACTIVIDAD: Viajar nos hace mejores personas

■ Enfoques del aprendizaje

■ Habilidad de pensamiento creativo: Utilizan la técnica de lluvia de ideas (*brainstorming*) y diagramas visuales para generar nuevas ideas e indagaciones
■ Habilidad de comunicación: Estructuran la información en resúmenes, ensayos e informes

Hipólito Taine decía "Viajamos para cambiar, no de lugar sino de ideas". Viajar nos permite ver otras realidades y también nos ayuda a desarrollar capacidades y habilidades para convertirnos en mejores personas.

Trabaja en equipos pequeños y participa en una lluvia de ideas sobre la forma en que viajar nos ayuda en las siguientes situaciones. Organiza las ideas en una tabla como esta.

Aspecto	Ideas
Riqueza cultural	
Responsabilidad y organización	
Tolerancia	
Adaptabilidad	

Después, de manera individual, utiliza las ideas que generaste con tus compañeros y **escribe** un texto para tu blog. Escribe sobre la manera en que viajar nos hace mejores personas.

Escribe 150 palabras.

◆ Oportunidades de evaluación

◆ En esta actividad se han practicado las habilidades que son evaluadas por medio del Criterio C: Comunicación en respuesta a textos orales, escritos o visuales y del Criterio D: Uso de la lengua de forma oral o escrita.

El mundo es cada vez más pequeño … y cada vez más interesante. Conocer otras culturas nos ayuda con nuestros amigos internacionales.

Conocer otras culturas nos prepara para el futuro. Si sabemos cómo son las costumbres de otros países estaremos preparados para interactuar respetuosamente.

Conocer otras culturas nos hace ser tolerantes y solidarios. Si sabemos cómo es la gente de otro país y cómo son sus costumbres veremos que tenemos mucho en común.

■ Simón, Laura y Magdalena

ACTIVIDAD: Acuerdos y desacuerdos

■ Enfoques del aprendizaje

■ Habilidad de colaboración: Escuchan con atención otras perspectivas e ideas

Trabaja en equipos pequeños. Utiliza las ideas que generaste en la actividad "Viajar nos hace mejores personas", y considera las opiniones que Simón, Laura y Magdalena expresaron.

Con tus compañeros, debate la pregunta: "¿Cómo nos ayudan los viajes a comprender otras culturas?"

Escucha atentamente y pregunta sobre las ideas que consideres interesantes.

Puedes estructurar oraciones como se indica en este patrón:

a   Estoy de acuerdo con Simón porque …
b   No estoy de acuerdo con Laura porque …

◆ Oportunidades de evaluación

◆ En esta actividad se han practicado las habilidades que son evaluadas por medio del Criterio D: Uso de la lengua de forma oral o escrita.

▼ Nexos con: Individuos y Sociedades

Los grandes exploradores

■ Enfoques del aprendizaje

■ Habilidad de gestión de la información: Acceden a la información para estar informados e informar a otros

Realiza una investigación breve sobre los siguientes exploradores.

Organiza tu información en una tabla como la siguiente.

Explorador	Algunos de sus viajes	Contribuciones de sus viajes
Marco Polo		
Américo Vespucio		
Ibn Battuta		
Vasco de Gama		
Fernando Magallanes		
Zheng He		

Después, trabaja en equipos pequeños y comparte tus descubrimientos con tus compañeros. Toma turnos para compartir ideas y preguntas.

◆ Oportunidades de evaluación

◆ En esta actividad se han practicado las habilidades que son evaluadas por medio del Criterio D: Uso de la lengua de forma oral o escrita.

■ Para muchas personas, hay que esperar y "soñar" antes de emprender un viaje

OBSERVA–PIENSA– ESCRIBE–PREGÚNTATE

1   **Observa** con atención la foto a la izquierda.
2   **Escribe** una serie de ideas en las que **piensas** cuando ves la imagen. Piensa en el país donde están; el destino al que se dirigen; la temporada del año; las dificultades del viaje.
3   **Escribe preguntas** que surgen a partir de tu observación.

En equipos pequeños, toma turnos para **compartir** tus ideas y para preguntar y responder.

¿A qué conclusión llegan?

Lee el siguiente artículo digital acerca de los viajes.

Viajar es la mejor universidad de la vida

1   Una de las cosas que más me gustan de viajar es conocer a personas de otros países. Durante la interacción con ellas, me encanta observar las diferencias que existen en cuanto a la forma de interpretar las situaciones, lo que vemos, lo que nos sucede, siempre influenciados por la cultura en la que crecimos desde que nacimos.

2   Así me atrevería a decir que los irlandeses, por ejemplo, son atrevidos y despreocupados; en general viven sin apego, y todo ello les facilita el proceso de toma de decisiones y una admirable ausencia de miedo al fracaso.

3   Los alemanes, por otra parte, necesitan orden en sus vidas, aunque anhelan ese sentimiento de libertad que tienen otros porque, curiosamente, son esclavos de su necesidad de control y organización. Los mediterráneos somos risueños, ruidosos y acostumbramos a animar las fiestas. Los escandinavos son curiosos y aventureros, aunque a la vez protectores de sí mismos, pues no pierden el control fácilmente. Los australianos son dinámicos, atrevidos y algo narcisistas. Los tailandeses son muy alegres pero seguros, confiados y también astutos.

4   En fin, espero que nadie se ofenda. Las opiniones que les comparto son las lecciones que viajar me ha dado. Cada viaje que he tomado ha sido como una clase en la universidad: una prueba a mi capacidad de adaptación y comprensión del mundo.

5   Viajar es como la universidad de la vida porque nos permite experimentar situaciones que jamás viviríamos en casa; nos permite cuestionar ideas que posiblemente en nuestro país es difícil percibir; pero sobre todo, nos ayuda a comprender otras culturas y a reconocer que el color de piel, la nacionalidad y el idioma sólo son decoraciones. Al final, todos somos personas, todos somos humanos.

6   Lo más interesante de viajar es que podemos comenzar por nuestro propio país. Muchas personas piensan que antes de explorar el mundo es necesario conocer el lugar donde vivimos. Personalmente, considero que estas personas tienen razón, pues cuando viajamos es muy común darnos cuenta de cuánto valoramos y apreciamos nuestra cultura.

7   Viajar nos ofrece múltiples oportunidades de aprender acerca de situaciones que no aparecen en los libros; y también nos ayuda a destruir estereotipos. Para mí, el regalo más grande que me han dado mis viajes es el silencio: ese momento especial cuando no tengo nada que decir y tengo mil preguntas que respondo a medida que avanza el viaje.

8   La gran ventaja de viajar es que no existen exámenes, pero resulta interesante reconocer que todo lo que aprendemos cuando viajamos está tan presente en nuestra vida diaria, que es imposible negar la manera en que los viajes nos transforman. Si ya te graduaste de la universidad académica y aún no has viajado, recuerda que aún necesitas completar tus estudios en la escuela de la vida.

ACTIVIDAD: Viajar es la mejor universidad de la vida

Después de leer el blog sobre los viajes en la página anterior, responde las siguientes preguntas.

1 Explica por qué el autor piensa que viajar es similar a ir a la universidad.
2 ¿Qué menciona el autor sobre los exámenes en la universidad y los viajes?
3 ¿Verdadero o falso? El autor sugiere que sólo los viajes internacionales nos enseñan lecciones. Justifica tu idea.
4 ¿Cómo describirías al autor considerando las ideas que escribió?
5 Según el autor, ¿qué influye nuestras opiniones, observaciones e interpretaciones de otras personas?
6 Cuando el autor expresa su opinión sobre otras nacionalidades, ¿su intención es ofender? Justifica tu respuesta con información del texto.
7 Considera las ideas en el párrafo 5. ¿Qué podemos concluir y aprender después de viajar?
8 En el párrafo 7, ¿qué menciona el autor sobre viajar y los libros? ¿Estás de acuerdo? ¿Por qué o por qué no?
9 ¿Cómo son diferentes las imágenes a la idea central del texto?
10 ¿Estás de acuerdo con el autor cuando menciona que "los viajes nos transforman"? ¿Por qué o por qué no?
11 Selecciona una idea del texto que te parezca interesante y explícala. Menciona qué conexiones puedes hacer con experiencias personales.

◆ Oportunidades de evaluación

◆ En esta actividad se han practicado las habilidades que son evaluadas por medio del Criterio B: Comprensión de textos escritos y visuales.

ALGUNAS TAREAS SUMATIVAS PARA EVALUAR ESTE CAPÍTULO

Considera las siguientes actividades para poner en práctica lo que has aprendido en este capítulo. Las tareas se diseñaron considerando el vocabulario y estructuras que se introdujeron, así como las ideas que se presentaron. Estas tareas te permitirán valorar tu desempeño en diferentes áreas de la lengua utilizando los criterios de evaluación de Adquisición de Lenguas del PAI.

TAREA 1

Valencia: Increíble pero cierta

Mira el vídeo en el siguiente enlace: **https://youtu.be/nhFcRWtNOKs** y responde las preguntas.

1 **Considera las imágenes que ves en el vídeo. Describe Valencia con tus propias palabras. Menciona por lo menos tres ideas.**
2 **Menciona tres lugares que puedes visitar en Valencia. Justifica tus ideas con información del vídeo.**
3 **¿Cómo explica el vídeo los aspectos antiguos y modernos de Valencia?**
4 **¿Cómo describe el vídeo la arquitectura de Valencia?**
5 **Toma en cuenta la música de este vídeo. ¿Por qué podríamos decir que parece un avance de una película en el cine?**
6 **Infiere y explica. ¿Por qué el vídeo menciona que todas las calles de Valencia terminan en el mar?**
7 **En tu opinión, ¿por qué el autor de este vídeo comenzó y terminó el vídeo con las mismas frases?**
8 **Con tus propias palabras, explica es eslogan de Valencia: "increíble pero cierta".**
9 **¿Cuál es el objetivo del vídeo?**
10 **¿Qué tan similar es Valencia a tu ciudad? Explica tu respuesta.**
11 **¿Te gustaría visitar Valencia? ¿Por qué o por qué no?**
12 **Si visitas Valencia, ¿qué tipo de experiencias puedes vivir?**

◆ Oportunidades de evaluación

- ◆ Esta tarea evalúa habilidades del Criterio A: Comprensión de textos orales y visuales.

Viajar abre las puertas al mundo

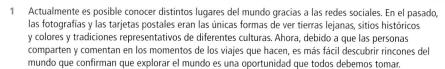

1   Actualmente es posible conocer distintos lugares del mundo gracias a las redes sociales. En el pasado, las fotografías y las tarjetas postales eran las únicas formas de ver tierras lejanas, sitios históricos y colores y tradiciones representativos de diferentes culturas. Ahora, debido a que las personas comparten y comentan en los momentos de los viajes que hacen, es más fácil descubrir rincones del mundo que confirman que explorar el mundo es una oportunidad que todos debemos tomar.

2   Sin embargo, muchas personas aún preguntan: "¿Por qué viajar?, ¿Por qué mejor no ahorrar dinero y comprar propiedades?" Muy tristemente, quizás ni el viajero más elocuente puede convencer a las personas que no aprecian los viajes, pues los motivos por las que las personas que aman los viajes son infinitos, porque la selección de destinos y las razones por las que se viaja en un momento determinado o de cierta forma depende de cada persona.

3   Algunas personas viajan para romper con la rutina, para tomar distancia de lo cotidiano, para conocer y experimentar nuevas culturas, para ver "ese" templo o monumento que tanto sólo han admirado en fotos. Estas personas en muchas ocasiones quieren vivir de manera personal aventuras o experiencias que leyeron en libros, películas o fotografías para, de alguna forma, realizar sus sueños.

4   Otras personas viajan para conocer gente, para encontrarse a sí mismas, para poner a prueba sus propios límites, o para redefinirlos o elevarlos. Muchas de estas personas viajan porque les gusta sentir la adrenalina, porque aman sentirse en lugares desconocidos, porque les da placer encontrarse en situaciones diferentes, o porque no tienen miedo a lo diferente y a lo desconocido.

5   Yo viajo porque leo mucho. Con cada libro nuevo que leo tengo nuevas ideas para planear nuevas aventuras. Las historias que cuentan los autores de los libros que leo me permiten ver que no hay ni fronteras en nuestra imaginación ni en nuestros deseos. Además, viajo porque me lo merezco, porque aunque soy feliz en mi trabajo, con mi familia y con mis amigos, no es suficiente. El mundo es más grande, bonito, sorprendente y mágico de lo que vemos en los documentales, y estoy convencido de que la única manera de comprobarlo es viviéndolo.

6   En cambio, para mi novia viajar es un ejercicio de tolerancia, paciencia y audacia; porque, según ella, viajar nos da libertad y energía; nos llena de ideas nuevas, y aumenta la imaginación, diversifica la perspectiva con la que usualmente vemos el mundo. En pocas palabras, nos abre las puertas.

7   Yo creo que me gusta viajar por las historias que me contó mi abuelo, quien era un viajero increíble. Mi abuelo viajó tanto que sus amigos lo llamaban "Marco Polo". Recuerdo que mi abuelo mencionó que: "viajar es aprender y equivocarse; que viajar nos ayuda a recuperar la curiosidad y el ingenio que se pierde con la edad". Yo estoy de acuerdo con las ideas de mi abuelo porque viajar nos permite salir de nuestra zona de confort y nos transforma.

8   Viajar es particularmente esencial porque la globalización nos hace sentir que tenemos el mundo entero enfrente de nosotros, pero esto es sólo una ilusión y el resultado de los intercambios culturales entre países y personas. Estoy convencido que para respetar y valorar las diferentes caras del mundo, es necesario viajar, porque si uno no adquiere este conocimiento de primera mano, nunca comprenderá por qué las diferencias son necesarias y por qué no existen cosas buenas o malas, sólo diferentes.

TAREA 2

Viajar abre las puertas al mundo

Después de leer el texto en la página anterior, responde las siguientes preguntas.

1 ¿Quién inspiró a viajar al autor? ¿Cómo lo sabes?
2 Según el autor, ¿qué medios de comunicación pueden motivar a las personas a viajar? Explica.
3 Explica la relación que el autor menciona entre los libros y los viajes.
4 Considera la información en el párrafo 8. ¿Por qué el autor menciona que viajar es una necesidad esencial?
5 Observa la estructura del texto. Menciona los siguientes elementos considerando la información en el blog:
   a un ejemplo de las personas que viajan
   b una opinión sobre los viajes de una persona que no sea el autor
   c una pregunta que hacen las personas que no viajan
6 ¿Estás de acuerdo con las ideas del autor, de la novia del autor o las del abuelo del autor? Explica con las de quién estás de acuerdo, y por qué o por qué no.
7 ¿Con qué ideas del texto relacionas cada una de las imágenes? Escribe el número de la foto y la idea que la representa. Explica.
8 Considera las opiniones que presenta el texto. ¿Qué tipo de persona es el autor? Explica.
9 ¿Es uno de tus familiares similar al autor, su novia o su abuelo? Explica cómo o por qué no.
10 ¿A cuál de los lugares que se muestran en las fotos te gustaría viajar? Explica qué tipo de viajero eres, considerando tu respuesta. Utiliza ideas del texto.

TAREA 3: Oral

Participarás en una charla con tu profesor.

Tu profesor te hará preguntas sobre la relación que existe entre viajar, uno de los atributos del perfil de la comunidad de aprendizaje: mente abierta, y la mentalidad internacional. También te preguntará sobre tus experiencias en tus viajes.

Utiliza el presente y el pretérito indefinido dependiendo de la situación.

La interacción durará de dos a tres minutos.

TAREA 4: Escrita

Escribe un texto para tu blog. **Describe** un viaje que hiciste y que fue muy especial porque aprendiste y descubriste muchas cosas. Menciona el lugar a donde fuiste, con quién fuiste, cuánto tiempo estuviste allá y algunas impresiones sobre la comida y la gente.

Escribe en pretérito indefinido.

Escribe 150 palabras.

Reflexión

■ Enfoques del aprendizaje

■ Habilidad de reflexión: Consideran los contenidos y preguntarse: ¿Sobre qué aprendí hoy? ¿Hay algo que aún no haya entendido? ¿Qué preguntas tengo ahora?

En este capítulo exploramos las diferencias entre los destinos que las personas pueden escoger cuando viajan. También aprendimos sobre las diferentes perspectivas sobre algunos de los estilos de viajes que existen; y leímos diferentes textos que explicaron la manera en que viajar nos ayuda a profundizar nuestra apreciación de las culturas y nos ayuda a poner en práctica las habilidades que aprendemos en la escuela.

Siempre será buena idea reflexionar sobre la manera en que viajar nos puede convertir en mejores ciudadanos y en agentes de cambio en nuestro contexto local.

Reflexionemos sobre nuestro aprendizaje …
Usa esta tabla para reflexionar sobre tu aprendizaje personal en este capítulo.

Preguntas que hicimos	Respuestas que encontramos	Preguntas que podemos generar ahora			
Fácticas: ¿A qué lugares te gusta viajar? ¿Cómo se pueden clasificar los destinos turísticos?					
Conceptuales: ¿Por qué algunas personas viven el choque cultural cuando viajan? ¿Cómo nos ayudan los viajes a comprender otras culturas?					
Debatibles: ¿Son todos los turistas similares? ¿Por qué no pueden todas las personas tener la misma experiencia en un destino turístico?					
Enfoques de aprendizaje en este capítulo:	Descripción: ¿qué destrezas nuevas adquiriste?	¿Qué tan bien has consolidado estas destrezas?			
		Novato	En proceso de aprendizaje	Practicante	Experto
Habilidades de comunicación					
Habilidades de colaboración					
Habilidades de reflexión					
Habilidades de gestión de la información					
Habilidades de alfabetización mediática					
Habilidades de pensamiento crítico					
Habilidades de pensamiento creativo					
Atributos de la comunidad de aprendizaje	Reflexiona sobre la importancia de ser alguien de mente abierta en este capítulo. ¿Cómo demostraste tus habilidades como estudiante con mente abierta en este capítulo?				
Mente abierta					

¿Es la urbanización un indicador de progreso?

○ Las diferencias entre los **contextos** rurales y urbanos revelan **conexiones globales** importantes entre los individuos, su medio ambiente y la sociedad.

CONSIDERAR Y RESPONDER ESTAS PREGUNTAS:

Fácticas: ¿Qué criterios necesitan reunir las ciudades para ser patrimonio de la humanidad según la UNESCO? ¿Cuándo se convierte un pueblo en una ciudad?

Conceptuales: ¿Cómo afecta la urbanización el equilibrio en el medio ambiente? ¿Cómo cambia la perspectiva de la vida al mudarse del campo a la ciudad o viceversa? ¿Cómo es diferente la idea de responsabilidad por el medio ambiente en la ciudad y en el campo?

Debatibles: ¿Qué tan diferentes es la vida en el campo de la vida en la ciudad? ¿Es la calidad de vida en el campo mejor que en la ciudad? ¿Son las ciudades necesariamente más modernas que el campo? ¿Tienen las personas que viven en la ciudad y en el campo sistemas de valores diferentes?

Ahora **compara y comparte** con un compañero o con la clase entera.

■ Es imposible no observar la manera en que la ciudad devora el campo

○ EN ESTE CAPÍTULO VAMOS A:

■ **Descubrir:**
  ■ vocabulario y estructuras relacionadas con la ciudad y el campo.
■ **Explorar:**
  ■ diferentes hábitos y actitudes de los ambientes rurales y urbanos.
■ **Tomar acción y:**
  ■ reflexionar sobre la calidad de vida que tenemos.

Las siguientes habilidades de los enfoques del aprendizaje serán útiles:

- Habilidades de comunicación
- Habilidades de colaboración
- Habilidades de reflexión
- Habilidades de gestión de la información
- Habilidades de pensamiento crítico
- Habilidades de pensamiento creativo

Oportunidades de evaluación en este capítulo:

- **Criterio A:** Comprensión de textos orales y visuales
- **Criterio B:** Comprensión de textos escritos y visuales
- **Criterio C:** Comunicación en respuesta a textos orales, escritos o visuales
- **Criterio D:** Uso de la lengua de forma oral o escrita

Contenido esencial

Los contenidos temáticos que se abordarán en este capítulo pertenecen a las fases 1 y 2 del continuo de aprendizaje y son:

- Mi barrio y mi comunidad
- La vida en la ciudad y en el campo
- El medio ambiente
- El cuidado de mi barrio
- La moda
- La ropa
- La rutina, las responsabilidades y los estilos de vida
- Las relaciones personales
- La apariencia y el carácter
- El presente
- El pretérito indefinido, perfecto e imperfecto
- Indicadores temporales

Reflexiona sobre el siguiente atributo de la comunidad de aprendizaje:

- **Pensador:** Utilizamos habilidades de pensamiento crítico y creativo para analizar y proceder de manera responsable ante problemas complejos. Actuamos por propia iniciativa al tomar decisiones razonadas y éticas.

VOCABULARIO SUGERIDO

Vocabulario sugerido para mejorar la experiencia de aprendizaje.

Sustantivos	Adjetivos	Verbos
animales	aburrido	aprovechar
carnes	ancho	buscar
hortalizas	angosto	comenzar
lugares en la ciudad	animado	comunicar
verduras	desarrollado	conseguir
acera	discreto	construir
afueras	divertido	controlar
avenida	ecológico	convencer
boleto / billete	educado	conversar
calle	egoísta	cultivar
campesino	grosero	desarrollar
campo	humilde	descubrir
capilla	individual	destruir
cercanía	limpio	empeorar
ciudad	nuevo	encontrar
condominio	organizado	enfrentar
cosecha	pintoresco	mejorar
crucero	pobre	modificar
departamento / piso	privado	organizar
edificio	residencial	pasar tiempo
fábrica	rico	pasear
ganado	ruidoso	regar
huerta	sucio	regular
iglesia	tranquilo	salir
línea peatonal	viejo	sembrar
obrero		sentir
peatón		sufrir
plaza		vestir
rascacielos		viajar
semáforo		
siembra		
universidad		
zona comercial		

¿Qué tan diferentes es la vida en el campo de la vida en la ciudad?

■ La ciudad no siempre fue ciudad, pero ¿el campo será siempre campo?

OBSERVA–PIENSA–ESCRIBE–PREGÚNTATE

Presta atención a las fotos.

Escribe qué observas, y lo que las imágenes te hacen pensar.

También, escribe una serie de preguntas que te inspiran las fotos.

Después, trabaja en equipos pequeños y **comparte** tus ideas.

Toma turnos para preguntar y responder.

ACTIVIDAD: ¿Qué hay y qué no hay en el campo y en la ciudad?

Enfoques del aprendizaje

■ Habilidad de pensamiento creativo: Utilizan la técnica de lluvia de ideas (*brainstorming*) y diagramas visuales para generar nuevas ideas e indagaciones

Trabaja en equipos pequeños. Considera los contextos de la ciudad y el campo.

Participa en una lluvia de ideas sobre lo que hay y lo que no hay en ambos ambientes.

Escriba tus ideas en una tabla como esta.

El campo		La ciudad	
Hay	No hay	Hay	No hay

Después, de manera individual, escribe diez oraciones para **contrastar** los dos contextos. Observa el ejemplo:

En el campo **no hay** mucho tráfico, **pero** se tarda más tiempo ir a lugares para conseguir servicios.

ACTIVIDAD: La vida rural y la vida urbana

Enfoques del aprendizaje

- Habilidad de comunicación: Escriben con diferentes propósitos
- Habilidad de pensamiento crítico: Formulan preguntas fácticas, de actualidad, conceptuales y debatibles

Selecciona una de las siguientes opciones:

a **La vida rural:** http://tinyurl.com/pixcampx
b **La vida urbana:** http://tinyurl.com/pixcdpx

Observa las fotos en el enlace de cada contexto.

Imagina que las personas son una familia. **Escribe** 100 palabras acerca de sus rutinas diarias. **Describe** sus hábitos, lo que les gusta hacer, lo que no les gusta hacer y su calidad de vida. Incluye detalles y justificaciones.

Después, realiza inferencias y escribe una serie de preguntas sobre las vidas de estas personas.

Trabaja en parejas. Colabora con alguien que no escogió tu selección.

Toma turnos para preguntar y responder las preguntas que tú y tu compañero prepararon.

Oportunidades de evaluación

- En esta actividad se han practicado las habilidades que son evaluadas por medio del Criterio C: Comunicación en respuesta a textos orales, escritos o visuales y del Criterio D: Uso de la lengua de forma oral o escrita.

ACTIVIDAD: Comparación de los ambientes urbanos y rurales

Enfoques del aprendizaje

- Habilidad de comunicación: Escriben con diferentes propósitos

Utiliza la información que organizaste en la actividad "¿Qué hay y qué no hay en el campo y en la ciudad?", y las ideas que se compartieron en la tarea "La vida rural y la vida urbana".

Compara los contextos urbanos en un local como este.

Después utiliza las ideas en un diagrama de Venn como en la página 16 y **escribe** un texto comparativo sobre la vida en el campo y en la ciudad. Utiliza palabras relevantes del vocabulario sugerido.

Escribe 150 palabras.

Oportunidades de evaluación

- En esta actividad se han practicado las habilidades que son evaluadas por medio del Criterio C: Comunicación en respuesta a textos orales, escritos o visuales y del Criterio D: Uso de la lengua de forma oral o escrita.

■ Dhobi Ghat en Mumbai, India, es conocida como la lavandería más grande del mundo; sin embargo, también representa un ejemplo del impacto del crecimiento urbano acelerado

Lee el artículo sobre la vida en el campo.

La química de la vida en el campo
Por Ruth Cervantes

1 La vida en el campo es un estilo de vida tradicional, más relajado, apacible, saludable y siempre en contacto con la naturaleza. La descripción anterior representa la vida diaria para las personas de las zonas rurales, pero para los habitantes de la ciudad, representa una oportunidad de vacacionar, o una alternativa para escapar de sus rutinas estresantes y tener un momento de tranquilidad.

2 La vida en el campo y sus actividades se relacionan íntegramente con la calidad de vida: la ausencia del estrés y la baja calidad de los servicios, en ocasiones. Sin embargo, muchas cosas que no son posibles en la ciudad, son fáciles en los pueblos: hay más flexibilidad con los horarios, las tareas que se realizan dependen del clima y la calidad de los alimentos que se consume es más alta.

3 A diferencia de la ciudad, en las áreas rurales es más común ver animales, incluso es posible convivir con ellos. En la ciudad, en muchas ocasiones los animales dan compañía y asistencia a muchas personas. Fuera de la ciudad, en una granja, por ejemplo, el cuidado de los animales es una parte importante del trabajo y de su estilo de vida; siendo el pastoreo, y la alimentación de ganado trabajos propios del campo que seguramente no existen en la ciudad.

4 Aunque el trabajo es duro, el estilo de vida rural produce un ritmo de vida tranquilo; también la población es amable, vive sin prisas, tiene gusto por la conversación y por escuchar las historias. A diferencia del campo, en la ciudad el tráfico afecta negativamente la calidad de vida; la población es muy individualista y poco amable y, particularmente, la gente tiene desconfianza debido a la inseguridad que se puede vivir.

5 Algunas personas piensan que la vida en el campo no es tan bonita como en la ciudad, pero muchos saben que los sueños de vida perfecta en la ciudad no son totalmente la realidad. Podemos incluso suponer que para algunos individuos que viven en el campo, la vida en la ciudad representa el progreso y la modernidad, pero resulta interesante observar como muchas personas de la ciudad utilizan sus inversiones para comprar propiedad en el campo para, eventualmente, mudarse allá.

6 Lo cierto es que, tanto la ciudad como el campo tienen sus ventajas y desventajas. Pero es cuestión de cada quien, elegir el lugar donde se quiera vivir.

ACTIVIDAD: La química de la vida en el campo

■ Enfoques del aprendizaje

■ Habilidad de comunicación: Leen con actitud crítica y para comprender

1 ¿Por qué las personas en la ciudad consideran el campo para ir de vacaciones?

2 ¿Qué dos elementos se mencionan para enfatizar que hay mejor calidad de vida en el campo que en la ciudad?

3 ¿Qué menciona la autora sobre el rol de los animales en la ciudad y en el campo?

4 Considera la información en el párrafo 4. ¿Cómo son diferentes las personas en el campo y en la ciudad en sus relaciones sociales?

5 ¿Qué fantasía menciona la autora sobre la vida en la ciudad en el párrafo 5?

6 ¿Cuál es la idea central del texto?

7 En tu opinión, ¿la autora presenta suficientes ejemplos para justificar su idea central? Explica.

8 ¿Qué ideas del texto reflejan las imágenes?

9 Indica si vives en la ciudad o en el campo. ¿Estás de acuerdo con las ideas que presenta la autora? ¿Por qué o por qué no?

10 ¿Qué opinas sobre la conclusión en el párrafo 6? Justifica tu respuesta.

◆ Oportunidades de evaluación

◆ En esta actividad se han practicado las habilidades que son evaluadas por medio del Criterio B: Comprensión de textos escritos y visuales.

■ Aunque en muchos países la diferencia entre el campo y la ciudad es mínima, aún existen lugares en el mundo en las que la vida en el campo no ha cambiado mucho

Diferencias entre la ciudad y el campo

1   La vida urbana y la rural tienen sus beneficios y desventajas. El ambiente que seleccionemos para vivir tiene un impacto en nuestro estilo de vida, nuestras actividades diarias y nuestra salud. La personalidad de una persona, su trabajo y su situación financiera también puede influir la elección del ambiente.

Ritmo de la vida

2   Las ciudades están llenas de gente y tienen un ritmo más rápido mientras que la vida rural es más relajada y menos congestionada. El ritmo más lento de las áreas rurales permite tener un sentido de comunidad y la ausencia de tráfico y estrés hacen que la gente sea más accesible. Las ciudades tienen menos casas con jardines, y las personas que viven en las áreas rurales tienen más acceso al espacio abierto y a la naturaleza.

Contaminación

3   Las ciudades son el centro de la industrialización. Hay más fábricas y negocios, y por esta razón existe más contaminación. Además, la población aumenta en las ciudades y, como consecuencia, hay más basura.

Conveniencia

4   La vida en la ciudad ofrece la oportunidad de exponerse a más cultura como museos, teatros y monumentos. Además, la mayoría de las ciudades tienen una gran variedad de restaurantes multiculturales accesibles por el transporte público o caminando. En contraste, el entretenimiento en las áreas rurales puede ser más limitado o se necesita viajar a la ciudad.

Ejercicio personal

5   El Departamento de Salud Comunal y el Centro de Investigación Preventiva de la Universidad de Saint Louis en Saint Louis, Missouri, hizo un estudio sobre la salud y la calidad de vida, y encontró que las personas que viven en ambientes rurales necesitan menos ejercicio que las personas que viven en zonas urbanas. En el estudio se observa que las personas de las áreas urbanas "hacen ejercicio" caminando en parques públicos o centros comerciales. Sin embargo, es importante recordar que en muchas ciudades no hay parques.

Costo de vida

6   Generalmente, el costo de vida en la ciudad es el resultado del precio de la comodidad; como consecuencia, las ciudades grandes con más industria son más caras que las ciudades más pequeñas. Frecuentemente, las casas lejos de las ciudades son más baratas, más grandes y tienen más espacio. Similarmente, el área de la ciudad también afecta el precio.

Comparaciones de la vida con la naturaleza

7   En la ciudad muchas veces es necesario utilizar un automóvil, aunque también existe opciones de transporte público; esto causa contaminación y, como resultado, no es muy conveniente caminar. Además, la comida; las frutas y verduras de la ciudad generalmente no son frescas, son congeladas o artificiales. En contraste, en el campo, las distancias son cortas y es posible caminar de un lado a otro y los cultivos permiten consumir alimentos frescos todos los días.

ACTIVIDAD: Diferencias entre la ciudad y el campo

■ Enfoques del aprendizaje

■ Habilidad de comunicación: Leen con actitud crítica y para comprender

1   ¿Qué influye en la decisión que una persona toma cuando decide donde vivir?
2   ¿Qué inconveniente sobre el ejercicio en la ciudad se menciona en el párrafo 5?
3   ¿Estás de acuerdo con la idea sobre las ventajas de la ciudad sobre el campo respecto a la cultura? ¿Por qué o por qué no?
4   ¿Quiénes realizaron un estudio sobre la salud y la calidad de vida?
5   Explica la relación entre las imágenes y el párrafo 7.
6   ¿Qué opinas sobre la separación de ideas en el texto? ¿Fue buena idea organizar la información de esta manera? ¿Por qué o por qué no?
7   En dos o tres líneas, resume la idea principal del texto.
8   Resume lo que el artículo menciona sobre las casas y el costo de vida.
9   Menciona si vives en la ciudad o en el campo. ¿Cuáles experiencias que se mencionan en el texto has vivido? Menciona dos ejemplos.
10 Considera la idea en el párrafo 1 y el lugar donde vives. ¿Cómo describirías tu vida como persona urbana o rural? Menciona detalles.

◆ Oportunidades de evaluación

◆ En esta actividad se han practicado las habilidades que son evaluadas por medio del Criterio B: Comprensión de textos escritos y visuales.

¿Cómo cambia la perspectiva de la vida al mudarse del campo a la ciudad o viceversa?

Sugerencia

Utiliza el pretérito indefinido y el imperfecto

¿Quieres conocer más sobre las diferencias del pretérito indefinido y del imperfecto?

Visita este enlace: https://youtu.be/SazdhR3mcbk

ACTIVIDAD: Primeras impresiones

■ Enfoques del aprendizaje

- ■ Habilidad de comunicación: Escriben con diferentes propósitos

Escribe una entrada de diario, utilizando las imágenes y las ideas que aparecen en la siguiente tabla.

Querido diario:

Hoy llegamos a nuestra nueva casa en la ciudad …

Cuando entramos a la ciudad…

Yo estaba sorprendida de todo lo que veía. De hecho, cuando mi papá paró el coche en un semáforo…

Mientras esperábamos que la luz del semáforo cambiara a verde …

Más adelante, vi un parque enorme y …

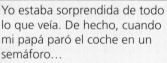

También, al lado del parque había unas canchas de deportes. Había mucha gente …

Cuando llegamos al centro, mi hermano y mi hermana querían helado, entonces …

Al otro lado de la calle …

Todo tenía una apariencia diferente en la ciudad, pero yo me entristecí cuando vi …

Después de llegar a casa, por la tarde, decidimos ir de compras; entonces tomamos el metro y …

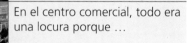

En el centro comercial, todo era una locura porque …

◆ Oportunidades de evaluación

- ◆ En esta actividad se han practicado las habilidades que son evaluadas por medio del Criterio C: Comunicación en respuesta a textos orales, escritos o visuales y del Criterio D: Uso de la lengua de forma oral o escrita.

ACTIVIDAD: Cambios drásticos

■ Enfoques del aprendizaje

■ Habilidad de comunicación: Utilizan una variedad de técnicas de expresión oral para comunicarse con diversos destinatarios

Selecciona uno de los pares de imágenes.

Observa la transición y el cambió en la vida de la persona en el par de fotografías que seleccionaste.

Trabaja con un compañero que seleccionó la opción opuesta a ti.

Utiliza las imágenes como contexto y prepara respuestas para las siguientes preguntas.

Toma turnos para preguntar y responder las preguntas.

Utiliza el pretérito indefinido o imperfecto en tus respuestas, según convenga.

Preguntas
- ¿Dónde naciste?
- ¿Dónde vivías cuando eras pequeño/a?
- ¿Cuáles eran tus pasatiempos cuando eras pequeño/a?
- ¿Qué estilo de ropa usabas cuando eras adolescente?
- ¿Qué tipo de amigos tenías cuando eras adolescente?
- ¿Qué música escuchabas cuando eras adolescente?
- ¿Dónde estudiaste la universidad?
- ¿Dónde trabajabas cuando eras más joven?
- ¿Qué lugares te gustaba visitar cuando eras joven?
- ¿Con qué personas tenías problemas cuando eras joven?
- ¿Cuándo te casaste?
- ¿Qué evento cambió tu vida?
- ¿Cómo reaccionaste cuando tu vida cambió?
- ¿Qué dijeron tus amigos cuando tu vida cambió?
- ¿Qué actividades haces ahora?
- ¿Qué te gusta hacer?
- ¿Qué cosas detestas?
- ¿Qué opinas de tu pasado?
- ¿Cómo describirías tu infancia? (Usa: cuando era niño/a …)

◆ Oportunidades de evaluación

◆ En esta actividad se han practicado las habilidades que son evaluadas por medio del Criterio C: Comunicación en respuesta a textos orales, escritos o visuales y del Criterio D: Uso de la lengua de forma oral o escrita.

Sueños compartidos
Irma, 38 años, enfermera y madre

Cuando mis papás decidieron buscar fortuna en la ciudad, me emocioné mucho. Tenía seis años; quería ser famosa como mis ídolos de televisión; soñaba con viajar por el mundo; deseaba conocer a celebridades; y quería tener una casa en una zona exclusiva de la ciudad, como en mis programas de televisión favoritos. Cuando era pequeña, pensaba que la vida era más interesante en la ciudad, que no había razón para quedarme en un pueblo de 300 habitantes y que en la ciudad todo era más fácil. Cuando vivía en el pueblo, nunca pensé en la inseguridad que hay en las ciudades; no imaginé que la ciudad estaba llena de gente corrupta que no tenía buenas intenciones y que todas las personas eran individualistas. Esto lo descubrí muchos años después.

Cuando vivía en el pueblo, podía caminar por las calles sin problema; mis vecinos y conocidos sonreían cuando me veían y siempre me preguntaban por mis padres. Aquí en la ciudad a nadie le interesa ni dónde vivo ni qué pasa con mi familia.

A veces extraño lo fácil que era pedir ayuda y ser amigable en el campo; aquí en la ciudad tenemos que ser cautelosos porque es difícil conocer las intenciones que tienen los demás. Por ejemplo, un día, tomé el metro y pedí ayuda a un chico y, mientras yo tomaba el resto de mis pertenencias, el chico corrió con mis bolsas. En ese momento me sentí muy mal, y lloré; recordé cuanto nos ayudábamos todos en mi pueblo y la confianza que tenía en la gente. Desde ese día no confío en nadie en la ciudad.

Desde que llegué a la ciudad, las cosas no han mejorado nada; al contrario, todo es más complicado: la ciudad crece; el estrés es mayor; hay peligro por todos lados, y siempre debemos estar a la defensiva.

A veces siento melancolía y pienso en el pueblo, cuando jugaba con mis amigos y comía en sus casas; cuando mi mamá invitaba a todos mis amigos a comer con nosotros y cuando había un festival y nadie se preocupaba por la hora.

No puedo negar que mi vida en la ciudad también ha sido interesante y positiva, porque ha sido posible ir a la universidad, asistir a conciertos, museos y muchos eventos que no existen en el pueblo. Aquí en la ciudad conocí a mi esposo y aquí nos casamos.

Ahora tengo dos hijos y, todos los veranos, cuando están de vacaciones, siempre los llevo a visitar a la familia en el pueblo, porque para mí es importante que conozcan de dónde soy, y porque estoy interesada en que mis hijos conozcan los calores con los que crecí.

Después de una semana en el pueblo, mis hijos quieren regresar a la ciudad, porque echan de menos su espacio, a sus amigos y las cosas comunes con las que crecieron.

He llegado a la conclusión de que cada persona se enamora del lugar donde nació y que nada jamás será similar, pero también siento que es importante vivir ciertas experiencias, para valorar lo que tenemos.

Cuando estoy melancólica, pienso en el aire fresco que había en el pueblo, en las fiestas largas que organizábamos y en la familia tan grande que tenía con todas las personas.

La ciudad sin mí
Griselda, 33 años, maestra

En septiembre de 1989, mi papá se jubiló de su trabajo. Con el dinero que recibió, decidió comprar una casa en un pueblo a tres horas de la ciudad. Cuando fuimos a ver la casa que compró, mi madre, mis hermanos y yo estábamos fascinados con su tamaño, el jardín, el establo donde vivirían los caballos, con las montañas que estaban cerca y el río que corría al final del camino.

Nos mudamos a un pueblo cuando terminé la primaria; sólo tenía 12 años y estaba a punto de comenzar la secundaria, así que era un buen momento. Mis hermanos estudiaban la universidad y no pasaban todo el tiempo con la familia, así que para ellos el cambio no fue tan difícil.

Recuerdo mi primer día en la escuela secundaria: todos mis compañeros eran muy amables, sonreían conmigo y me invitaban a jugar. Eso nunca sucedía en la ciudad, así que me sentí afortunada. También, los maestros eran muy buenos y creativos y las clases me parecían interesantes; me pareció curioso que las niñas no estaban interesadas en los deportes y los chicos eran un poco machos, pero en general las cosas parecían simples.

Sin embargo, después de tres meses la vida dejó de ser novedad; los días eran largos; ya no había muchos lugares nuevos para descubrir; y a pesar de que tenía muchas amigas, todas parecían vivir en un mundo de sueños rosas: todas mis amigas deseaban casarse con un chico de la ciudad, aspiraban a tener una casa enorme y lujosa con sirvientes y con jardines enormes. A todas las chicas les interesaba ir a la iglesia los domingos porque podían ver a los chicos y hablar con ellos. Personalmente los chicos eran muy aburridos para mí, así que prefería quedarme en casa. Como resultado, poco a poco creció la distancia entre mis amigas y yo, pero no le di importancia.

Varios años después, varias de mis amigas se casaron con chicos del pueblo y sus sueños jamás se cumplieron. Mi vida no era como al principio. Había muchas cosas que me molestaban: no toleraba la falta de privacidad; odiaba los chismes entre las personas, y me irritaba cuando las personas llegaban a mi casa sin anunciar su visita. Siempre repetía que estas cosas no pasaban en la ciudad, que en la ciudad había más organización, que en la ciudad la gente respetaba mi privacidad, mis decisiones y mis gustos.

Sin embargo, un día en particular marcó mi existencia de muchas formas. Mientras estaba trabajando en el jardín con mi mamá, un insecto la picó y mi madre tuvo una reacción horrible. Rápidamente corrí a la sala, tomé el teléfono y llamé al doctor, pero su secretaria me dijo que no estaba, pero que era posible hacer una cita en el hospital de otro pueblo a ocho kilómetros. Yo sentí pánico, y le dije que no había problema, así que conduje como loca hasta el hospital. Estaba nerviosa y decidí llamar a mi hermano por teléfono, pero no encontraba el teléfono. Así pues, no presté atención al camino, me distraje, y un camión se estrelló contra mi coche, y yo perdí el conocimiento.

Cuando desperté, estaba en la casa de una familia que yo no conocía y las primeras palabras que escuche fueron: "tranquila, no hay problemas, tú y tu mamá están bien". Por un momento pensé que estaba soñando, pero me senté en la cama y escuché la historia. El señor Juárez me dijo que él y su hijo Jaime vieron el accidente y me trajeron a su casa. Su hijo era un graduado de medicina y rápidamente nos ayudó. De repente, comencé a llorar de emoción. No podía creerlo, el mismo día que hablé mal de la gente del pueblo, una persona de esta comunidad salvó mi vida y la de mi madre.

No sé si Jaime y su papá fueron ángeles en ese momento, pero desde ese momento comencé a pensar que siempre hay una mano que ayuda en los momentos más difíciles. También, cuando siento melancolía, me pregunto cómo será la ciudad sin mí.

ACTIVIDAD: "Sueños compartidos" y "La ciudad sin mí"

Selecciona una de las siguientes listas de preguntas, dependiendo del texto que leíste en las páginas anteriores.

Si leíste "Sueños compartidos", selecciona las preguntas para Griselda.

Si leíste "La ciudad sin mí", selecciona las preguntas para Irma.

Utiliza las preguntas en tu lista con tu compañero. Responde las preguntas que tu compañero te haga.

Preguntas para Irma

1 ¿Por qué Irma fue a la ciudad?
2 ¿Cuáles eran los sueños de Irma?
3 ¿Qué cosas existen en la ciudad y no existían en el pueblo de Irma?
4 ¿Qué hábitos tenía Irma en el pueblo?
5 ¿Por qué cambiaron los hábitos que Irma tenía en el pueblo cuando llegó a la ciudad?
6 ¿Qué cosas del pueblo y de la ciudad compara Irma?
7 ¿Qué accidente tuvo Irma en el metro?
8 ¿Cómo ha sido la ciudad buena e interesante para Irma?
9 ¿Por qué lleva Irma a sus hijos al pueblo?
10 ¿Por qué los hijos de Irma quieren regresar a la ciudad rápidamente?
11 ¿En qué piensa cuando siente melancolía?

Preguntas para Griselda

1 ¿Por qué cambió de residencia?
2 ¿Cuál fue su primera impresión de la casa del pueblo?
3 ¿Cómo fueron sus primeros días en la escuela?
4 ¿Cómo cambió su experiencia?
5 ¿Qué cosas del pueblo y de la ciudad comparaba Griselda con frecuencia?
6 ¿Qué cosas echaba de menos de la ciudad?
7 ¿Cómo eran diferentes las chicas de la ciudad y las del pueblo?
8 ¿Qué incidente provocó que Griselda odiara el pueblo?
9 ¿Cómo sucedió el accidente?
10 ¿Cómo llegó a casa de Jaime y el señor Juárez?
11 ¿Cómo cambió de opinión Griselda?
12 ¿En qué piensa cuando siente melancolía?

ACTIVIDAD: Irma y Griselda

Realiza la siguiente tarea basada en los textos anteriores.

Trabaja con un compañero.

Uno de ustedes será Irma y otro será Griselda.

Imagina que son compañeras de viaje.

Charla sobre tu experiencia en el campo y la ciudad.

Piensa en situaciones adicionales a las que se mencionaron en el texto y **descríbelas**.

Escucha con atención las ideas de tu compañero y pregunta sobre las opiniones que consideres interesantes.

La interacción debe durar de tres a cuatro minutos.

¿Cómo afecta la urbanización el equilibrio en el medio ambiente?

¿Catástrofe natural?

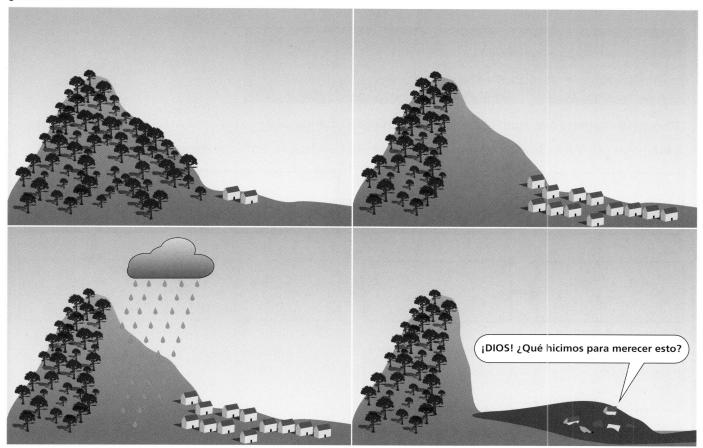

INFIERE–CUESTIONA–EXPLORA

Observa las ilustraciones.

Describe qué sucede en cada uno de los momentos que se indican.

1 **Infiere** sobre las razones por las que este evento sucedió.
2 **Cuestiona** las decisiones que las personas, instituciones y gobiernos toman en casos como este.
3 **Explora** posibles conexiones entre la economía, el desarrollo y circunstancias como esta y otras similares.

ACTIVIDAD: Una historia de crecimiento

Observa la imagen en el siguiente enlace: **http://tinyurl.com/puecdpix**

Toma notas sobre los cambios que sucedieron. Ordena tus ideas en un organizador como el siguiente.

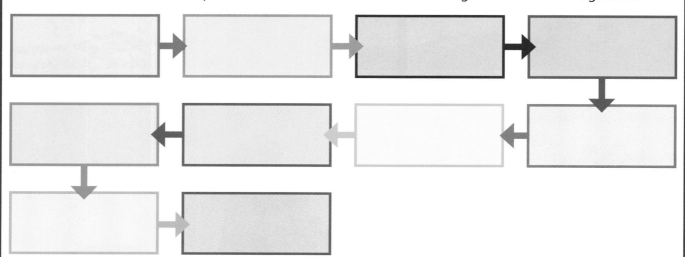

Después realiza las siguientes tareas. Utiliza las notas que tomaste.

Tarea 1

Imagina que eres un testigo de esta situación y viste todos y cada uno de los cambios que sucedieron a medida que el pueblo se convirtió en ciudad.

Escribe un texto para tu blog. Narra la transición, menciona los cambios y la manera en que tú y otras personas se adaptaron. Utiliza el pretérito indefinido e imperfecto según sea necesario.

Escribe 150 palabras.

Tarea 2

Colabora con un compañero.

Uno será un residente de este lugar y el otro será una persona que salió del lugar antes de que se convirtiera en ciudad.

Participa en una interacción y **comparte** opiniones sobre los cambios que sucedieron en la ciudad, los problemas que causaron, los beneficios que trajeron y las desventajas de estos avances.

La interacción debe durar de tres a cuatro minutos.

◆ Oportunidades de evaluación

- ◆ En esta actividad se han practicado las habilidades que son evaluadas por medio del Criterio C: Comunicación en respuesta a textos orales, escritos o visuales y del Criterio D: Uso de la lengua de forma oral o escrita.

▼ Nexos con: Individuos y Sociedades: Geografía

Los efectos secundarios de las presas

■ Enfoques del aprendizaje

- ■ Habilidades de comunicación: Hacen deducciones y extraen conclusiones. Estructuran la información en resúmenes, ensayos e informes

- ■ Habilidad de reflexión: Consideran las implicaciones éticas, culturales y ambientales

Impacto de las presas

La reserva
- contribuye al calentamiento global
- provoca el desplazamiento de comunidades rurales
- incrementa las posibilidades de contagio de enfermedades de transmisión por el agua
- puede provocar terremotos

La presa
- bloquea la migración de los peces
- interrumpe el flujo de agua y sedimentos
- genera materiales tóxicos a medida que se hace vieja

Impacto de la corriente de agua:
- reduce la biodiversidad
- afecta la calidad del agua
- baja la producción agrícola en el área
- daña la fauna acuática

Realiza una investigación breve sobre el impacto negativo de las presas en el medio ambiente.

Organiza la información que encuentres en un mapa conceptual.

Dibuja tu mapa conceptual en un póster, y preséntalo en clase.

Toma turnos para visitar los carteles de tus compañeros, preguntar y responder preguntas.

◆ Oportunidades de evaluación

- ◆ En esta actividad se han practicado las habilidades que son evaluadas por medio del Criterio B: Comprensión de textos escritos y visuales y del Criterio D: Uso de la lengua de forma oral o escrita.

ACTIVIDAD: A la defensa de los pulmones de la ciudad

- Habilidad de reflexión: Consideran las implicaciones éticas, culturales y ambientales
- Habilidad de comunicación: Escriben con diferentes propósitos

Presta atención a las siguientes imágenes.

Escribe una lista de ideas sobre lo que sucede en cada situación. **Organiza** tus ideas en una tabla como la siguiente.

Pregunta	Tus notas
¿Qué observas?	
¿Qué piensas al ver las imágenes?	
¿Qué preguntas consideras importante responder?	
¿Qué conexiones puedes establecer entre la forma en que estas personas actuaron y ciertos problemas sociales?	

Realiza las siguientes tareas:

Tarea 1

Imagina que tu papá o mamá (o ambos) participaron en una de las situaciones que se muestran en las imágenes. **Escribe** una entrada para tu diario. **Describe** la situación, menciona lo que tu padre o madre hizo; incluye información sobre las órdenes que tenían las personas y cómo estas afectarían la comunidad. **Explica** las reacciones de las personas en la calle.

Utiliza el pretérito indefinido e indicadores temporales.

Escribe 150 palabras.

Tarea 2

Escribe un artículo de periódico sobre la situación que se muestra en las imágenes. Localiza imágenes interesantes e inclúyelas para enriquecer el mensaje de tu artículo. Incluye tu opinión personal sobre esta situación.

Escribe 150 palabras.

El Guggenheim que no sucedió

■ Enfoques del aprendizaje

■ Habilidad de gestión de la información: Establecen conexiones entre diversas fuentes de información

■ Fotomontaje de lo que hubiera sido el sexto Museo Guggenheim en el mundo

En 2005, la fundación Salomón Guggenheim anunció la posible construcción de un Museo Guggenheim en Guadalajara, Jalisco, México. Sin embargo, el 26 de octubre de 2009 el proyecto se canceló debido a las protestas sobre la amenaza que representaba para la reserva natural donde se ubicaría, entre otros factores.

Realiza una búsqueda de imágenes. Utiliza las palabras clave: **Barranca de Huentitán**. Toma notas acerca de lo que observas en las imágenes. **Escribe** algunas ideas e inferencias sobre los puntos en una tabla como la siguiente.

Punto	Notas, observaciones y preguntas
El medio ambiente	
Razones por las que seleccionó esta área para construir el museo	

Después mira el vídeo en el siguiente enlace: **http://tinyurl.com/gdlgughmus** y escribe ideas e inferencias sobre los siguientes puntos.

Punto	Notas, observaciones y preguntas
Ventajas de construir el museo en esta zona	
Riesgos que representó la construcción del museo	
Tu opinión sobre la clausura	

Utiliza las notas que tomaste y realiza las siguientes tareas.

Tarea 1

Imagina que es 2005. Escribe un texto para tu blog. Expresa tu desacuerdo sobre la construcción del Museo Guggenheim en la Barranca de Huentitán debido a la amenaza que representa para la reserva natural y el medio ambiente. Menciona tu aprecio por las ventajas culturales, pero enfatiza la responsabilidad con el medio ambiente.

Utiliza el presente, el pretérito indefinido y construcciones con "debería" / "deber" / "podría" + infinitivo cuando sea necesario.

Escribe 150 palabras.

Tarea 2

Colabora con un compañero.

Uno representará una persona que está a favor de la construcción del museo y la otra estará en contra.

Participa en una interacción en la que presentes las razones que respaldan tu opinión. Menciona ejemplos concretos y detalles cuando sea necesario.

La interacción deberá durar cuatro minutos.

◆ Oportunidades de evaluación

◆ En esta actividad se han practicado las habilidades que son evaluadas por medio del Criterio C: Comunicación en respuesta a textos orales, escritos o visuales y del Criterio D: Uso de la lengua de forma oral o escrita.

Nexos con: Tecnología y Diseño

Minecraft ha sido uno de los videojuegos independientes más populares de los últimos años.

Una de las características del juego es que no hay reglas para "construir" y llegar a donde uno quiere ir. Una de las formas más populares de jugar es la creación de ciudades o mapas de aventura.

La popularidad y el impacto de Minecraft es tal que muchos arquitectos han comenzado a utilizar Minecraft en sus diseños.

Nexos con: Tecnología y Diseño; Individuos y Sociedades: Geografía; y Matemáticas

Un barrio consciente del medio ambiente

■ Enfoques del aprendizaje

- Habilidad de pensamiento creativo: Crean soluciones novedosas para problemas auténticos
- Habilidad de comunicación: Estructuran la información en resúmenes, ensayos e informes

El objetivo de esta tarea es explorar tus habilidades de pensamiento creativo para crear un escenario que representaría una solución a un problema real.

En esta actividad es necesario:

- hacerte preguntas
- imaginar
- hacer una lista de ideas
- crear conexiones
- re-imaginar
- inventar una idea nueva.

Imagina que eres parte de un equipo de arquitectos que participarán en el diseño de un nuevo barrio cerca de una reserva natural. Tu objetivo es proponer un plan de diseño que no dañe el medio ambiente, y que ofrezca calidad de vida.

Estas son las dimensiones y algunas características del terreno:

- 5 km² de extensión
- a 700 m de un lago
- a 1 km de una montaña
- rodeado de tierras de cultivo.

Copia y completa la siguiente tabla con tus ideas.

Etapa	Tus ideas
Imagina el escenario.	a ¿Qué edificios o servicios necesita el barrio?
	b ¿Cómo distribuirás el terreno?
Las preguntas importantes para planificar adecuadamente y no dañar el ambiente.	
Lista de ideas para construir un barrio consciente.	
¿Qué reglas habrá en este barrio para lograr respetar el ambiente?	
¿Qué posibles problemas puedes anticipar?	
¿Cuáles serían algunas posibles soluciones?	
Ideas generales sobre el diseño final	

En una página en blanco, haz un bosquejo sobre cómo distribuirías en espacio. Utiliza conceptos matemáticos como el área, el perímetro y las escalas como apoyo en tu diseño. Indica dónde estarían los edificios esenciales y los servicios básicos.

Puedes mostrar tu barrio de las siguientes formas:

a una maqueta

b como un espacio en Minecraft

Presenta tu proyecto en clase. Visita los proyectos de tus compañeros y toma turnos para preguntar y responder.

! ¿Qué problemas existen en la zona donde está tu escuela?

! ¿Existen problemas de congestión vial debido al tráfico?

! ¿Hacen falta señalamientos para mejorar el flujo de personas y transporte?

! Charla con tu coordinador de Comunidad y Servicio acerca de la manera en que tu escuela puede actuar para mejorar las condiciones del barrio donde está tu escuela.

ACTIVIDAD: La herencia del polvo

■ Enfoques del aprendizaje

■ Habilidad de comunicación: Escriben con diferentes propósitos

En su serie *"Inherit the Dust"*, Nick Brandt aborda valores perdidos del continente africano y presenta su opinión de una forma que invita a la sociedad a actuar, a reflexionar y a replantearse el modo de vida que escoge. Brant, con su obra, convierte la fotografía en un instrumento de justicia social.

Imagina que eres Nick Brandt. **Escribe** una reflexión que acompañaría tus fotografías en la galería donde se exhiben. Menciona tu inspiración para crear la serie "Hereda el Polvo", y explica el mensaje de tu obra. Incluye ejemplos sobre los efectos negativos de la urbanización masiva y mal planeada.

Escribe 150 palabras.

◆ Oportunidades de evaluación

◆ En esta actividad se han practicado las habilidades que son evaluadas por medio del Criterio C: Comunicación en respuesta a textos orales, escritos o visuales y del Criterio D: Uso de la lengua de forma oral o escrita.

ACTIVIDAD: Barcelona: El cambio y la transición

■ Enfoques del aprendizaje

■ Habilidad de pensamiento crítico: Extraen conclusiones y realizan generalizaciones razonables

Mira el vídeo en el siguiente enlace: http://tinyurl.com/barxcambtr y después responde las preguntas.

1 Resume el vídeo en tres o cuatro líneas.
2 Según el autor, ¿por qué es una ciudad global? Menciona dos ideas.
3 Menciona tres ideas sobre la apariencia de Barcelona en el pasado.
4 ¿Qué evento clave se describe en el vídeo?
5 ¿Qué cambios drásticos provocó este evento? Menciona tres ejemplos.
6 ¿Qué tipo de material utilizó el autor para crear este vídeo?
7 ¿Qué herramientas visuales utilizó el autor para describir el pasado? ¿Qué opinas de esta decisión?
8 ¿Qué impresiones provoca la parte del vídeo que muestra los cambios que experimentó Barcelona? Menciona dos ideas.
9 ¿Cómo es similar o diferente la historia de Barcelona y la de tu ciudad?
10 ¿Piensas que la urbanización de Barcelona fue responsable? ¿Por qué o por qué no? Explica.

◆ Oportunidades de evaluación

◆ En esta actividad se han practicado las habilidades que son evaluadas por medio del Criterio A: Comprensión de textos orales y visuales.

ACTIVIDAD: ¿Por qué las personas abandonan el campo?

■ Enfoques del aprendizaje

■ Habilidad de colaboración: Escuchan con atención otras perspectivas e ideas

Colabora con un compañero.

Lee los siguientes párrafos.

La promesa de trabajo y prosperidad, entre otros factores, atrae a la gente a las ciudades. La mitad de la población mundial ya vive en las ciudades, y se espera que antes de 2050 dos tercios vivan en zonas urbanas. Pero en las ciudades se combinan dos de los problemas más acuciantes del mundo actual: la pobreza y la degradación medioambiental.

La deficiente calidad del aire y del agua, la insuficiente disponibilidad de agua, los problemas de desecho del agua y el alto consumo energético son multiplicados por la creciente densidad de población y las demandas de los entornos urbanos. Conforme las áreas urbanas del mundo crezcan, será esencial desarrollar sólidos programas de planificación urbana para resolver estas y otras dificultades.

Después de leer los párrafos, participa en una interacción sobre las amenazas de la migración del campo a la ciudad.

Toma turnos para preguntar y responder. Menciona ejemplos cuando sea necesario.

Considera las siguientes palabras clave: pobreza, riesgo, smog, sustancias tóxicas, tráfico, basura, salud.

La interacción debe durar cuatro minutos.

◆ Oportunidades de evaluación

◆ En esta actividad se han practicado las habilidades que son evaluadas por medio del Criterio C: Comunicación en respuesta a textos orales, escritos o visuales y del Criterio D: Uso de la lengua de forma oral o escrita.

ALGUNAS TAREAS SUMATIVAS PARA EVALUAR ESTE CAPÍTULO

Considera las siguientes actividades para poner en práctica lo que has aprendido en este capítulo. Las tareas se diseñaron considerando el vocabulario y estructuras que se introdujeron, así como las ideas que se presentaron. Estas tareas te permitirán valorar tu desempeño en diferentes áreas de la lengua utilizando los criterios de evaluación de Adquisición de Lenguas del PAI.

TAREA 1

Ambientes urbanos y rurales

Mira el vídeo en el siguiente enlace: **http://tinyurl.com/amurbrurl** y después responde las siguientes preguntas.

1 **Menciona tres de los temas que mencionan cuando comparamos la ciudad y el campo.**
2 **Según el autor, ¿qué problema no se discute con frecuencia cuando comparamos la ciudad y el campo?**
3 **¿Qué ha alterado los hábitos de los habitantes? ¿Cómo? Explica.**
4 **¿Cuáles son algunos ejemplos de las cosas que ignoran las personas en la ciudad? ¿Estás de acuerdo?**
5 **Algunas personas del campo van a la ciudad a diario, y algunas personas de la ciudad van al campo diariamente. ¿Por qué? Explica.**
6 **Considera las imágenes que se muestran en el vídeo. Menciona tres ideas sobre la ciudad y tres sobre el campo que identifiques en el vídeo.**
7 **¿Cuál es el objetivo de este vídeo?**
8 **Menciona dos características acerca de la organización de la información en este vídeo.**
9 **¿Estás de acuerdo con las opiniones que se presentan en el vídeo? ¿Por qué o por qué no?**
10 **Indica si vives en la ciudad o en el campo. Selecciona una de las ideas en el vídeo que consideres importante en tu contexto. Explica por qué.**

◆ Oportunidades de evaluación

◆ Esta tarea evalúa habilidades del Criterio A: Comprensión de textos orales y visuales.

Lee el texto.

1   Estimada Mina:

Me llamo Ramiro; cada semana leo "Somos" y tu columna es mi favorita.
Tengo 38 años, soy originario de Perú. Me gradué de la Universidad hace
tres años; me titulé en Psicología y un día encontré una oferta de trabajo muy
atractiva en el periódico. Mi salario en Lima era bueno, pero mi trabajo no
me satisfacía completamente. La descripción del proyecto en el pueblo me
gustó mucho porque trabajaría con diferentes personas, porque sería parte
de decisiones sobre futuros proyectos, y vivir muchas experiencias nuevas;
además el salario era más alto que el que tenía en la ciudad.

2   Cuando hablé con mis amigos, ellos me dijeron que la vida en el pueblo
es aburrida, que no hay distracciones y que la gente puede ser difícil. Sin
embargo, yo no los escuché, llamé por teléfono a la compañía, expresé mi
interés; al instante tuve una entrevista, me aceptaron, hice mis maletas,
compré un billete de autobús y salí rumbo a un pueblo en el sur de Perú.

3   ¡Nunca imaginé que la vida en el pueblo era tan complicada! En realidad, para
las personas independientes y privadas como yo, es muy complicado trabajar
en este ambiente. Después de pocas semanas, descubrí que en un pueblo
necesitas depender mucho más de otras personas; en una ciudad puedes
ir solo al cine; puedes ir a comer solo a un restaurante si quieres; puedes ir
a leer a un café sin tus amigos y no hay problema. En un pueblo, es mucho
más difícil. Las personas no comprenden por qué quieres estar solo y por
qué no quieres compañía. Mis amigos en el pueblo no entienden que no tengo
problemas en tomar un tren a la ciudad completamente solo cuando quiero
ir de compras; incluso un fin de semana algunos colegas me preguntaron por
qué fui a la ciudad a ver una película y no comprendieron cuando respondí
que no me gustaban las películas del cine en el pueblo. Esa semana, muchas
personas en mi trabajo me criticaron porque hacía cosas sin invitarlos;
también algunas personas dijeron que yo era antisocial y apático.

4 Entonces, decidí ser un poco más abierto y los invité a un restaurante en la zona residencial nueva del pueblo. Para mi sorpresa, muchos de ellos no aceptaron y dijeron que no les gusta ir a esa zona porque no conocen a nadie allá y tienen vergüenza cuando van a lugares donde no pueden encontrar amigos. Yo no pude creer lo que escuchaba.

5 Entonces, decidí continuar con mi vida y poco a poco observé que la gente de pueblo no es tan respetuosa como imaginé. Un día noté ciertas barbaridades que una persona de la ciudad nunca hace. Por ejemplo, unos colegas llegaron a mi casa sin avisarme con anticipación y yo no estaba preparado para recibirlos; en otra ocasión fui al supermercado y una colega me vio y comenzó a hablar conmigo sin preguntar si tenía tiempo. Sin embargo, lo peor fue cuando otro colega me vio entrar a un bar de mala fama y lo comentó con todo el mundo. Como consecuencia, al día siguiente escuché muchos rumores sobre mí y descubrí que algunas personas en el pueblo son muy hipócritas y que en realidad son muy falsas.

6 Después de cuatro meses, me convencí que en un pueblo las apariencias son lo más importante; posiblemente el pasatiempo y entretenimiento favorito de muchas personas es hablar de los demás; muchos hablan negativamente o con envidia de "Juan", y no les gusta que nadie hable de ellos.

7 Finalmente, pienso que para las personas en el pueblo es normal ver a diario cosas así y, por esta razón, esperan que todos sean iguales. Y por todo esto he llegado a la conclusión de que en el pueblo las personas son menos tolerantes, porque si no eres similar a ellos, puedes recibir críticas destructivas, y etiquetas que te describen erróneamente. Quizás en la ciudad ver tanta gente tan diferente es lo que nos hace ser mucho más tolerantes.

8 Necesito un consejo, no sé si yo soy el intolerante o si estoy en lo correcto.

Guía de transición

Ecologistas en acción   El cambio está en nuestras manos

TAREA 2

Problemas de adaptación o mala decisión

Responde las siguientes preguntas de comprensión sobre el texto en las páginas anteriores.

1 **Considerando su experiencia con sus amigos, explica por qué los comentarios de los demás irritaron a Ramiro.**
2 **Considerando la línea 1 del párrafo 3, en tu opinión, ¿cómo imaginaba Ramiro a las personas del pueblo?**
3 **Escribe ideas del texto donde Ramiro exprese disgusto o decepción. Escribe un ejemplo para cada una.**
4 **¿Quién es Mina?**
5 **¿Qué tipo de personas describe Ramiro en el párrafo 4? Justifica tu respuesta.**
6 **¿Qué sentimientos y emociones expresa Ramiro en el párrafo 2? Explica por qué se sintió de esa manera.**
7 **¿Qué tipo de texto es éste? Incluye dos razones que justifiquen tu respuesta.**
8 **¿Por qué escribió el texto Ramiro?**
9 **En el párrafo 5, Ramiro describe experiencias con sus colegas. ¿Consideras que Ramiro es rudo e impaciente? Explica tu respuesta.**
10 **¿Cuál es la actitud de Ramiro como autor del texto?**
11 **¿Qué opinas de las ideas en el párrafo 7? ¿Estás de acuerdo? ¿Sí? ¿No? ¿Por qué? Explica.**

◆ Oportunidades de evaluación

◆ Esta tarea evalúa habilidades del Criterio B: Comprensión de textos escritos y visuales.

TAREA 3: Oral

Tiempo de planeación: diez minutos

Observa y estudia la imagen. Toma notas sobre su significado. Presta atención a la situación que demuestra, y a los detalles que enfatiza.

Prepara una presentación de tres minutos acerca del mensaje en la imagen. Después responde las preguntas que te hará tu profesor sobre tu presentación y sobre el tema de la imagen.

Puedes referirte a tus notas, pero no puedes leer.

El total de la interacción será de cinco minutos.

TAREA 4: Escrita

Imagina que eres una persona que vio cómo su pueblo se convirtió en ciudad.

Escribe una narración sobre los cambios que notaste, qué fue difícil, qué tuviste que aprender, entre otros detalles.

Escribe 150 palabras.

◆ Oportunidades de evaluación

◆ Estas tareas evalúan habilidades del Criterio C: Comunicación en respuesta a textos orales, escritos o visuales y del Criterio D: Uso de la lengua de forma oral o escrita.

Reflexión

En este capítulo exploramos las diferencias entre los estilos de vida en ambientes rurales y urbanos. También apreciamos aspectos sobre las actitudes que las personas muestran acerca de estos dos sectores. Además compartimos opiniones sobre la manera en que la urbanización afecta negativamente al medio ambiente.

Enfoques del aprendizaje

- Habilidad de reflexión: Consideran los contenidos y preguntarse: ¿Sobre qué aprendí hoy? ¿Hay algo que aún no haya entendido? ¿Qué preguntas tengo ahora?

Reflexionemos sobre nuestro aprendizaje …
Usa esta tabla para reflexionar sobre tu aprendizaje personal en este capítulo.

Preguntas que hicimos	Respuestas que encontramos	Preguntas que podemos generar ahora			
Fácticas: ¿Qué criterios necesitan reunir las ciudades para ser patrimonio de la humanidad según la UNESCO? ¿Cuándo se convierte un pueblo en una ciudad?					
Conceptuales: ¿Cómo afecta la urbanización el equilibrio en el medio ambiente? ¿Cómo cambia la perspectiva de la vida al mudarse del campo a la ciudad o viceversa? ¿Cómo es diferente la idea de responsabilidad por el medio ambiente en la ciudad y en el campo?					
Debatibles: ¿Qué tan diferentes es la vida en el campo de la vida en la ciudad? ¿Es la calidad de vida en el campo mejor que en la ciudad? ¿Son las ciudades necesariamente más modernas que el campo? ¿Tienen las personas que viven en la ciudad y en el campo sistemas de valores diferentes?					
Enfoques de aprendizaje en este capítulo:	Descripción: ¿qué destrezas nuevas adquiriste?	¿Qué tan bien has consolidado estas destrezas?			
		Novato	En proceso de aprendizaje	Practicante	Experto
Habilidades de comunicación					
Habilidades de colaboración					
Habilidades de reflexión					
Habilidades de gestión de la información					
Habilidades de pensamiento crítico					
Habilidades de pensamiento creativo					
Atributos de la comunidad de aprendizaje	Reflexiona sobre la importancia de ser un buen pensador en este capítulo. ¿Cómo demostraste tus habilidades como pensador en este capítulo?				
Pensador					

8 ¿Qué tan esenciales son las cosas que adquiero y consumo?

○ La observación y análisis del uso de la lengua permiten comprender cómo **funcionan las culturas** de consumo de bienes y servicios en contextos **regionales y globales**.

CONSIDERAR Y RESPONDER ESTAS PREGUNTAS:

Fácticas: ¿En qué te gusta gastar tu dinero? ¿Cuál es la relación entre la necesidad, el consumo y el precio de servicios o bienes?

Conceptuales: ¿Hasta qué punto es una necesidad básica todo lo que compras? ¿Cómo podemos lograr una vida equilibrada como consumidores?

Debatibles: ¿Es el consumismo más común en los países desarrollados? ¿Las cosas que son caras son las de mejor calidad? ¿Es el consumismo un problema?

Ahora **compara y comparte** con un compañero o con la clase entera.

○ EN ESTE CAPÍTULO VAMOS A:

■ **Descubrir:**
  ■ vocabulario y estructuras relacionadas con las compras.
■ **Explorar:**
  ■ las razones por las que las personas consumen los productos y servicios que les gustan.
■ **Tomar acción y:**
  ■ evaluar la actitud que tenemos respectos al consumismo.

Las siguientes habilidades de los enfoques del aprendizaje serán útiles:

- Habilidades de comunicación
- Habilidades de colaboración
- Habilidades de reflexión
- Habilidades de gestión de la información
- Habilidades de pensamiento crítico
- Habilidades de transferencia

Reflexiona sobre el siguiente atributo de la comunidad de aprendizaje:

- Equilibrado: Entendemos la importancia del equilibrio físico, mental (espiritual) y emocional para lograr el bienestar propio y el de los demás. Reconocemos nuestra interdependencia con respecto a otras personas y al mundo en que vivimos.

Oportunidades de evaluación en este capítulo:

- **Criterio A:** Comprensión de textos orales y visuales
- **Criterio B:** Comprensión de textos escritos y visuales
- **Criterio C:** Comunicación en respuesta a textos orales, escritos o visuales
- **Criterio D:** Uso de la lengua de forma oral o escrita

Contenido esencial

Los contenidos temáticos que se abordarán en este capítulo pertenecen a las fases 1 y 2 del continuo de aprendizaje y son:

- Los asuntos de actualidad
- La rutina, las responsabilidades y los estilos de vida
- Las compras: transacciones e interacciones en diferentes lugares
- El presente
- El futuro con "ir a" + infinitivo
- El pretérito indefinido, perfecto e imperfecto

VOCABULARIO SUGERIDO

Vocabulario sugerido para mejorar la experiencia de aprendizaje.

Sustantivos	Adjetivos	Verbos
diferentes monedas (euro, peso, dólar)	ahorrador	abusar
	anticuado	ahorrar
	barato	calcular
	caro	cambiar
ahorro	compulsivo	comprar
billete	consciente	consumir
cartera	cuidadoso	descontar
centro comercial	dañado	desperdiciar
descuento	de segunda	devolver
dinero	mano	pedir
factura	humilde	quejarse
moneda	maltratado	reclamar
porcentaje	materialista	recomendar
precio	moderno	reparar
queja	responsable	solicitar
rebajas	sofisticado	vender
recibo	tacaño	
reclamo	usado	
talla		
tarjeta		
temporada		
tienda (departamental)		
transacción		

¿En qué te gusta gastar tu dinero?

ACTIVIDAD: Tiendas y productos

Presta atención a las tiendas que se mencionan en la siguiente tabla. Menciona qué puedes comprar en cada una de ellas, con qué frecuencia vas y aproximadamente cuánto dinero puedes gastar en cada una.

Tienda	¿Qué puedes comprar?	Frecuencia con la que vas	¿Cuánto puedes gastar en una visita?
Tienda departamental			
Supermercado			
Tienda de electrónicos			
Librería			
Tienda de música, vídeo y vídeojuegos			
Farmacia			
Tienda virtual (como Amazon o Alibaba)			

OBSERVA–ESCRIBE– PIENSA–PREGÚNTATE

1 **Observa** las imágenes y presta atención a los detalles.
2 ¿Qué lugares se muestran en las fotos? ¿Qué podemos comprar en cada uno de estos lugares? **Escribe** lo que ves y en qué te hace **pensar** cada imagen.
3 Escribe una serie de preguntas que te gustaría hacer sobre lo que se puede comprar en estos lugares y las personas que acostumbran ir a ellos.
4 Comparte tu punto de vista en equipos pequeños. Toma turnos para **preguntar** y responder. Pregunta sobre la ideas que consideres interesantes.

ACTIVIDAD: Regalos

Copia y completa la siguiente tabla considerando los regalos que compras en diferentes situaciones. Considera el **propósito** del regalo para cada ocasión.

Situación	Para un chico	Para una chica	Explicación
Cumpleaños			
Evento especial (graduación)			
Celebración especial (día del maestro, día de las madres)			
Invitación a una cena o comida			

Colabora en equipos pequeños y **compara** tus ideas.

Toma turnos para preguntar y responder.

¿Qué tan similares fueron tus ideas a las de tus compañeros?

▼ Nexos con: Matemáticas

¿Cómo puedo manejar mi dinero?

Enfoques del aprendizaje

■ Habilidades de transferencia: Combinan conocimientos, comprensión y habilidades para crear productos o soluciones. Cambian el contexto de una indagación para obtener perspectivas diferentes

Realiza las siguientes tareas.

Tarea 1

Imagina que tienes el equivalente de 100 euros.

Planifica y explica la manera en la que utilizarías esos 100 euros durante una semana.

Considera el **propósito** por el cual gastarás dinero. Toma en cuenta:

• tres comidas diarias, incluyendo bebidas

• transporte a la escuela y de regreso a casa

• entretenimiento para cada día; por ejemplo, cine

• un regalo para tu profesor

Después de planificar cómo utilizarás tus 100 euros, colabora en equipos pequeños y comparte tu plan. Escucha los planes de tus compañeros y pregunta sobre las ideas que consideres interesantes.

Tarea 2

Imagina que tus padres dejaron el equivalente de 100 euros para una semana.

Escribe un correo electrónico a tus padres en el que les expliques cómo piensas utilizar el dinero. Explica a qué le has dado prioridad y por qué.

Escribe 150 palabras.

◆ Oportunidades de evaluación

◆ En esta actividad se han practicado las habilidades que son evaluadas por medio del Criterio C: Comunicación en respuesta a textos orales, escritos o visuales y del Criterio D: Uso de la lengua de forma oral o escrita.

■ ¿Dónde es más placentero gastar nuestro dinero?

ACTIVIDAD: Viaje de compras con la familia

Imagina que fuiste de compras a Panamá con tu familia. Mira el vídeo en el siguiente enlace: http://tinyurl.com/albmallviafam y realiza las siguientes tareas.

Tarea 1

Colabora con un compañero. Imagina que tu familia y la de tu compañero son amigas y fueron de compras a Panamá en fechas distintas.

Participa en una interacción en la que hables acerca de tu experiencia de compras en Albrook Mall en Panamá. Menciona qué compraste, qué compraron tus familiares, si compraste regalos para personas específicas, etc.

Menciona cuánto tiempo estuviste en Panamá y qué hiciste además de ir de compras.

Toma turnos para preguntar y responder. Utiliza el pretérito indefinido e indicadores temporales en tu interacción.

La interacción debe durar tres minutos.

Tarea 2

En este momento estás en Panamá y hoy visitaste Albrook Mall. **Escribe** un correo electrónico a tu abuelo o a tu abuela. Menciona qué hiciste el día de hoy: qué compraste, qué compraron tus familiares y si pasaste un buen día. Incluye tu opinión sobre Albrook Mall.

Escribe 150 palabras. Utiliza el pretérito indefinido e indicadores temporales cuando sea necesario.

ACTIVIDAD: Cuestión de gustos

Copia y completa la siguiente tabla con tu punto de vista. Después pregunta sus opiniones a tres compañeros.

Después de preguntar y **escribir** las opiniones de tus compañeros, **selecciona** uno.

Escribe acerca del compañero que seleccionaste. **Explica** qué tipo de consumidor es; **justifica** tu opinión y menciona ejemplos para apoyar tus opiniones. Escribe 150 palabras.

¿Qué opinas acerca de …	Tu opinión	Compañero 1	Compañero 2	Compañero 3
comprar cosas de segunda mano?				
comprar cosas de marca?				
hacer compras en mercados de pulgas / tianguis?				
negociar los precios / regatear?				
comprar en ventas de garaje?				

Cómo preparar un cuestionario objetivo o una encuesta efectiva

Una de las cualidades más interesantes de la lengua es que las palabras se pueden utilizar de diferentes formas. Cada persona tiene una idiosincrasia propia cuando emplea ciertas palabras y, por esta razón, cuando preparamos preguntas para un cuestionario o una encuesta, es necesario ser preciso y claro, para evitar ideas vagas y la ambigüedad. Considera estas sugerencias cuando prepares un cuestionario o una encuesta.

1   Piensa en la meta u objetivo de la encuesta o cuestionario. ¿Qué quieres encontrar con las preguntas? ¿Qué tipo de información necesitas?

2   Escribe tus preguntas con palabras claras que no se puedan interpretar de diferentes maneras.

3   Toma en cuenta las diferencias gramaticales entre tiempos verbales y el sentido que expresan. Por ejemplo, es muy diferente decir: "¿qué piensas de …?" y "¿qué pensarías de …?".

4   Escribe preguntas abiertas que te ayuden a conocer la opinión de las personas.

5   Evita insertar tu opinión personal en las preguntas.

6   Si decides incluir opciones, sé breve.

7   Escribe preguntas breves. Las preguntas largas pueden ser difíciles de comprender.

8   Organiza tus preguntas en un orden lógico, para que el diálogo fluya adecuadamente.

9   Cuando termines tus preguntas, pide a un compañero que las responda para identifica posibles errores.

10 Realiza las correcciones necesarias.

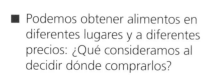

Podemos obtener alimentos en diferentes lugares y a diferentes precios: ¿Qué consideramos al decidir dónde comprarlos?

ACTIVIDAD: Triángulo de perspectivas

Realiza las siguientes tareas.

Tarea 1

Trabaja con dos compañeros.

Selecciona una de las siguientes perspectivas:

a **Una persona que prefiere comprar en supermercados**

b **Una persona que prefiere comprar en mercados**

c **Una persona que prefiere comprar a los campesinos en la calle**

Participa en una interacción en la que **presentes** tu punto de vista sobre las razones por las que prefieres comprar en el lugar que **indica** tu perspectiva. Escucha las opiniones de tus compañeros y pregunta sobre las ideas que consideres interesantes.

Compara y **contrasta** tus opiniones.

La interacción debe durar de cuatro a cinco minutos.

Tarea 2

Considera los puntos de vista que compartiste con tus compañeros en la Tarea 1.

Utiliza las ideas que compartieron tus compañeros y tú, y **escribe** un artículo para la revista de tu escuela.

Expresa tu punto de vista real sobre la situación que se presenta en las fotos. Menciona ejemplos para **justificar** tu opinión.

Escribe 150 palabras.

◆ **Oportunidades de evaluación**

◆ En esta actividad se han practicado las habilidades que son evaluadas por medio del Criterio C: Comunicación en respuesta a textos orales, escritos o visuales y del Criterio D: Uso de la lengua de forma oral o escrita.

▼ **Nexos con: Matemáticas**

¿Cuál es el precio correcto?

Considera las sugerencias en el texto "Cómo preparar un cuestionario objetivo o una encuesta efectiva" en la página 191. Presta atención a la **función** de las preguntas.

Genera una lista de diez preguntas para realizar una encuesta en tu escuela sobre la forma en qué les gusta gastar el dinero a los alumnos y profesores de tu escuela. Después de crear las preguntas, realiza tu encuesta.

Organiza las respuestas de tu encuesta en un instrumento que te ayude a analizarlas, por ejemplo una tabla. Después resume las respuestas y preséntalas en gráficas u otras representaciones estadísticas en un cartel. Muestra los resultados de tu cartel en los pasillos de tu escuela.

También escribe un informe acerca de la encuesta. Incluye algunas de las gráficas que generaste. Explica el proceso de creación de la encuesta y después presenta tu resumen. Incluye una conclusión acerca de lo que descubriste.

◆ **Oportunidades de evaluación**

◆ En esta actividad se han practicado las habilidades que son evaluadas por medio del Criterio C: Comunicación en respuesta a textos orales, escritos o visuales y del Criterio D: Uso de la lengua de forma oral o escrita.

¿Es el consumismo un problema?

¿Cómo defines …

… la necesidad?

■ El consumismo domina la mente y los corazones de millones de personas, les impide diferenciar entre lo que es y no es necesario, y promueve actitudes egoístas que hacen que los consumistas ignoren causas de mayor importancia

GENERA–ORGANIZA–CONECTA–EXPLICA

Observa las imágenes anteriores con atención.
Identifica el problema que expresan.

1 **Genera** una lista de ideas acerca de lo que sientes cuando observas las imágenes.
2 **Organiza** tus ideas en diferentes categorías usando grupos como en el diagrama.
3 **Conecta** las ideas en cada categoría con algunas de las razones por las que suceden.
4 Incluye ejemplos para **explicar** e ilustrar las situaciones que agrupaste.

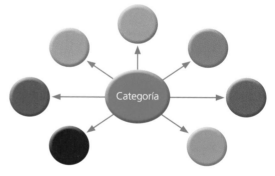

Después, trabaja en equipos pequeños y **comparte** tus ideas con tus compañeros. Toma turnos para preguntar y responder. Pregunta sobre las ideas que consideres interesantes.

■ El *"Black Friday"* o *"Viernes Negro"* es el día que inaugura la temporada de compras navideñas en Estados Unidos; toma lugar un día después del Día de Acción de Gracias que se celebra el cuarto jueves del mes de noviembre

ACTIVIDAD: El "Viernes negro" y el "Día del empaquetado"

■ Enfoques del aprendizaje

■ Habilidad de gestión de la información: Establecen conexiones entre diversas fuentes de información
■ Habilidad de comunicación: Escriben con diferentes propósitos

Realiza una investigación breve sobre el "Viernes negro" (*Black Friday*) y el "Día del empaquetado" (*Boxing Day*). Localiza artículos de periódico, revistas o textos en línea.

Con un marcador, resalta las similitudes y diferencias entre estos dos días. Cada artículo es una fuente. Refiérete a ellos como fuente 1, fuente 2, fuente 3, etc.

Trabaja en parejas o en grupos pequeños. **Compara** la información que encontraste en tus fuentes. Comparte las ideas que **identificaste**. Haz preguntas a tus compañeros sobre la información que compartan.

Considera las siguientes frases y preguntas como ejemplos:

a   Mi fuente 1 es … y menciona que …
b   En la fuente 2, se dice que …
c   La fuente 3 es diferente de la fuente 1 porque …

d   ¿Qué información nueva tienes?
e   ¿Qué información nueva tienen algunas de tus fuentes?
f   ¿Qué datos o ideas interesantes puedes ver en tus fuentes?

Después de participar en la interacción, utiliza las ideas que tú y tus compañeros compartieron para realizar un mapa conceptual sobre estos dos días. Este mapa conceptual te ayudará a **organizar** tus ideas.

Con las ideas en el mapa conceptual, **escribe** un texto para tu blog. Compara el "Viernes negro" y el "Día del empaquetado". Menciona situaciones comunes que suceden en estos días, los efectos que tienen en las personas y los efectos secundarios que pueden tener. Concluye expresando tu opinión.

Escribe 150 palabras.

◆ Oportunidades de evaluación

◆ En esta actividad se han practicado las habilidades que son evaluadas por medio del Criterio C: Comunicación en respuesta a textos orales, escritos o visuales y del Criterio D: Uso de la lengua de forma oral o escrita.

ACTIVIDAD: Víctima del consumismo

◼ Enfoques del aprendizaje

- ◼ Habilidad de comunicación: Escriben con diferentes propósitos

Imagina que fuiste al supermercado durante el "Viernes negro". Considera las imágenes y **escribe** una entrada de diario en la que **describas** la experiencia que tuviste. Menciona los problemas y las actitudes de la gente que observaste.

Expresa tu opinión sobre la experiencia y reflexiona brevemente sobre el consumismo en este día. Utiliza el pretérito indefinido cuando sea necesario.

Escribe 150 palabras.

◆ Oportunidades de evaluación

- ◆ En esta actividad se han practicado las habilidades que son evaluadas por medio del Criterio C: Comunicación en respuesta a textos orales, escritos o visuales y del Criterio D: Uso de la lengua de forma oral o escrita.

Lee el siguiente texto. Presta atención al propósito.

● ● ●   Prevención del consumismo desmedido

Para: profesordeespañol@icloud.net

De: madre@icloud.org

Asunto: Educación civil

Estimado Profesor Rodríguez:

Espero que este mensaje lo encuentre bien. Le escribo para hacer una petición.

Como ya sabe el viernes pasado fue el "Viernes negro" y tuve una experiencia muy desagradable en el supermercado, la cual me motivó a escribir este correo electrónico. La situación que observé me hizo pensar en la importancia de la educación ciudadana, y pienso que la escuela puede hacer algo al respecto.

Una de las razones por las que mi esposo y yo inscribimos a nuestros hijos en una escuela del IB es por los buenos hábitos que se pueden formar por medio de los atributos de la comunidad de aprendizaje, y considero que en esta situación podemos utilizar estos ideales para ayudar a nuestros hijos y alumnos a ser mejores personas. Usted se preguntará qué vi en el supermercado, así que lo describiré a continuación.

Mientras caminaba por los pasillos con dirección a la sección de bebidas, noté que las personas pasaban con sus carritos llenos de todo tipo de cosas. Estoy muy consciente de lo que sucede en este día así que no presté atención a la actitud consumista de la gente. Sin embargo, también fui testigo de algo que me incomodó mucho y me hizo reflexionar.

En dos ocasiones, vi ejemplos de descortesía, y de falta de educación civil. Además sentí vergüenza por los padres, pues sus hijos estaban mostrando actitudes muy negativas y poco aceptables. En una de estas situaciones dos hijos peleaban y la madre no podía controlar la situación; en la otra situación un niño hizo un berrinche y no permitía que la madre continuara con sus compras.

Estas situaciones me hicieron pensar que es buena idea educar a los estudiantes no sólo a ser buenos consumidores, sino también a comportarse en los espacios públicos, y a no crear conflictos innecesarios para sus padres en situaciones que podrían avergonzarlos. La verdad, no sé quiénes son los responsables de estas situaciones: los niños o los padres, pues los padres tienen la responsabilidad de educar a sus hijos, y los hijos deben obedecer a sus padres; pero muchos padres no educan a sus hijos y por esta razón los niños no conocen límites.

Por esta razón, me gustaría preguntar si es posible realizar una asamblea para crear conciencia sobre las responsabilidades que tenemos como consumidores en días como el "Viernes negro", y de los problemas que puede ocasionar el consumismo irresponsable. También, si usted lo considera necesario me gustaría hablar con otros padres para explorar una manera en la que podríamos ayudar en esta causa.

En este mensaje he incluido dos fotos de las situaciones que vi. Espero que estas fotos ilustren la seriedad de la situación.

Espero su respuesta.

Le agradezco su fina atención.

Sara Bravo (Mamá de Kevin)

ACTIVIDAD: Prevención del consumismo desmedido

■ Enfoques del aprendizaje

■ Habilidad de comunicación: Leen con actitud crítica y para comprender

Después de leer el texto titulado "Prevención del consumismo desmedido", responde las siguientes preguntas.

1 ¿Quién escribió el mensaje a quién?
2 ¿Qué motivó a la autora a inscribir a sus hijos en una escuela IB?
3 ¿Qué motivó a la autora a escribir este mensaje?
4 Explica qué muestran las fotos que la autora adjuntó en el mensaje.
5 ¿Qué petición hizo la autora del mensaje?
6 ¿Qué propuesta hizo la autora del mensaje?
7 Considera las ideas que expresa la autora del texto. ¿Qué tipo de persona es? Justifica tu respuesta.
8 Menciona tres de los elementos que te informen acerca del tipo de texto que es este mensaje.
9 ¿Qué tipo de lenguaje utilizó la autora del texto? ¿Por qué?
10 Selecciona tres palabras claves que reflejen aspectos de la idea central del texto. Explica.
11 ¿Qué opinas acerca de la situación que la autora del mensaje vio en el supermercado?
12 ¿Qué piensas que el profesor responderá a la madre? ¿Por qué?
13 ¿Qué opinas acerca de la petición que hizo la madre? ¿Es buena idea o no? Explica.

◆ Oportunidades de evaluación

◆ En esta actividad se han practicado las habilidades que son evaluadas por medio del Criterio B: Comprensión de textos escritos y visuales.

Cómo se lleva a cabo una mesa redonda

Varias personas participan en una mesa redonda cuando desean conocer diferentes puntos de vista sobre un tema determinado. En esta estrategia de interacción, se siguen los siguientes pasos:

Preparación:

1 Determinar el tema.
2 Asignar los roles: moderador y expositores. Una mesa redonda es memorable cuando los expositores tienen diferentes y variados puntos de vista.

Organización del local:

3 Los asientos deben arreglarse de tal manera que los expositores puedan verse los unos a los otros. Puedes considerar un arreglo en el que el público pueda ver a todos los expositores.
4 El moderador se puede ubicar en el centro del semicírculo formado por los expositores, o en un extremo de todos para facilitar su papel.

Desarrollo:

5 El moderador se presenta a sí mismo, a los expositores, así como el tema que se debatirá.
6 El moderador debe mencionar detalles específicos de las intervenciones: cuánto tiempo debe hablar cada expositor; el orden de los expositores; la manera en que el público debe participar.
7 El moderador da la palabra al primer expositor.
8 Cada uno de los expositores se adhieren a los acuerdos de la mesa.
9 El moderador debe indicar y coordinar cuando el público podrá hacer preguntas.
10 El moderador debe indicar cuando la mesa redonda termina.

PIENSA–COMPARA–COMPARTE

Presta atención al póster de la película *Confesiones de una compradora compulsiva*.

Escribe una lista de ideas en las que **piensas** al ver el póster.

También, responde las siguientes preguntas.

1 ¿Qué tan similar eres a la chica de la foto? Explica.
2 ¿Conoces a alguien similar a la chica en la foto? ¿Quién? ¿Por qué son similares?

Después **compara** y **comparte** con tus compañeros.

¿Qué ideas similares encontraste?

¿Qué ideas interesantes mencionaron tus compañeros?

ACTIVIDAD: Diario de un comprador compulsivo

■ Enfoques del aprendizaje

■ Habilidad de comunicación: Escriben con diferentes propósitos

Mira el vídeo en el siguiente enlace: **http://tinyurl.com/confcompcompul** y realiza las siguientes tareas.

Tarea 1

Imagina que eres la protagonista de la historia (la compradora compulsiva). **Escribe** una entrada de diario en la que **describas** tu aventura al ir de compras el fin de semana pasado. Menciona qué compraste, dónde lo compraste y cuánto costó cada una de las cosas que compraste. Menciona por qué te gusta comprar tantas cosas. Utiliza el pretérito indefinido cuando sea necesario.

Tarea 2

Participa en una interacción con tu profesor.

En esta interacción serás el mejor amigo o mejor amiga de la compradora compulsiva en el avance de cine.

Tu profesor te hará preguntas acerca de los hábitos de tu amiga; y te pedirá que expreses tu opinión acerca de su actitud consumista. Menciona qué cambios te gustaría ver en tu amiga y por qué.

La interacción durará tres minutos.

◆ Oportunidades de evaluación

◆ En esta actividad se han practicado las habilidades que son evaluadas por medio del Criterio C: Comunicación en respuesta a textos orales, escritos o visuales y del Criterio D: Uso de la lengua de forma oral o escrita.

ACTIVIDAD: Novedades

Lee las siguientes ideas.

> El consumismo es un problema social y ético que únicamente sufren las personas que tienen dinero.

> El consumismo en el presente es uno de los factores que producen un escenario poco sustentable en la sociedad, y también es una de las principales razones de la depresión crónica y otros problemas emocionales.

> El consumismo representa también un problema social que divide a los pueblos y los polariza y frente a esta situación.

> Un estudio revelaba que el porcentaje de adicción consumista es superior en las mujeres (58%) que en los hombres (32%).

Trabaja en equipos de cuatro y participa en una mesa redonda. Lee las sugerencias de trabajo en la página 197. Toma uno de los roles que se mencionan y colabora efectivamente.

Después de participar en la mesa redonda, redacta un resumen de la experiencia. Menciona los puntos de vista más relevantes que tus compañeros mencionaron. Concluye expresando tu punto de vista sobre el debate.

Escribe 150 palabras.

ACTIVIDAD: Los días más consumistas

Trabaja en equipos pequeños.

En tu equipo, participa en una lluvia de ideas sobre las razones por las que la gente tiende a consumir en exceso en los siguientes días:
- **Navidad**
- **Día de San Valentín**
- **Día de Reyes**
- **Día de Acción de Gracias**

Mientras **compartes** ideas, menciona información sobre:

a ¿Qué invita e incita a las personas a consumir en estos días?

b ¿De qué manera se motiva a las personas a consumir?

c ¿De qué forma mezclan estos días el consumo con el afecto humano?

Después de participar en la lluvia de ideas, **selecciona** uno de los días sobre los que compartiste ideas. Redacta un texto de blog en el que **expliques** las tendencias de consumismo en el día que seleccionaste. Menciona ejemplos utilizando algunas de las ideas relevantes que se compartieron. Concluye expresando tu punto de vista sobre el consumismo en este día.

Escribe 150 palabras.

ACTIVIDAD: Opinión de los profesores

■ Enfoques del aprendizaje

- Habilidades de comunicación: Utilizan una variedad de técnicas de expresión oral para comunicarse con diversos destinatarios. Estructuran la información en resúmenes, ensayos e informes

Busca la opinión de diez profesores sobre la siguiente pregunta:

¿Son los jóvenes de hoy más materialistas y consumidores que los de generaciones anteriores?

Pide que justifiquen sus respuestas y que mencionen ejemplos para apoyar sus ideas.

Toma nota de sus opiniones.

Después de preguntar a diez profesores, colabora en equipos pequeños y **compara** las respuestas que obtuviste. Toma turnos para compartir y preguntar sobre las ideas que consideres interesantes.

Finalmente, redacta un resumen de la experiencia. Menciona los puntos de vista más relevantes que tus compañeros y tú mencionaron. Concluye expresando tu punto de vista sobre el tema.

Escribe 150 palabras.

◆ Oportunidades de evaluación

- En esta actividad se han practicado las habilidades que son evaluadas por medio del Criterio C: Comunicación en respuesta a textos orales, escritos o visuales y del Criterio D: Uso de la lengua de forma oral o escrita.

! Actúa e involúcrate

- ! Charla con tu profesor de Comunidad y Servicio.
- ! Comparte ideas para crear una iniciativa para crear conciencia en tu comunidad sobre los aspectos negativos del consumismo.
- ! Crea carteles o vídeos para promover el consumo responsable y para motivar a las personas a utilizar sus finanzas para ayudar a solucionar los problemas del presente.

Lee el siguiente extracto de un artículo de periódico.

¿No odias cuando realmente necesitas dinero, pero tu cartera está vacía?

No importa lo poco o lo mucho que tengas, gastarlo inteligentemente te permitirá utilizar tu dinero al máximo.

Sigue estos consejos para reducir los gastos en áreas clave y adoptar una actitud más positiva y segura cuando compres.

- Haz un presupuesto.
- Planifica tus compras por adelantado.
- Evita las compras impulsivas.
- Haz las compras solo.

ACTIVIDAD: Cómo gastar el dinero inteligentemente

■ Enfoques del aprendizaje

- Habilidad de comunicación: Escriben con diferentes propósitos

Escribe una reflexión sobre el artículo. Tu reflexión aparecerá en la revista de tu escuela y debe motivar a tus compañeros a ser más responsables con su dinero. Incluye detalles y menciona ejemplos para ilustrar tus ideas. Incluye aspectos de los atributos del perfil de la comunidad de aprendizaje en tu texto.

Escribe 150 palabras.

◆ Oportunidades de evaluación

- En esta actividad se han practicado las habilidades que son evaluadas por medio del Criterio C: Comunicación en respuesta a textos orales, escritos o visuales y del Criterio D: Uso de la lengua de forma oral o escrita.

¿Cómo podemos lograr una vida equilibrada como consumidores?

La felicidad interior bruta es mucho más importante que el producto interior bruto

- ¿Qué es más importante: una vida llena de lujos o una vida feliz?

PIENSA–COMPARA–COMPARTE

¿Qué es lo que compras con más frecuencia? ¿Por qué?

Considera los siguientes ítems:

a   ropa
b   zapatos
c   libros
d   música en formato físico (CD)
e   apps

f   material digital (*ebooks*, música, vídeos)
g   licencias de productos
h   juguetes

Comparte tus ideas con tus compañeros.

¿Qué similitudes y diferencias encontraste?

ACTIVIDAD: Dilemas

Enfoques del aprendizaje

- Habilidad de colaboración: Escuchan con atención otras perspectivas e ideas

Trabaja en equipos pequeños.

Lee los siguientes dilemas y **selecciona** una de las opciones. Explica por qué harías lo que **indica** la opción que tomaste.

Escucha las ideas que mencionen tus compañeros y preguntas sobre lo que consideres interesante.

◆ Oportunidades de evaluación

◆ En esta actividad se han practicado las habilidades que son evaluadas por medio del Criterio D: Uso de la lengua de forma oral o escrita.

Uno de tus amigos te pide €20 prestados, ¿qué haces?

a   Niegas tu ayuda.

b   Le prestas los €20.

c   Le prestas €50 porque sabes que te pagará.

Después de una semana, tu amigo no te ha pagado los €20 que le prestaste. ¿Qué haces?

a   Mencionas el tema discretamente en una conversación.

b   Le exiges que te pague tu dinero.

c   Te olvidas de la situación.

Ganas €10.000 en la lotería. ¿Qué haces?

a   Inviertes el dinero.

b   Das la mayoría del dinero a causas altruistas.

c   Vas de compras con todos tus amigos.

Encuentras una cartera con mucho dinero. ¿Qué haces?

a   Llevas la cartera a una oficina de policía.

b   Si es posible, llamas por teléfono al dueño.

c   Gastas el dinero.

Tus papás no te han aumentado el dinero que te dan cada semana en dos años. ¿Qué haces?

a   Hablas seriamente con tus padres.

b   Haces comentarios sutiles e indirectos.

c   Esperas pacientemente hasta que ellos mencionen el tema.

ACTIVIDAD: Prioridades

Colabora en equipos pequeños.

Primero, de manera individual, considera las siguientes situaciones y decide qué preferirías comprar o hacer y por qué.

a Un teléfono inteligente nuevo o utilizar el dinero para ayudar a un amigo a reparar su computadora.

b Comer en un restaurante caro que está de moda, o en un lugar menos popular donde la comida es excelente.

c Comprar una computadora nueva a pesar de que tienes una que es funcional o ahorrar el dinero para cuando vayas de vacaciones.

d Comprar una prenda de ropa de marca exclusiva o comprar varias prendas de marcas no tan exclusivas.

e Hospedarte en un hotel de lujo aislado de las atracciones turísticas, u hospedarte en un hotel de tres estrellas cerca de todas las atracciones.

Después **comparte** tus respuestas con tus compañeros. Escucha las ideas que mencionen tus compañeros y pregunta sobre lo que consideres interesante.

Al final de la actividad considera las ideas que mencionó uno de tus compañeros/as y **escribe** una comparación entre él / ella y tú. Menciona cómo son diferentes; incluye ejemplos sobre los casos en los que sus opiniones varían; e incluye justificaciones donde sea necesario.

Escribe 150 palabras.

■ El nombre de la moneda de cada país tiene un significado que muchas veces está ligado a la historia del país

▼ Nexos con: Individuos y Sociedades

Monedas de los países hispanohablantes

País	Moneda
Bolivia	boliviano
Costa Rica	colón
El Salvador, Puerto Rico	dólar estadounidense
España	euro
Guatemala	quetzal
Guínea Ecuatorial	franco
Honduras	lempira
México, Colombia, Chile, Uruguay, Argentina, Colombia, Cuba, República Dominicana	peso
Nicaragua	córdoba
Panamá	balboa y dólar estadounidense
Paraguay	guaraní
Perú	nuevo sol
Venezuela	bolívar

Antes de utilizar el euro, ¿qué moneda se utilizaba en España?

¿Cuándo y por qué la mayoría de los países de Europa comenzaron a utilizar el euro?

▼ Nexos con: Matemáticas; Individuos y Sociedades

La política cambiaria

La política cambiaria se refiere al comportamiento de la tasa de cambio de divisas. Este término es un tipo de cambio que equilibra el tipo de cambio nominal con el tipo de cambio real.

Visita el sitio **www.xe.com** y calcula el equivalente de las siguientes monedas en la moneda del país donde vives.

Cantidad	Moneda		Equivalente en la moneda del país donde vives
	pesos mexicanos		
	nuevos soles		
	guaranís		
100	colones	=	
	córdobas		
	pesos colombianos		
	lempiras		

ACTIVIDAD: Expresiones coloquiales sobre el dinero

■ Enfoques del aprendizaje

- Habilidad de colaboración: Ofrecen y reciben comentarios pertinentes
- Habilidad de pensamiento crítico: Extraen conclusiones y realizan generalizaciones razonables

Trabaja en equipos pequeños. **Interpreta** las siguientes expresiones coloquiales y **comparte** lo que piensas que significa cada una. Escucha las ideas que mencionen tus compañeros y pregunta sobre lo que consideres importante.

a Con dinero baila el perro.
b A buenos ocios, malos negocios.
c A la pereza persigue la pobreza.
d A los tontos no les dura el dinero.
e A más oro, menos reposo.
f Estar forrado.
g Costar un ojo de la cara.
h Chequera mata galán.

PUNTO DE INDAGACION

Responde las siguientes preguntas en equipos pequeños.

1 ¿Cuál es la cosa más cara que has comprado?
2 ¿Qué compra hiciste sin meditarla y ahora te arrepientes?
3 ¿Estás ahorrando dinero para algo en particular? ¿Qué? ¿Por qué?
4 ¿Hablar de dinero es un tabú en tu país? Explica.

ACTIVIDAD: La administración del dinero

■ Enfoques del aprendizaje

- Habilidad de pensamiento crítico: Evalúan las pruebas y los argumentos
- Habilidad de colaboración: Escuchan con atención otras perspectivas e ideas

¿Cuál es la manera más sensata de utilizar y administrar el dinero?

Primero, de manera individual, **organiza** las siguientes ideas del 1 a 8. El 1 representa la idea más importante.

a Usar el dinero para cuidar la salud.
b Comprar más experiencias y menos bienes materiales.
c Usar el dinero para apoyar causas nobles.
d Gastar tu dinero únicamente en cosas que necesitas.
e Invertir el dinero en relaciones sociales.
f No gastar el dinero que no tienes.
g Emplear el dinero para tener tranquilidad emocional.
h No ser tan tacaño y darse placeres de vez en cuando.

Después, **comparte** tus ideas en equipos pequeños.

ACTIVIDAD: Una Navidad responsable

Mira el póster en este enlace: https://tinyurl.com/huq6sqa. Presta atención al mensaje y propósito de la información.

Responde las siguientes preguntas.

1 ¿Cuáles son dos acciones que suceden en Navidad?
2 Menciona dos sugerencias sobre la creatividad que se mencionan en el póster.
3 ¿Qué símbolo utilizó el diseñador del póster para transmitir la idea de "reusar"?
4 ¿Qué tipo de regalos se recomiendan en el póster?
5 Explica por qué el diseñador decidió utilizar los colores que observas en el póster.
6 ¿Qué materiales se pueden utilizar para evitar comprar productos y consumir en exceso? Menciona dos ejemplos.
7 Escribe tu opinión sobre la organización de la información en el póster. ¿Fue fácil comprender? ¿Por qué o por qué no?
8 Menciona dos ejemplos acerca de la manera en que el diseñador representó la Navidad en el póster.
9 ¿Es relevante la información en este póster en tu ciudad? ¿Por qué o por qué no?
10 ¿Para qué festival o celebración en tu ciudad crearías un póster similar? ¿Por qué? ¿Qué sugerencias darías?

ACTIVIDAD: Sugerencias para ser un consumidor responsable

Lee los siguientes fragmentos de oraciones y complétalos de tal forma que exprese una sugerencia para ser un consumidor responsable.

1 Piensa dos veces antes de comprar algo, porque …
2 Preocúpate por el impacto de tus compras en el medioambiente, porque …
3 Consume productos que no hagan uso de trabajo infantil, porque …
4 Toma conciencia del origen de los productos que usas, de cómo y por quiénes están hechos, porque …
5 Piensa en cuándo se convierte en basura el producto que compras, porque …
6 No te dejes engañar por la publicidad, porque …
7 Es buena idea entender que antes que consumidores somos ciudadanos, porque …
8 Para una inmensa mayoría acceder a las necesidades básicas es un problema, entonces …
9 Independientemente de nuestra condición social, debemos consumir de una forma eficiente, porque …
10 Es buena idea apoyar el comercio justo y los comercios locales, porque …
11 Optar por productos a granel porque …
12 Prefiere lo ecológico frente a los transgénicos, porque …

Después de completar los fragmentos de oraciones, trabaja en equipos pequeños. **Comparte** tus ideas y escucha las opiniones de tus compañeros. Toma turnos para preguntar y responder.

ALGUNAS TAREAS SUMATIVAS PARA EVALUAR ESTE CAPÍTULO

Considera las siguientes actividades para poner en práctica lo que has aprendido en este capítulo. Las tareas se diseñaron considerando el vocabulario y estructuras que se introdujeron, así como las ideas que se presentaron. Estas tareas te permitirán valorar tu desempeño en diferentes áreas de la lengua utilizando los criterios de evaluación de Adquisición de Lenguas del PAI.

TAREA 1

Conociendo Albrook Mall

Mira el vídeo en el siguiente enlace: **http://tinyurl.com/shpppnmlbrk** y responde las siguientes preguntas.

1 **¿Cuáles son las ocupaciones del narrador?**
2 **Considera la información que se mostró en el vídeo. Albrook Mall es un lugar para hacer buenas compras. ¿Verdadero o falso? Explica.**
3 **¿Por qué les gusta Albrook Mall a los panameños?**
4 **En dos o tres líneas, describe Albrook Mall.**
5 **¿Cuándo son las temporadas de descuentos?**
6 **Considera las ideas que se mencionaron, y las imágenes que se mostraron en el vídeo, ¿qué tipo de persona es el narrador? Justifica tu respuesta.**
7 **¿Cómo es diferente este vídeo a un documental? Menciona dos características que nos permitan diferenciarlos.**
8 **¿Por qué se mencionaron otros medios de comunicación en el vídeo?**
9 **¿Te gustaría ir de compras a Albrook Mall? ¿Por qué o por qué no? Explica.**
10 **Realiza una comparación entre Albrook Mall y un centro comercial en tu ciudad. Escribe por lo menos cinco ideas.**

◆ Oportunidades de evaluación

◆ Esta tarea evalúa habilidades del Criterio A: Comprensión de textos orales y visuales.

Las cinco cosas más inteligentes en que puedes gastar tu dinero para ser feliz
Por Héctor G. Barnés

1. Las personas son los únicos animales que pueden distinguir entre lo que es bueno y lo que es malo para nosotros; sin embargo, parece que también son los únicos que tienen problemas para distinguir entre lo bueno y lo malo. Es una gran contradicción. Sabemos que es bueno hacer ejercicio, pero no lo hacemos. Sabemos que es bueno tener una dieta balanceada, pero no lo hacemos. Lo mismo ocurre con el dinero: sabemos que el dinero no da la felicidad, y sin embargo uno de los objetivos de muchas personas es tener un buen salario. ¿Por qué?

2. Michael Norton y Elizabeth Dunn publicaron un libro que, además de explicar en qué debemos gastar nuestro dinero si queremos ser más felices, describe el rol que juega el dinero en nuestras vidas. Las personas que quieren tener más y más ceros en el banco, es porque esto les ayuda a sentir que avanzan en sus proyectos personales.

3. Según Norton, el dinero es un método que muchas personas utilizan para evaluar el progreso. Por esta razón, mucha gente presta atención al tamaño del coche, de la televisión o los metros cuadrados de tu casa, y tienen una obsesión muy grande con él. No obstante, según Noron y Dunn, "lo que haces con tu dinero y tu tiempo es mucho más importante que el dinero y el tiempo que tienes."

4. Dunn y Norton afirman que es posible ser felices y sentirse orgullosos de ser quienes somos, y del rol que jugamos en la sociedad, pero no lo hacemos porque estos factores son difíciles de tocar, de describir y porque muchas personas piensan que estos detalles no pueden impresionar. ¿Por qué? Porque estos factores son difíciles de contar y, por esta razón, "no tienen un valor que puede producir envidia".

5. En una entrevista con *Business Insider*, Norton mencionó que las personas necesitan "parar de contar el dinero que tienen y empezar a pensar qué van a hacer con él". En pocas palabras, "no es lo mismo saber cuánto tenemos que saber qué podemos hacer con lo que tenemos".

6. Del mismo modo, Norton y Dunn mencionan en su libro que el dinero sí puede dar la felicidad sí aprendemos a gastarlo e invertirlo. Sin embargo, Norton indica que sólo un 5% de la sociedad planifica qué hacer con su dinero y evalúa sus necesidades reales, mientras que el 95% de las personas piensan que el dinero es para disfrutarse. Así, ese pequeño porcentaje de personas que consideran que es buena idea evaluar lo que compramos, son las personas que tienen menos estrés en la vida.

7. La discusión central del libro de Norton y Dunn afirma que querer ganar más dinero tiene efectos negativos sobre la felicidad real de las personas, y además es perjudicial porque provoca presión y hace que las personas adopten hábitos que no son nada buenos. De esta manera, Norton y Dunn resumen su mensaje en cinco formas en las que podemos gastar el dinero para ser felices:
   - Usar el dinero para vivir experiencias.
   - Usar el dinero para regalar o compartir con las personas que tienen menos.
   - Usar el dinero para pasar tiempo de calidad con los amigos.
   - Usar el dinero para "paga ahora y consume más tarde".
   - Invertir en el desarrollo personal.

8. En la conclusión del libro, los autores mencionan que "las personas que respetan el valor de su dinero y lo administran de manera prudente son más equilibrados y aprecian las cosas simples de la vida. Pues no se trata de caridad, sino de saber cómo utilizar el dinero sin afectar negativamente a nuestro corazón".

TAREA 2

Las cinco cosas más inteligentes en que puedes gastar tu dinero para ser feliz

Después de leer el artículo, responde las siguientes preguntas.

1 ¿Qué contradicción menciona el autor sobre las personas?
2 ¿Cómo se clasifican a las personas y la manera en que usan el dinero en el párrafo 6?
3 Explica por qué el autor menciona que "querer ganar más dinero tiene efectos negativos".
4 ¿Verdadero o falso? Este artículo sólo incluye la opinión del autor. Explica.
5 ¿Cuál es la idea central del artículo?
6 Considera la información en el texto. ¿Qué tipo de personas son Michael Norton y Elizabeth Dunn? Justifica tu respuesta.
7 ¿En qué tipo de revista es posible encontrar este artículo? Escoge una opción y justifica tu respuesta.
   a revista de deportes
   b revista de ocio y entretenimiento
   c revista de divulgación científica
8 ¿Por qué el autor mencionó frecuentemente a los autores del libro?
9 ¿Qué opinas sobre las cinco sugerencias que mencionan Norton y Dunn en su libro? ¿Estás de acuerdo con ellas? ¿Por qué o por qué no?
10 Considera la información en el artículo y menciona un ejemplo con las personas que conoces. Menciona la idea del libro e incluye un ejemplo de cómo un conocido tuyo utiliza su dinero.
11 ¿Te gustaría leer el libro que escribieron Norton y Dunn? ¿Por qué o por qué no?

◆ Oportunidades de evaluación

◆ Esta tarea evalúa habilidades del Criterio B: Comprensión de textos escritos y visuales.

TAREAS 3 y 4

Considera el siguiente extracto de un artículo de periódico y completa las siguientes tareas.

> Ofelia Alcalá enfatizó que los consumidores pueden comenzar a ser más responsables si además de considerar el precio de los productos que compran, se hacen preguntas como estas: ¿realmente necesito esto?, ¿lo utilizaré varias veces?, ¿es realmente urgente comprarlo o puedo esperar?
>
> Según la investigadora, si los consumidores hacen ese tipo de preguntas, poco a poco comenzarán a educarse a sí mismos y se comportarán responsablemente cuando hagan compras.

TAREA 3: Oral

Lee el extracto de periódico y planifica una presentación de dos a tres minutos.

No puedes utilizar diccionario. Podrás utilizar tus notas en tu presentación, pero no podrás leer.

En tu presentación, **explica** si estás de acuerdo con la idea que se menciona en el artículo. Menciona ejemplos para **justificar** tus ideas. Después de tu presentación, tu profesor te hará preguntas.

La interacción total durará cinco minutos.

TAREA 4: Escrita

Escribe un texto para tu blog.

Escribe tu opinión sobre el "Viernes negro" y el consumismo.

Incluye ideas del extracto del artículo más arriba en el que se mencionan las ideas de Ofelia Alcalá.

Menciona ejemplos para ilustrar tus ideas y también experiencias personales que hayas vivido.

Escribe 150 palabras.

◆ Oportunidades de evaluación

◆ Estas tareas evalúan habilidades del Criterio C: Comunicación en respuesta a textos orales, escritos o visuales y del Criterio D: Uso de la lengua de forma oral o escrita.

Reflexión

En este capítulo exploramos las diferentes formas en las que las personas gastan su dinero, y también indagamos sobre las razones por las que algunas personas consumen con exceso. De igual forma, también consideramos oportunidades para actuar y promover una conciencia de consumerismo más responsable.

■ Enfoques del aprendizaje

■ Habilidad de reflexión: Consideran los contenidos y preguntarse: ¿Sobre qué aprendí hoy? ¿Hay algo que aún no haya entendido? ¿Qué preguntas tengo ahora?

Reflexionemos sobre nuestro aprendizaje …
Usa esta tabla para reflexionar sobre tu aprendizaje personal en este capítulo.

Preguntas que hicimos	Respuestas que encontramos	Preguntas que podemos generar ahora			
Fácticas: ¿En qué te gusta gastar tu dinero? ¿Cuál es la relación entre la necesidad, el consumo y el precio de servicios o bienes?					
Conceptuales: ¿Hasta qué punto es una necesidad básica todo lo que compras? ¿Cómo podemos lograr una vida equilibrada como consumidores?					
Debatibles: ¿Es el consumismo más común en los países desarrollados? ¿Las cosas que son caras son las de mejor calidad? ¿Es el consumismo un problema?					
Enfoques de aprendizaje en este capítulo:	Descripción: ¿qué destrezas nuevas adquiriste?	¿Qué tan bien has consolidado estas destrezas?			
		Novato	En proceso de aprendizaje	Practicante	Experto
Habilidades de comunicación					
Habilidades de colaboración					
Habilidades de reflexión					
Habilidades de gestión de la información					
Habilidades de pensamiento crítico					
Habilidades de transferencia					
Atributos de la comunidad de aprendizaje	Reflexiona sobre la importancia de ser un estudiante equilibrado en este capítulo.				
	¿Cómo demostraste tus habilidades como estudiante equilibrado en este capítulo?				
Equilibrado					

9 ¿Realmente nos interesa proteger el medio ambiente y ayudar a los demás?

○ **Desarrollar** iniciativas efectivas **para la protección del ambiente** implica utilizar conocimientos sobre las **conexiones** y relaciones que los humanos tienen con la naturaleza.

CONSIDERAR Y RESPONDER ESTAS PREGUNTAS:

Fácticas: ¿Cuáles son los problemas más graves que afectan el medio ambiente?

Conceptuales: ¿Por qué es la protección del medio ambiente responsabilidad de todos? ¿Por qué es la solidaridad una actitud importante cuando queremos proteger el ambiente y ayudar a los demás? ¿Qué acciones y actitudes sociales afectan el medio ambiente? ¿Con qué habilidades puedes ayudar a mejorar tu contexto local?

Debatibles: ¿Por qué fallan muchas iniciativas para proteger el ambiente? ¿Son las personas que ayudan en iniciativas sociales genuinamente samaritanas?

Ahora **compara y comparte** con un compañero o con la clase entera.

■ Mientras que unos talan, otros reforestan; al paso que vamos, ¿algún día tendremos equilibrio?

○ EN ESTE CAPÍTULO VAMOS A:

■ **Descubrir:**
■ cómo expresar ideas para hablar acerca del medio ambiente.
■ **Explorar:**
■ diferentes iniciativas para la protección del medio ambiente y el altruismo.
■ **Tomar acción y:**
■ reflexionar sobre el respeto que mostramos por el medio ambiente y el apoyo que brindamos a otras personas.

Las siguientes habilidades de los enfoques del aprendizaje serán útiles:

- Habilidades de comunicación
- Habilidades de colaboración
- Habilidades de reflexión
- Habilidades de gestión de la información
- Habilidades de pensamiento crítico
- Habilidades de pensamiento creativo
- Habilidades de transferencia

Reflexiona sobre el siguiente atributo de la comunidad de aprendizaje:

- Solidario: Mostramos empatía, sensibilidad y respeto. Nos comprometemos a ayudar a los demás y actuamos con el propósito de influir positivamente en la vida de las personas y el mundo que nos rodea.

Oportunidades de evaluación en este capítulo:

- **Criterio A:** Comprensión de textos orales y visuales
- **Criterio B:** Comprensión de textos escritos y visuales
- **Criterio C:** Comunicación en respuesta a textos orales, escritos o visuales
- **Criterio D:** Uso de la lengua de forma oral o escrita

Contenido esencial

Los contenidos temáticos que se abordarán en este capítulo pertenecen a las fases 1 y 2 del continuo de aprendizaje y son:

- Los asuntos de actualidad y los acontecimientos pasados
- Las conexiones culturales e interculturales
- El cuidado personal y el cuidado de otras personas
- El presente de indicativo
- El pretérito indefinido
- El pretérito imperfecto
- El pretérito perfecto
- Construcciones con "poder", "deber", "querer" + infinitivo
- Indicadores temporales

VOCABULARIO SUGERIDO

Vocabulario sugerido para mejorar la experiencia de aprendizaje.

Sustantivos	Adjetivos	Verbos
aire	altruista	afectar
ambiente	capaz	ahorrar
basura	consciente	contaminar
biósfera	conservado	cuidar
ciudadano	contaminado	destruir
conciencia	deteriorado	deteriorar
contaminación	ecológico	empeorar
convocatoria	legal	ensuciar
deshechos	responsable	evitar
incendio	sensato	excavar
propuesta	sensible	gastar
químicos	sustentable	limpiar
reforestación	tóxico	mejorar
sustentabilidad		perjudicar
tala		plantar
		promover
		proteger
		recoger

¿Por qué es la protección del medio ambiente responsabilidad de todos?

■ MUSA: Museo Subacuático de Arte en Cancún

Tenemos que construir museos para recordarnos la importancia de cuidar el ambiente.

ACTIVIDAD: El MUSA

■ Enfoques del aprendizaje

■ Habilidades de comunicación: Leen con actitud crítica y para comprender. Hacen deducciones y extraen conclusiones

Visita y explora el sitio web en el siguiente enlace: http://musamexico.org/es

Responde las siguientes preguntas.

1 ¿Qué significa MUSA?
2 ¿Cuántos artistas muestran su trabajo en MUSA?
3 ¿Cuántas galerías hay en MUSA? ¿Cómo se llaman?
4 ¿Quiénes fundaron el proyecto?
5 ¿Qué menciona la sección "El Arte de la Conservación" acerca del objetivo del MUSA?
6 ¿Qué actividades puedes practicar en el área donde está el MUSA?
7 Explica cómo se puede visitar el MUSA.
8 Según la sección "El MUSA en Cancún e Isla Mujeres", ¿quiénes han hecho publicidad sobre el MUSA?
9 Mira el vídeo que acompaña el texto. Con tus propias palabras, explica qué tipo de museo es el MUSA.
10 ¿Qué opinas acerca del diseño del sitio web? ¿Está la información bien organizada? ¿Es fácil navegar el sitio web? Justifica tu respuesta.
11 En tu opinión, ¿el diseño y el contenido del sitio web provocan interés en el MUSA? ¿Por qué o por qué no?
12 ¿Te gustaría ir al MUSA? ¿Por qué o por qué no?
13 ¿Qué significado especial crees que tiene el nombre del museo? ¿A qué hace alusión?

◆ Oportunidades de evaluación

◆ En esta actividad se han practicado las habilidades que son evaluadas por medio del Criterio B: Comprensión de textos escritos y visuales.

ACTIVIDAD: ¿Cómo contaminamos?

Trabaja en equipos pequeños. Participa en una lluvia de ideas sobre las diferentes maneras en las que contaminamos. **Organiza** los ítems que tus compañeros de equipo y tú mencionen.

Comparte tus respuestas con la clase entera y genera una nueva lista incluyendo las ideas que mencionaron otros equipos.

Después, en tu equipo, organiza las ideas en la nueva lista las más frecuentes a las menos frecuentes. Compara tus respuestas con otro equipo. Pregunta y pide justificaciones sobre las ideas que sean diferentes a las tuyas.

Finalmente, **escribe** un artículo para la revista de tu escuela. **Explica** las diferentes maneras en que contaminamos y menciona qué podemos hacer para cuidar el ambiente de una forma más responsable. Menciona ejemplos y sugerencias.

Escribe 150 palabras.

ACTIVIDAD: ¿Cómo reaccionas cuando alguien no respeta el ambiente?

Lee las siguientes situaciones y **escribe** cómo reaccionarías. Incluye sugerencias sobre cada situación.

Situación	¿Cómo reaccionas? ¿Qué harías?
Ves a una persona tirar botellas de plástico en la calle.	
Ves a una familia tirar basura desde la ventana de su coche.	
Ves a una persona escupir chicle en la calle.	
Ves a una persona quemar la basura fuera de su casa.	
Ves a una persona destruyendo árboles en el parque.	
Ves a una persona desperdiciando el agua mientras lava su coche.	
Ves a tus papás desperdiciando el agua mientras se cepillan los dientes.	

Después de escribir cómo reaccionarías, **compara** tus respuestas en equipos pequeños. Toma turnos para preguntar y responder acerca de las diferencias que **identifiques** entre tus ideas y las de tus compañeros.

Finalmente, escribe un texto de blog para invitar a la comunidad de tu escuela a denunciar los actos que perjudiquen el medio ambiente. Menciona por qué es necesario ser responsables con el cuidado del medio ambiente.

Escribe 150 palabras.

■ La sequía es una de las amenazas más grandes para la humanidad

PIENSA–COMPARA–COMPARTE

Primero, de manera individual, responde las siguientes preguntas.

¿Qué pasará si …

1 **no hay agua suficiente para todas las personas?**
2 **no hay espacio para construir más casas en las ciudades?**
3 **no hay terreno suficiente para sembrar alimentos?**
4 **continuamos deforestando los bosques y reservas naturales?**

Después **comparte** tus respuestas en equipos pequeños.

Escucha las opiniones de tus compañeros y toma turnos para preguntar y responder sobre las ideas que consideres interesantes.

▼ Nexos con: Individuos y Sociedades: Geografía

■ Hasta el 40% de la selva amazónica podría desaparecer antes del 2050, a menos que se apliquen medidas para la conservación de ese enorme ecosistema

ACTIVIDAD: La prevención de una tragedia

■ Enfoques del aprendizaje

■ Habilidad de comunicación: Escriben con diferentes propósitos
■ Habilidad de reflexión: Consideran las implicaciones éticas, culturales y ambientales

Observa las imágenes en el siguiente enlace:
http://tinyurl.com/lgdsapxik

Imagina que vives en un pueblo donde la mayoría de las familias viven de la agricultura. El lago que observas en las primeras dos fotos almacena el agua que se utiliza para las siembras; sin embargo, la falta de atención y el desperdicio de agua está provocando que el nivel del agua disminuya drásticamente.

Escribe un correo a un canal de televisión que se interesa en los temas ambientales. Menciona el problema que observas, y las consecuencias graves que puede tener. Invita al canal de televisión a preparar un reportaje para crear conciencia sobre el problema. **Indica** qué puede suceder si no hay agua debido a que el lago se está secando.

Utiliza el pretérito imperfecto, el presente y el futuro según convenga.

Escribe 150 palabras.

◆ Oportunidades de evaluación

◆ En esta actividad se han practicado las habilidades que son evaluadas por medio del Criterio C: Comunicación en respuesta a textos orales, escritos o visuales y del Criterio D: Uso de la lengua de forma oral o escrita.

Nuevas oportunidades

■ Enfoques del aprendizaje

- ■ Habilidad de transferencia: Indagan en diferentes contextos para obtener una perspectiva distinta
- ■ Habilidad de pensamiento creativo: Crean soluciones novedosas para problemas auténticos
- ■ Habilidad de comunicación: Escriben con diferentes propósitos

La siguiente tabla reproduce los pasos del ciclo de diseño.

Identifica un problema en tu escuela y piensa en una solución creativa. Considera el ejemplo que se presentan en este enlace: **http://tinyurl.com/neumtkrz**

Utiliza una tabla como la siguiente para organizar tus ideas.

Después de completar la tabla, comparte tus ideas en equipos pequeños. Escucha las ideas de tus compañeros y haz preguntas sobre ideas interesantes que escuches.

Finalmente, escribe un texto para tu blog. Menciona el problema que identificaste y describe la solución que propones. Explica de qué manera tu idea ofrece una alternativa para cuidar el medio ambiente.

Escribe 150 palabras.

Comparte tus ideas con tu coordinador de Servicio a la Comunidad e intenta identificar oportunidades de llevarlas a cabo.

◆ Oportunidades de evaluación

- ◆ En esta actividad se han practicado las habilidades que son evaluadas por medio del Criterio C: Comunicación en respuesta a textos orales, escritos o visuales y del Criterio D: Uso de la lengua de forma oral o escrita.

Etapa	Tarea	Información
Investigar	Problema identificado	
	Detalles del borrador del diseño	
	Especificaciones del diseño	
Planificar	¿Qué producto buscas diseñar?	Sobre el producto:
	¿Qué solución propone tu diseño?	Sobre la solución:
	Etapas de planificación del producto o situación	Etapas: 1 2 3 4 5 (puedes agregar más pasos)
Crear	¿Qué técnicas consideras emplear?	
	¿Qué equipo es necesario?	
	Detalles más específicos del plan de construcción del producto.	
	Descripción del producto ideal	
Evaluar	¿Qué elementos o aspectos del producto consideras evaluar?	
	Posibles soluciones a problemas probables.	
	Evaluación de tu ciclo de diseño.	

ACTIVIDAD: ¿Qué opinas de los demás?

Primero, de manera individual, completa los siguientes fragmentos de oraciones.

1 **La gente es irresponsable con el ambiente cuando …**
2 **Las personas cumplen su compromiso con el ambiente cuando …**
3 **Muchos negocios son irresponsables con el medio ambiente porque …**
4 **Para cuidar el ambiente, podemos hacer cosas tan simples como …**
5 **Unos ejemplos de acciones pequeñas que son muy perjudiciales para el medio ambiente son …**

Después, trabaja en equipos pequeños y **comparte** tus ideas. Toma turnos para responder y preguntar sobre las ideas que consideres interesantes.

! Actúa e involúcrate

! **¿Qué puedes hacer en tu escuela respecto a las siguientes situaciones?**

a ahorrar electricidad

b reusar papel

c ahorrar agua en el baño

d evitar el desperdicio de papel

e cuidar las áreas verdes

! **Charla con tu clase de español y otras lenguas acerca de las oportunidades para crear conciencia sobre estos casos.**

■ El lugar en esta foto podría localizarse en muchas partes del mundo

ACTIVIDAD: ¿Quiénes producen más basura?

La basura es un producto natural de la actividad humana y ha existido desde los principios de la civilización humana. Se pueden considerar como basura tanto los desechos orgánicos como la comida y las heces fecales, hasta materiales como el plástico; así, la basura representa un gran reto para las sociedades pues es necesario recolectar, transportar y disponer de estos desechos.

Según el Banco Mundial, el mundo en desarrollo tendrá que enfrentar en 2025 mayores niveles de producción de desperdicios de los que sus ciudades podrán manejar.

La siguiente gráfica muestra las regiones del mundo que producen más basura.

Responde las siguientes preguntas:

1 ¿Cuáles países forman parte de la Organización para la Cooperación y el Desarrollo Económicos (OCDE)?
2 ¿Cuáles son los países más poblados de Asia?
3 ¿Cuáles son los países más poblados del Continente Americano?
4 ¿Cuáles son los países más poblados de Europa?

Después, **analiza** la gráfica con atención y, en equipos pequeños, responde las preguntas después de la ilustración.

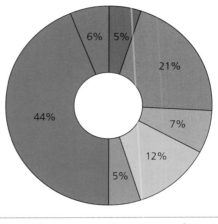

Participación mundial en la generación de basura urbana por regiones (% del total)

- ■ África Subsahariana
- ■ Asia Oriental y Pacífico
- ■ Europa y Asia Central
- ■ América Latina y Caribe
- ■ Medio este y África del norte
- ■ OCDE
- ■ Asia Sur

5 En tu opinión, ¿qué relaciones existen entre la población y la cantidad de basura que se produce?
6 Según tú, ¿qué relación existe entre el poder de adquisición de un país y la cantidad de basura que se produce?

Ahora, **investiga** los siguientes puntos:

7 ¿Qué países producen más basura?
8 ¿Qué países reciclan más basura?

Prepara un informe sobre la información que estudiaste en esta actividad. Incluye ideas sobre la gráfica, las ideas que **compartiste** y los resultados de tu investigación. Menciona ideas sobre la producción de basura en diferentes países y las medidas que los gobiernos deben establecer para promover el cuidado del medio ambiente.

Escribe 150 palabras.

El blog de la clase de individuos y sociedades

Inicio	Actividades	Notas de apoyo

Actividades recientes

Proyecto comunitario

Archivos

Agosto 2016   Septiembre 2016

Los países que producen más basura electrónica

1 Chicos:

2 ¿Cuántos celulares viejos guardan sus familiares en casa sin saber qué hacer con ellos? ¿Qué hacen sus familias con el microondas o el refrigerador si dejan de funcionar?

3 Estos son algunos de los dilemas cotidianos detrás del debate sobre la basura electrónica.

4 Presten atención a la siguiente tabla y a la imagen debajo de ella y escriban comentarios acerca del tema que se presenta en ambos ítems. Mencionen diferentes fuentes en sus comentarios e incluyan preguntas que consideren importantes.

Octubre

D	L	M	M	J	V	S
						1
2	3	4	5	6	7	8
9	10	11	12	13	14	15
16	17	18	19	20	21	22
23	24	25	26	27	28	29
30	31					

Europa			Latinoamérica		
Lugar	País	Kilogramos de basura electrónica por persona al año	Lugar	País	Kilogramos de basura electrónica por persona al año
1	Noruega	28	1	Chile	9,9
2	Suiza	27	2	Uruguay	9,5
3	Islandia	26	3	México y Panamá	8,2
4	Dinamarca	25	4	Venezuela	7,6
5	Reino Unido	24	5	Costa Rica	7,5
6	Holanda	23	6	Argentina	7,2
7	Suecia	22,5	7	Brasil	7
8	Francia	22	8	Colombia	5,3
9	España	17,8	9	Ecuador	4,5

Fuentes: http://www.capital.com.pe y http://elcomercio.pe

■ Un cambio de actitud de los consumidores podría ayudar a reducir el problema

Comentarios

Marcela

5 Leí un estudio de la Universidad de Naciones Unidas que reveló que en 2014 el mundo se generaron 41,8 millones de toneladas en desechos electrónicos, entre los que se encontraron electrodomésticos como refrigeradores, lavadoras, tostadores, aspiradoras, máquinas de afeitar, teléfonos celulares, computadoras e impresoras.

Estefanía

6 Marcela, esas cifras son dramáticas, pero, en mi opinión, es más dramático imaginar esa cantidad de basura electrónica en un solo lugar. Pienso que con esa cantidad se pueden llenar más de un millón de camiones de carga. ¿Qué tan larga sería la línea que formarían estos camiones?

Magdalena

7 Un artículo de la BBC menciona que los países que producen más basura electrónica son Estados Unidos y China, y que generan entre 7,000 y 6,000 millones de toneladas respectivamente. Es decir, juntos producen el 32% del total mundial.

Bárbara

8 La imagen y su leyenda me hace preguntarme qué podemos hacer nosotros como consumidores. Evidentemente, este problema existe porque no tomamos conciencia de todo lo que acumulamos y porque, además, no reciclamos mucho, como se indica en la tabla. Yo leí un artículo de

Pedro Morales, un investigador de temas ambientales, que mencionó lo siguiente: "Es necesario ir más allá de las campañas de concientización; es necesario reforzar los métodos de manejo de aparatos viejos y obsoletos que ya no se utilizan".

Marcela

9 En respuesta a la pregunta de Bárbara, pienso que debemos empezar a hacer más si queremos mejorar la condición del medio ambiente.

Profesora Lazcano

10 Muy buena discusión, chicas. ¿Piensan que cuando queremos comprar ciertos aparatos es buena idea considerar el precio, y preguntarnos cuánto durará, si lo podremos reparar, o si se puede estropear fácilmente?

Estefanía

11 Profesora, yo pienso que los gobiernos deben poner presión sobre las compañías que producen los aparatos que mencionó Marcela; y que los fabricantes deben crear publicidad más responsable para educar a los consumidoras, y para ayudarlos a gestionar la basura electrónica.

Bárbara

12 Estoy de acuerdo con Estefanía. Es una idea excelente que las compañías incluyan información sobre qué tan responsable es su producto con el medio ambiente, pues de esta manera me están educando como consumidor. ¿Qué opinas, Magdalena?

ACTIVIDAD: Los países que producen más basura electrónica

■ Enfoques del aprendizaje

- Habilidad de pensamiento crítico: Extraen conclusiones y realizar generalizaciones razonables
- Habilidad de comunicación: Leen con actitud crítica y para comprender

Después de leer el blog de trabajo, responde las siguientes preguntas.

1 De acuerdo con los comentarios, ¿quién realizó un estudio sobre la basura electrónica?

2 ¿Qué reflexión propone Bárbara en su primer comentario?

3 ¿Cuáles dos países producen la mayor cantidad de basura electrónica?

4 Utiliza la información del texto y explica qué cosas se consideran basura electrónica.

5 ¿Cómo justifica Bárbara la cantidad de basura electrónica que se produce en la actualidad?

6 ¿Qué opinas sobre las preguntas que menciona la profesora Lazcano? ¿Por qué piensas que decidió incluirlas?

7 ¿Qué relación existe entre las preguntas que la profesora menciona al principio, los comentarios que hicieron las alumnas, y la imagen y la leyenda que la acompaña?

8 En dos o tres líneas resume los datos que se muestran en la tabla.

9 Después de leer este texto, ¿crees que los chicos de esta clase realizarán un proyecto relevante? Explica.

10 Utiliza la información en el texto y menciona:
   a un problema que tiene tu país con la basura electrónica
   b una estrategia que las personas de tu país pueden adoptar para reducir la cantidad de basura electrónica.

11 ¿Estás de acuerdo con la reflexión final de Bárbara? ¿Por qué o por qué no?

¿Con qué habilidades puedes ayudar a mejorar tu contexto local?

10 mandamientos sostenibles

1. Cuidarás el agua
2. Economizarás energía
3. Producirás menos residuos
4. Utilizarás envases reciclables
5. Evitarás usar productos químicos
6. Evitarás el uso de bolsas plásticas
7. Reutilizarás papel
8. Te transportarás usando bicicleta o caminando
9. Cuidarás la flora y la fauna
10. Pensarás sostenible globalmente y actuarás localmente

ACTIVIDAD: Los mandamientos sustentables

■ Enfoques del aprendizaje

- ■ Habilidad de reflexión: Consideran las implicaciones éticas, culturales y ambientales
- ■ Habilidad de colaboración: Escuchan con atención otras perspectivas e ideas

Observa y presta atención al mensaje que transmite la ilustración sobre los mandamientos sustentables.

Individualmente, considera el contexto de tu escuela y califica las sugerencias que muestra la ilustración de la siguiente manera:
- **no se practica**
- **se practica inconsistentemente**
- **se practica con consistencia.**

Después, utiliza una tabla como la siguiente para **explicar** qué podemos hacer para realizar las sugerencias exitosamente.

Sugerencia	¿Qué podemos hacer?
Cuidar el agua	Reutilizar el agua de los lavabos en los baños.

También, **escribe** diez preguntas para cuestionar por qué las personas no consideran estas sugerencias. Observa el ejemplo:

¿Por qué los profesores no apagan los proyectores al final de la clase?

Finalmente, trabaja en equipos pequeños y **comparte** tus ideas y preguntas. Toma turnos para responder y preguntar sobre las ideas que consideres interesantes.

◆ Oportunidades de evaluación

- ◆ En esta actividad se han practicado las habilidades que son evaluadas por medio del Criterio C: Comunicación en respuesta a textos orales, escritos o visuales y del Criterio D: Uso de la lengua de forma oral o escrita.

CUIDADO CON LO QUE TIRAS A LA BASURA

CONTENEDORES DE PILAS

¡Alto!

Si las tiras contaminas.

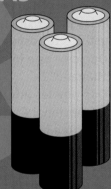

¿Cómo puedo reciclarlas?
Echándolas en los pequeños recipientes rojos que puedes encontrar en las oficinas municipales, en tu escuela y en comercios asociados a la cámara de comercio de Orizaba.

¿Dónde están?
Estos son los sitios donde puedes disponer de las pilas usadas:

- Ayuntamiento
- Centro de Salud
- Casa de la Agricultura
- Panadería Robles
- Farmacia Modrego
- Autoservicio Condoy
- Joyería Noelia
- Comestibles Suzy
- Papelería Rejel

- Todo y Más
- Bazar Mendoza
- MÁS Y MÁS
- Expo Reloj
- Ferretería La Morena
- Tiendas Eris
- Supermercados La Ñ
- Escuelas Públicas de la ciudad

PUNTO LIMPIO MÓVIL

¿Qué es?
Es un vehículo con contenedores especiales para recoger la basura que produzcas en tu casa.

¿Qué puedo echar el él?
- Aceite usado
- Ropa y calzado viejo
- Barnices y pinturas
- Lámparas
- Pilas y baterías
- Electrodomésticos pequeños
- Medicamentos caducados
- Envases de limpieza

- Móviles obsoletos
- Filtros sanitarios
- Cartuchos de impresora
- Radiografías

¿Cuándo y dónde?
Los martes y jueves de 8:45 a 14:30 en
- Plaza Belén
- Esquina de las calles Calvario y Escala

Ayuntamiento de Orizaba

CONTENEDORES DE ROPA Y CALZADO

¿Qué es Humana?
Es una ONG que recoge ropa y calzado usado con fines benéficos, tanto para el envío directo a África y otras regiones del mundo, como para su venta para financiar proyectos de apoyo al medio ambiente.

¿Qué se echa en los contenedores?
Únicamente ropa y calzado en bolsas cerradas.

¿Dónde están los contenedores?
• En la calle Marsella, en frente de la Farmacia Robles
• En la Plaza España, frente a la fuente
• En las oficinas de la ONG: en la calle Suárez #345
• En la Escuela Internacional Campo Alto

ACTIVIDAD: Cuidado con lo que tiras a la basura

■ Enfoques del aprendizaje

■ Habilidad de reflexión: Consideran las implicaciones éticas, culturales y ambientales

Lee la información en el folleto titulado "Cuidado con lo que tiras a la basura" y después responde las siguientes preguntas.

1 **¿En qué ciudad se realizan estas iniciativas?**
2 **¿Qué días no funciona "Punto Limpio Móvil"?**
3 **De acuerdo con la información en "Contenedores de Pilas", las oficinas de gobierno son los únicos lugares para disponer de las pilas usadas. ¿Verdadero o falso? Justifica tu respuesta.**
4 **¿Qué causas e iniciativas apoya la ONG "Humana"?**
5 **¿Qué puedes inferir sobre la Escuela Internacional Campo Alto y su programa de Servicio a la Comunidad?**
6 **Considerando la información que se presenta en el folleto, ¿cómo describirías esta ciudad y a sus ciudadanos?**
7 **¿Qué tan similar son tu ciudad y Orizaba en cuestión de iniciativas para cuidar el medio ambiente?**
8 **¿Podrían estas iniciativas funcionar en tu ciudad? ¿Por qué o por qué no?**
9 **¿Cuál de estas actividades te gustaría liderar como proyecto de servicio a la comunidad? ¿Por qué o por qué no?**

◆ Oportunidades de evaluación

◆ En esta actividad se han practicado las habilidades que son evaluadas por medio del Criterio B: Comprensión de textos escritos y visuales.

ACTIVIDAD: Propuesta de Servicio a la Comunidad

■ Enfoques del aprendizaje

- Habilidad de comunicación: Escriben con diferentes propósitos

Imagina que vives en Orizaba. Utiliza la información del folleto "Cuidado con lo que tiras a la basura" y **selecciona** una iniciativa.

Escribe un correo al Coordinador de Servicio a la Comunidad en tu escuela. Menciona que estás interesado en participar como voluntario en una de las iniciativas que se mencionan en el folleto. En tu correo, **explica** por qué crees que es buena idea participar en esta iniciativa e incluye ejemplos de las oportunidades que esta actividad representa para la escuela para demostrar elementos del perfil de la comunidad de aprendizaje y para actuar.

Escribe 150 palabras.

◆ Oportunidades de evaluación

- En esta actividad se han practicado las habilidades que son evaluadas por medio del Criterio C: Comunicación en respuesta a textos orales, escritos o visuales y del Criterio D: Uso de la lengua de forma oral o escrita.

ACTIVIDAD: ¿Qué destrezas se necesitan para resolver problemas?

■ Enfoques del aprendizaje

- Habilidad de colaboración: Escuchan con atención otras perspectivas e ideas

Primero, de manera individual, observa los problemas que se mencionan en la siguiente tabla y, de manera individual, **escribe** qué destrezas se necesitan para crear iniciativas para resolver el problema y cómo se emplearían las habilidades. Observa el ejemplo.

Problema	Habilidades	¿Cómo se emplearían las habilidades?
Desperdicio de papel	Comprender procesos de reciclaje	Manejar y reciclar el papel en la escuela. Crear una iniciativa para reciclar el papel en la escuela.
Basura		
Contaminación visual		
Uso excesivo de botellas de plástico		
Basura electrónica		
Desperdicio de comida		
Acumulación de objetos que no se necesitan más		

Después, colabora en equipos pequeños y **comparte** tus ideas. Toma turnos para responder y preguntar sobre las ideas que consideres interesantes.

▼ Nexos con: Matemáticas

El potencial de tu escuela para ayudar al medio ambiente

■ Enfoques del aprendizaje

- ■ Habilidades de gestión de la información: Obtienen y analizan datos para identificar soluciones y tomar decisiones fundadas. Presentan la información en diversos formatos y plataformas

- ■ Habilidad de comunicación: Escriben con diferentes propósitos

Primero, trabaja en equipos pequeños.

Participa en una lluvia de ideas para identificar los problemas más graves con el medio ambiente en tu ciudad.

Comparte las ideas que generes con la clase entera y ofrece tus puntos de vista para llegar a un consenso.

Considera las sugerencias en el texto "Cómo preparar un cuestionario objetivo o una encuesta efectiva" en la página 191. Presta atención a la **función** de las preguntas.

Genera una lista de diez preguntas para realizar una encuesta en tu escuela y descubrir cuáles son las habilidades más fuertes con las que tu escuela puede contribuir a mejorar el cuidado del medio ambiente en tu ciudad. Después de crear las preguntas, realiza tu encuesta.

Organiza las respuestas de tu encuesta en un instrumento que te ayude a analizarlas, por ejemplo una tabla. Después resume las respuestas y preséntalas en un cartel. Utiliza gráficas u otras representaciones estadísticas.

Finalmente escribe un informe acerca de la encuesta. Incluye algunas de las gráficas que generaste. Explica el proceso de creación de la encuesta y después presenta tu resumen. Incluye una conclusión acerca de lo que descubriste.

◆ Oportunidades de evaluación

- ◆ En esta actividad se han practicado las habilidades que son evaluadas por medio del Criterio C: Comunicación en respuesta a textos orales, escritos o visuales y del Criterio D: Uso de la lengua de forma oral o escrita.

ACTIVIDAD: Voces ambientalistas

Busca en línea la letra de las canciones "¿Dónde jugarán los niños?" de Maná y "El Progreso" de Amistades peligrosas. Presta atención al mensaje de la letra y el significado de palabras específicas.

De manera individual responde las siguientes preguntas.

1 ¿Qué problemas con el medio ambiente mencionan las canciones?
2 ¿Cómo es similar el significado de la estrofa 4 de *Dónde jugarán los niños* y la estrofa 3 de *El Progreso*?
3 Considera la letra de las dos canciones. ¿Con qué palabras describen la contaminación del aire?
4 Considera la letra de las dos canciones. ¿Con qué palabras describen la destrucción de los bosques?
5 Considera la letra de las dos canciones. ¿Con qué palabras describen la contaminación de las aguas?
6 En tu opinión, ¿por qué Amistades Peligrosas mencionó "Yo quisiera ser civilizado/a como los animales" en su canción?
7 ¿Qué problemas se mencionan en *El Progreso* y no en *Dónde jugarán los niños*?
8 ¿Qué imágenes aparecen en tu mente mientras lees la letra de las canciones? Explica.
9 ¿Cuál canción tiene un mensaje más fuerte? Explica.

Después, colabora en equipos pequeños y **comparte** tus respuestas. Toma turnos para responder y preguntar sobre ideas que consideres interesantes.

ACTIVIDAD: ¿Por qué todo el mundo debería plantar un árbol?

Primero, de manera individual, completa los siguientes fragmentos de oraciones. Presta atención a la gramática en cada caso.

Plantar un árbol …

1 **protege a los peatones en la calle porque …**
2 **ayuda a tener buena salud porque …**
3 **embellece las calles porque …**
4 **aumenta el valor de las propiedades porque …**
5 **hace la vida más agradable porque …**
6 **atrapa partículas contaminantes, entonces …**
7 **protege del sol y la lluvia, entonces …**
8 **promueve la biodiversidad, y …**

Después, colabora en equipos y **comparte** tus ideas. Toma turnos para responder y preguntar sobre las ideas que consideres interesantes.

CÓMO HACER UN VÍDEO EFECTIVO

1 Selecciona un tema
Sugerencia: Considera qué tanta información es necesaria, si cuentas con imágenes interesantes o si puedes filmar momentos interesantes.

2 ¿Para quién es este vídeo?
Si tienes una idea clara de la audiencia y público al que te diriges, será más fácil transmitir tu mensaje.

3 ¿Qué quieres hacer con tu vídeo?
Como autor, debes decidir si quieres persuadir, informar, enviar un mensaje o emocionar. Si tus intenciones no empatan con la información que tienes, la manera en que la organizaste y cómo la expresaste, será difícil comprender cuáles son tus intenciones.

4 Justifica tus decisiones
Si quieres incluir animación; si deseas incluir gráficas, subtítulos y estadísticas, pregúntate por qué y evalúa las razones. En un vídeo, todos los efectos y transiciones que incluyas tienen un significado. Presta atención a los colores, los sonidos incidentales y otros detalles que pueden intervenir con tu voz o con la experiencia del espectador.

5 La historia de tu vídeo
Tu vídeo es un viaje para los espectadores. Organiza tus ideas de manera lógica y congruente para que no se pierdan en el camino.
Prepara un *storyboard* para asistirte en el camino y tener una idea visual de cómo se verá.

6 Graba el material, las voces y selecciona las fotos que apoyen tu mensaje

7 Utiliza tu *storyboard* para darle secuencia a las escenas en tu programa de edición

8 Trabaja con paciencia

9 Antes de finalizar verifica si:
a el tema central de tu vídeo es claro
b tu voz es audible
c los subtítulos o gráficos que incluiste no obstruyen aspectos importantes de la imagen
d la música incidental enriquece el momento donde la introdujiste
e el vídeo concluye de manera natural.

! Actúa e involúcrate

Planificando una campaña de apoyo al medio ambiente

■ Enfoques del aprendizaje

■ Habilidades de pensamiento creativo: Crean soluciones novedosas para problemas auténticos. Crean obras e ideas originales; utilizar obras e ideas existentes de formas nuevas

! **Selecciona** dos de los siguientes proyectos de apoyo al medio ambiente:

a Proyecto: Planta y adopta un árbol en tu ciudad

b Proyecto: Adopción de un parque en conjunto con las personas de tu calle

c Proyecto: Armar cuadernos nuevos con cuadernos usados

d Proyecto: Taller para enseñar a las personas a producir y utilizar composta

e Proyecto: Huertos en las escuelas

! Producirás un vídeo y un podcast. Decide qué harás para cada uno de tus productos. Toma en cuenta las siguientes especificaciones. Graba tu mensaje, considerando tu rol, la audiencia, la situación y el propósito en cada caso.

Vídeo	Podcast
• Duración: 2 a 3 minutos	• Duración: 2 a 3 minutos
• Introducción: presenta tu vídeo con fondo negro, título con letras en blanco y voz superpuesta.	• Graba tu voz en un dispositivo móvil o en tu computadora.
• Utiliza imágenes o material que grabes tú mismo.	• Edita tu grabación con un software para editar audio.
• Incluye subtítulos para enfatizar ideas importantes.	• Agrega música de fondo de acuerdo a la atmósfera que quieres crear.
• Utiliza transiciones adecuadas para enfatizar tu mensaje.	• Comparte tu audio en una plataforma virtual.
• Comparte tu vídeo en una plataforma virtual.	

! Después de **compartir** tus vídeos, comparte el enlace con tu comunidad escolar y con otras escuelas IB e invítalas a comentar.

◆ Oportunidades de evaluación

◆ En esta actividad se han practicado las habilidades que son evaluadas por medio del Criterio D: Uso de la lengua de forma oral o escrita.

¿Son las personas que ayudan en iniciativas sociales genuinamente samaritanas?

El cuidado del medio ambiente es una tarea de todos, pero algunas personas son un ejemplo destacado por su trabajo y su valentía y porque demuestran que se puede hacer mucho por nuestro entorno. Algunos ejemplos son personas que han dado su vida por proteger la naturaleza, los científicos que han descubierto aspectos claves del medio ambiente, los divulgadores que nos han concienciado al acercarnos las maravillas de nuestro planeta, los estadistas que han contribuido a incluir el medio ambiente en la agenda política, los ecologistas que han creado importantes movimientos sociales.

PIENSA–COMPARA–COMPARTE

Lee el fragmento del discurso de Leonardo DiCaprio cuando recibió el Oscar como mejor actor. **Escribe** algunas ideas sobre el mensaje que transmite.

Después, colabora en equipos pequeños y **comparte** tus ideas. Toma turnos para responder y preguntar sobre ideas que consideres interesantes.

"'El Renacido' es una película acerca de la relación entre el hombre y la naturaleza, y 2015 fue el año más caluroso de la historia. Tuvimos que irnos a la punta sur del planeta para encontrar nieve. El cambio climático es real, está pasando ahora mismo, es una de las amenazas más urgentes que enfrenta nuestra especie y necesitamos trabajar juntos y dejar de posponer la oportunidad de actuar. Necesitamos apoyar a los líderes alrededor del mundo que no solapan a los grandes contaminadores y a las grandes corporaciones sino que hablan por toda la humanidad, por las personas indígenas, por los billones de personas de bajos recursos que serán los más afectados por esto, por los hijos de nuestros hijos y por esas personas allá afuera cuyas voces se han ahogado por la política. Gracias a todos ustedes por este maravilloso premio esta noche."

Leonardo DiCaprio, 2016

CELEBRIDADES Y EL MEDIO AMBIENTE

Muchas celebridades del mundo del espectáculo se han vuelto populares también debido a la manera en que se han involucrado con el medio ambiente. A continuación leerás algunos nombres de famosos que trabajan en diferentes proyectos ambientalistas.

Bono, músico irlandés, vocalista de la banda U2, es uno de los grandes activistas y ecologistas en el mundo de la música y el arte.

Brad Pitt, actor estadounidense, fundó *"Make It Right"* una organización no gubernamental (ONG) comprometida con la financiación y construcción de viviendas sostenibles en Nueva Orleans después del desastre del huracán Katrina.

Daryl Hanna, actriz estadounidense, es la fundadora de la Alianza Biodiesel Sostenible (SBA), y se interesa en la defensa del medio ambiente.

Emma Watson, actriz británica, es pionera de la moda ecológica, con su línea *Pure Threads*, la cual introduce una perspectiva ética en el universo de la moda explorando productos ambientalmente sostenibles.

Leonardo DiCaprio, actor estadounidense, apoya y forma parte de numerosas causas y entidades ambientales y tiene su propia fundación ambiental.

Sting, cantante británico, promueve la defensa de las selvas y bosques del mundo. Ha donado gran parte de su fortuna para organizaciones y campañas como SOS Selvas.

Rachel Carson (oceanógrafa y autora de "Primavera Silenciosa", el libro que denunciaba los efectos del DDT sobre el medio ambiente) o **Ramón Margalef** (uno de los mayores impulsores del ecologismo como disciplina científica en España).

"Una verdad incómoda" (*"An Inconvenient Truth"*, título en inglés) es un documental dirigido por Davis Guggenheim acerca de la campaña del ex-vicepresidente de Estados Unidos, Al Gore. El documental tiene como objetivo educar a los ciudadanos sobre el calentamiento global. "Una verdad incómoda" ha ayudado a despertar la conciencia del público internacional sobre el cambio climático y se considera un documento clave en el movimiento ambientalista. No obstante, también ha causado controversia porque muchas escuelas en el mundo la utilizan en las clases de ciencia.

ACTIVIDAD: "Una verdad incómoda"

■ Enfoques del aprendizaje

■ Habilidad de colaboración: Escuchan con atención otras perspectivas e ideas

Individualmente, mira el avance de cine del documental "Una verdad incómoda" en el siguiente enlace: http://tinyurl.com/1vddikmdxa. Mira el vídeo sin audio.

1 Escribe los títulos que aparecen en el avance.
2 Considera los títulos y responde: ¿Por qué decidió incluirlos el autor? ¿En qué te hacen pensar?
3 Haz una lista de los problemas del medio ambiente que se muestran en el vídeo.
4 Escribe una serie de ideas sobre los temas que supones que trata el documental.

Colabora en equipos pequeños y **comparte** tus ideas. Toma turnos para responder y preguntar sobre ideas que consideres interesantes.

Finalmente, **escribe** un email a tu profesor de ciencias. Menciona que has visto el avance de cine del documental "Una verdad incómoda" y que piensas que le podría interesar. Incluye un resumen del documental considerando las imágenes que se muestran en el avance. Expresa tu punto de vista sobre el contenido del documental y la relevancia del tema.

Escribe 150 palabras.

◆ Oportunidades de evaluación

◆ En esta actividad se han practicado las habilidades que son evaluadas por medio del Criterio C: Comunicación en respuesta a textos orales, escritos o visuales y del Criterio D: Uso de la lengua de forma oral o escrita.

■ "La última hora" (título original: "*The 11th Hour*"; "La hora 11" en España) es un documental de 2007 sobre el medio ambiente producido y narrado por Leonardo DiCaprio

ACTIVIDAD: "La última hora"

■ Enfoques del aprendizaje

■ Habilidad de colaboración: Escuchan con atención otras perspectivas e ideas

Mira el vídeo en el siguiente enlace: http://tinyurl.com/hr11trlvdo. Mira el vídeo sin sonido.

Escribe una lista de los problemas con el medio ambiente que aparecen en el vídeo.

Presta atención a los títulos que aparecen en el avance de cine. ¿En qué te hacen pensar?

La siguiente lista presenta información breve sobre algunos de los más grandes ambientalistas contemporáneos.

- **Rachel Carson** es una oceanógrafa y autora de "Primavera Silenciosa", el libro que denunció los efectos del DDT sobre el medio ambiente.

- **Ramón Margalef** es uno de los mayores impulsores del ecologismo como disciplina científica en España.

- **Paty Ruiz Corzo** es una ambientalista mexicana cuya labor logró que la Sierra Gorda Queretana fuera declarada como Reserva de la Biósfera.

- **Al Gore** con su documental "Una verdad incómoda" contribuyó de forma notable al debate ambiental a nivel global.

- **Chico Mendes** murió asesinado por los terratenientes al defender una forma sostenible de vivir y trabajar sosteniblemente mediante la obtención del caucho natural en los árboles amazónicos.

- **Daniel H. Janzen** es un ecólogo que en los últimos 40 años ha trabajado en investigación y conservación de selvas tropicales y recuperación de ecosistemas degradados.

- **Gro Harlem Brundtland** coordinó el informe "Nuestro futuro en común", donde se define por primera vez el concepto de desarrollo sostenible.

Fue una de las pioneras en introducir el medio ambiente en la agenda política.

- **Henry David Thoreau** es el precursor de los derechos civiles, la no violencia, la desobediencia civil y el respeto al medio ambiente.

- **Jacques Cousteau** fue un pionero en la divulgación científica y un camino para los divulgadores actuales.

- **Masanobu Fukuoka** fue un agricultor, biólogo y filósofo japonés creador de la "agricultura natural".

- **Maurice Strong** trabajó para promover las Conferencias mundiales desde Estocolmo en 1972 a Río en 1992.

- **Naomi Klein** es una periodista de gran influencia en el movimiento antiglobalización. Ha escrito diversos libros de referencia, como *"No logo"*, donde describe el poder de las marcas y las multinacionales, o "La doctrina del shock", sobre la vinculación entre psicología y economía.

- **Vandana Shiva** es una de las ecologistas y feministas más prestigiosas que trabaja en áreas como los derechos de los pueblos y la defensa de la agricultura tradicional.

- **Wangari Maathai**, ganadora del premio Nobel de la Paz, plantó más de un millón de árboles en un intento por detener la desertización en el África central.

Escribe un resumen sobre la manera en que este avance de cine es diferente al de "Una verdad incómoda".

Colabora en equipos pequeños y comparte tus ideas. Toma turnos para responder y preguntar sobre ideas que consideres interesantes.

Finalmente, escribe un email al coordinador de Comunidad y Servicio de tu escuela. Menciona que has visto el avance de cine del documental "La última hora" y que piensas que sería buena idea ver el documental con toda la escuela. Incluye un resumen del documental considerando las imágenes que se

muestran en el avance de cine. Expresa tu punto de vista sobre la manera en que este documental puede servir de inspiración para tomar acción y realizar Servicio a la Comunidad relevante.

Escribe 150 palabras.

◆ Oportunidades de evaluación

◆ En esta actividad se han practicado las habilidades que son evaluadas por medio del Criterio C: Comunicación en respuesta a textos orales, escritos o visuales y del Criterio D: Uso de la lengua de forma oral o escrita.

ACTIVIDAD: Biografías de voluntarios ambientalistas

Observa la información sobre cuatro voluntarios ambientalistas y **selecciona** uno. **Escribe** una biografía de la persona que seleccionaste. Utiliza el pretérito para hablar de momentos específicos, el pretérito imperfecto para **describir** sus hábitos pasados y el pretérito perfecto para describir sus experiencias.

Escribe 150 palabras.

Temas	Miguel	Antonio	Olivia	Luisa
Ocupación	Periodista	Trabajador social	Profesora	Bióloga
Gustos	• Leer • Ver películas • Escuchar música • Viajar • Ir al cine • Pasar tiempo con amigos • Organizar fiestas	• Ir a fiestas • Cocinar • Aprender idiomas • Escribir poemas • Comer en restaurantes • Ver vídeos	• Cantar • Bailar • Hablar con amigos • Pintar • Jardinería • Leer • Viajar • Ver TV	• Leer • Escribir en su blog • Pintar • Tomar fotos • Bailar • Jugar con lego • Cocinar • Ir al cine
1996	Voluntario en un proyecto de reforestación	Trabajó con una ONG local que recicla materiales reusables	Creó su propio huerto en su casa y un mini huerto en su cocina	Fue de vacaciones a un campamento para ayudar a las tortugas marinas
2000	Fundador del proyecto "Adopta un árbol" en su ciudad	Voluntario en un proyecto de reciclaje en escuelas públicas	Comenzó a trabajar como profesora de ecología	Inició su ONG para crear viajes escolares ecológicos
2004	Voluntario de reforestación en zonas afectadas por incendios forestales	Comenzó su ONG para ayudar a las escuelas a reciclar y producir su propio papel	Comenzó su proyecto de huertos escolares	Comenzó a trabajar en una escuela IB como profesora de biología
2008	Viajó a África	Recibió una beca para estudiar un verano en Harvard	Publicó su libro sobre huertos escolares	Organizó viajes con sus alumnos a muchas playas para proteger las tortugas marinas recién nacidas
2010	Coordinador de Comunidad y Servicio en una escuela IB	Viajó a la India	Viajó a Perú	Viajó a Bali
2012	Comenzó a trabajar en un ONG que apoya causas ambientales	Participó con ONGs en la India reciclando diferentes materiales	Voluntaria en proyectos de agricultura en Perú	Comenzó a trabajar como profesora en una escuela rural en México
2014	Colaborador en un documental sobre la protección de la selva amazónica	Voluntario en una ONG de desarrollo rural en la India	Maestra de ecología en Vietnam	Secretaria del Programa Nacional de Protección a la Fauna Marina

ACTIVIDAD: Programas de ayuda

Escoge una de las siguientes situaciones y realiza el trabajo que se indica en tu selección.

Situación 1

Participas en un programa de ayuda a la comunidad que se enfoca en dar apoyo a las comunidades afectadas por desastres naturales. Quieres invitar a adolescentes como tú a colaborar en el proyecto para reconstruir escuelas en una zona afectada por un terremoto.

Graba un mensaje que se transmitirá en la radio, en canales de YouTube y en podcasts.

En tu mensaje es necesario incluir lo siguiente:

- Quién eres
- Cómo afectan los desastres naturales a las comunidades
- Qué problemas enfrentan las personas de las comunidades afectadas
- Por qué debemos colaborar en este proyecto
- Quiénes son las personas adecuadas para participar
- Cómo puedes colaborar
- Dónde puedes conseguir más información
- Una frase de motivación para provocar interés

Situación 2

Participas en un programa de ayuda a la comunidad que se enfoca en construir escuelas en zonas donde la educación es escasa. Además de construir escuelas, también invitas a profesores a impartir clases y a entrenar a personas locales que quieren enseñar.

Graba un mensaje que se transmitirá en la radio, en canales de YouTube y en podcasts.

En tu mensaje es necesario incluir lo siguiente:

- Quién eres
- Cómo afecta la falta de educación a la sociedad
- Qué problemas enfrentan las personas de las comunidades sin acceso a la educación
- Por qué debemos colaborar en este proyecto
- Quiénes son las personas adecuadas para participar
- Cómo puedes colaborar
- Dónde puedes conseguir más información
- Una frase de motivación para provocar interés

◆ Oportunidades de evaluación

- ◆ En esta actividad se han practicado las habilidades que son evaluadas por medio del Criterio C: Comunicación en respuesta a textos orales, escritos o visuales y del Criterio D: Uso de la lengua de forma oral o escrita.

ALGUNAS TAREAS SUMATIVAS PARA EVALUAR ESTE CAPÍTULO

Considera las siguientes actividades para poner en práctica lo que has aprendido en este capítulo. Las tareas se diseñaron considerando el vocabulario y estructuras que se introdujeron, así como las ideas que se presentaron. Estas tareas te permitirán valorar tu desempeño en diferentes áreas de la lengua utilizando los criterios de evaluación de Adquisición de Lenguas del PAI.

TAREA 1

Nuestra responsabilidad con la naturaleza

Mira el vídeo en el siguiente enlace: **http://tinyurl. com/relhomynat** y responde las siguientes preguntas.

1 **¿Qué ejemplos se muestran en el vídeo acerca de las malas decisiones que las personas toman respecto al cuidado del medio ambiente?**
2 **Con tus propias palabras, describe las primeras dos partes de la historia sobre la niña que se incluye en este vídeo. Menciona cuál es la moraleja.**
3 **¿Qué menciona el narrador sobre los gobiernos y sus responsabilidades con el medio ambiente?**
4 **Según el vídeo, ¿por qué las personas se han convertido en una carga para la naturaleza? Presta atención a las palabras "no somos capaces".**
5 **Explica de qué manera la segunda parte de la historia sobre la niña es un llamado a crear conciencia y ser más solidarios con el cuidado del medio ambiente.**

6 **¿Por qué se incluyó el símbolo de dinero ($) en el vídeo? Justifica tu respuesta.**
7 **¿Qué diferentes tipos de materiales se utilizaron para realizar este vídeo?**
8 **El narrador menciona que "las personas necesitamos a la naturaleza más de lo que ella nos necesita". ¿Estás de acuerdo? Explica.**
9 **¿Qué relación puedes establecer entre el final del vídeo y la pregunta central de este capítulo: ¿Realmente nos interesa proteger el medio ambiente y ayudar a los demás?**
10 **Considerando la información que se presenta en el vídeo, en tu opinión, ¿qué necesitamos cambiar para proteger el medio ambiente y ayudar a los demás honestamente?**

◆ Oportunidades de evaluación

◆ Esta tarea evalúa habilidades del Criterio A: Comprensión de textos orales y visuales.

El niño que se convirtió en héroe y en ejemplo a seguir

Por Ángeles Roa
22 de marzo, 2017. LIMA.

1   Ryan Hreljac, un chico canadiense, es el líder de una ONG que construye pozos de agua. La historia de Ryan es un ejemplo de la manera en que una persona trabaja duro para convertir sus sueños se realidad.

2   Un día, cuando Ryan tenía 6 años y era un estudiante en la escuela primaria, su maestra explicaba acerca de la escases de agua en África y presentó fotos que mostraban cómo muchos niños en varias partes de África necesitaban caminar kilómetros para conseguir agua. "Recuerdo que después de la clase pasé unos minutos comparando la distancia que mis amigos y yo caminábamos para conseguir agua y el trayecto que caminaban los niños en África … Y nosotros teníamos una gran ventaja sobre ellos, pues nosotros no cargábamos esa cubeta tan pesada", comentó Ryan al narrar su historia.

3   En 2017, a punto de cumplir 26 años, Ryan piensa que no es necesario tener un problema específico para comprender su importancia; y además cree que todos podemos contribuir a solucionar un problema si sabemos que existe. Los maestros de Ryan recuerdan la motivación que mostraba el pequeño de 6 años mostraba mientras investigaba cuánto costaba construir un pozo de agua, y quiénes los construyen. Tanto sus padres como los profesores de su escuela se sorprendieron cuando Ryan confesó que quería construir un pozo en África, pero la sorpresa más grande fue el plan que Ryan había preparado para lograrlo: decidió ayudar en las tareas domésticas para conseguir el dinero que necesitaba. La actitud de Ryan fue todo una inspiración, primero para sus padres y después para sus amigos. Ryan no abandonó su ilusión, y poco a poco comenzó a reunir dinero con la ayuda de las personas en su ciudad.

4   Pasó un año hasta que Ryan consiguió el dinero. Sus padres estaban orgullosos del interés que Ryan mostró por ayudar a los más necesitados en zonas remotas del planeta y lo acompañaron a África, a la ceremonia de apertura del pozo en la escuela Primaria de Angolo, en el norte de Uganda. Así nació Ryan's Well Foundation.

5   De acuerdo con la BBC, Ryan's Well Foundation ha ayudado a construir más de 700 pozos y se calcula que ha facilitado el acceso al agua potable en unos 30 países, en África, Asia y Centroamérica. Evidentemente, la inspiración para realizar servicio a la comunidad que

Ryan tuvo en aquella clase en primaria tuvo un impacto mayor del que posiblemente imaginó.

6   Gracias a su experiencia y debido a su interés en los proyectos sustentables, Ryan estudió Desarrollo Internacional y Ciencias Políticas en la Universidad de Halifax, en Canadá, pero continuó trabajando con su fundación. Los esfuerzos de Ryan no han pasado desapercibidos para el mundo. Por ejemplo, la UNICEF celebró su trabajo como embajador de desarrollo social, y el gobierno local lo reconoció con la Orden de Ontario, la condecoración más importante de su provincia.

7   Muchas personas se refieren a Ryan como un héroe, pero él se describe a sí mismo como un joven común y corriente. Cuando hablan sobre Ryan, sus amigos utilizan adjetivos tales como solidario, humilde, buen escucha y valiente. Por su parte, Ryan menciona que la fundación es sólo un "pequeño aporte" para resolver los problemas de acceso al agua; que tiene planes de involucrarse en diferentes proyectos de protección del medio ambiente; y que no hay que tener miedo a ser idealista incluso si nos enfrentamos a problemas complejos.

8   Sus padres citan que aunque Ryan ocupa una gran parte de su tiempo en su fundación, también ha logrado tener "una vida normal, con amigos y sueños"; y que personalmente, a ellos están orgullosos de ver cómo se convierte en mejor versión de sí mismo.

TAREA 2

El niño que se convirtió en héroe y en ejemplo a seguir

Después de leer el artículo, responde las siguientes preguntas.

1 ¿Cuándo nació la idea de Ryan por ayudar a las personas que no tienen acceso al agua?
2 Explica cómo se inspiró Ryan para decidir construir un pozo en África.
3 ¿Cómo consiguió Ryan el dinero para su primer pozo? Menciona dos ideas.
4 ¿Dónde se construyó el primer pozo?
5 ¿Qué reconocimientos por su labor humana ha recibido Ryan?
6 ¿En qué lugares ha construido pozos la fundación de Ryan?
7 Considerando la información del texto, ¿qué atributos de la comunidad de aprendizaje puedes identificar en Ryan? Explica.

8 Realiza una inferencia. ¿Cómo consiguió información sobre Ryan Hreljac el autor de este artículo? Explica tu respuesta.
9 Explica por qué se escribieron entre comillas estas palabras en el párrafo 8: "una vida normal, con amigos y sueños".
10 Menciona dos características que justifican que este texto es un artículo de periódico.
11 ¿Qué tan similares son Ryan y tú? Explica.
12 ¿Qué opinas del proyecto de Ryan? Menciona un ejemplo del trabajo que hace que consideres ejemplar y menciona por qué.
13 ¿Cuál es tu opinión sobre Ryan como persona comprometida con las personas?

◆ Oportunidades de evaluación

◆ Esta tarea evalúa habilidades del Criterio B: Comprensión de textos escritos y visuales.

TAREA 3: Oral

Mira la ilustración en el enlace **http://tinyurl.com/j3n9c9c**.

Prepara una presentación de dos a tres minutos y **explica** por qué es buena idea tener muchos espacios verdes en la ciudad. Menciona ejemplos sobre los aspectos positivos y sobre qué se puede hacer en estos espacios.

Puedes retomar las ideas que **compartiste** en la tarea "¿Por qué todo el mundo debería plantar un árbol?"

Tu profesor te hará preguntas después de tu presentación.

Toma diez minutos para preparar.

No puedes utilizar diccionarios.

Puedes utilizar tus notas al presentar, pero no debes leer.

TAREA 4: Escrita

Selecciona una de las siguientes iniciativas:

a **Proyecto para la protección de la tortuga gigante**
b **Proyecto de un invernadero de plantas exóticas**
c **Proyecto de rehabilitación de una reserva natural cerca de la playa**

Escribe un correo electrónico a tus amigos.

Explica qué te gustaría hacer un viaje y participar en la iniciativa de ayuda al medio ambiente que seleccionaste. Invita a tus amigos; menciona ejemplos acerca de lo que pueden aprender y habla sobre la importancia de ayudar a cuidar el medio ambiente.

Escribe 150 palabras.

◆ Oportunidades de evaluación

◆ Estas tareas evalúan habilidades del Criterio C: Comunicación en respuesta a textos orales, escritos o visuales y del Criterio D: Uso de la lengua de forma oral o escrita.

Reflexión

En este capítulo exploramos algunas de las maneras en que dañamos el medio ambiente. También nos informamos acerca de las iniciativas que se han realizado para mejorar y promover el respeto por el medio ambiente. Además compartimos puntos de vista sobre la forma en que diferentes disciplinas y asociaciones están trabajando para mejorar las condiciones del medio ambiente.

Reflexionemos sobre nuestro aprendizaje …
Usa esta tabla para reflexionar sobre tu aprendizaje personal en este capítulo.

Preguntas que hicimos	Respuestas que encontramos	Preguntas que podemos generar ahora			
Fácticas: ¿Cuáles son los problemas más graves que afectan el medio ambiente?					
Conceptuales: ¿Por qué es la protección del medio ambiente responsabilidad de todos? ¿Por qué es la solidaridad una actitud importante cuando queremos proteger el ambiente y ayudar a los demás? ¿Qué acciones y actitudes sociales afectan el medio ambiente? ¿Con qué habilidades puedes ayudar a mejorar tu contexto local?					
Debatibles: ¿Por qué fallan muchas iniciativas para proteger el ambiente? ¿Son las personas que ayudan en iniciativas sociales genuinamente samaritanas?					
Enfoques de aprendizaje en este capítulo:	Descripción: ¿qué destrezas nuevas adquiriste?	¿Qué tan bien has consolidado estas destrezas?			
		Novato	En proceso de aprendizaje	Practicante	Experto
Habilidades de comunicación					
Habilidades de colaboración					
Habilidades de reflexión					
Habilidades de gestión de la información					
Habilidades de pensamiento crítico					
Habilidades de pensamiento creativo					
Habilidades de transferencia					
Atributos de la comunidad de aprendizaje	Reflexiona sobre la importancia de ser un estudiante solidario en este capítulo. ¿Cómo demostraste tus habilidades como estudiante solidario en este capítulo?				
Solidario					

⑩ ¿Cómo se encontraba la información antes de la internet?

A lo largo del tiempo, la **creatividad** y el ingenio humano han provocado cambios en la manera en que se genera información y se comparten **mensajes** y **significados**.

CONSIDERAR Y RESPONDER ESTAS PREGUNTAS:

Fácticas: ¿Por cuáles medios se difundía la información antes de la aparición de la internet? ¿Dónde se almacenaba la información antes de la aparición de "la nube"? ¿Qué problemas han aparecido debido a la internet? ¿Qué diferencias y similitudes existen entre la imprenta y la internet?

Conceptuales: ¿Qué relación existe entre la innovación tecnológica y la lengua? ¿Cómo o por qué podría ser la cantidad de información del presente un problema? ¿Cómo nos enriquece la información a la que tenemos acceso?

Debatibles: ¿Es la información del presente más confiable? ¿Es la información en las redes sociales necesariamente verdadera? ¿Son las bibliotecas cosas del pasado?

Ahora **compara y comparte** con un compañero o con la clase entera.

■ Bibliotecas: protectoras y promotoras de conocimiento y exploraciones

EN ESTE CAPÍTULO VAMOS A:

■ **Descubrir:**
  ■ vocabulario y estructuras relacionadas con la producción y consumo de información.

■ **Explorar:**
  ■ las diferentes maneras en que hemos interactuado con la información.

■ **Tomar acción y:**
  ■ reflexionar sobre nuestras responsabilidades con la información que consumimos y producimos.

Las siguientes habilidades de los enfoques del aprendizaje serán útiles:

- Habilidades de comunicación
- Habilidades de colaboración
- Habilidades de reflexión
- Habilidades de gestión de la información
- Habilidades de pensamiento crítico
- Habilidades de pensamiento creativo

Reflexiona sobre el siguiente atributo de la comunidad de aprendizaje:

- Indagador: Cultivamos nuestra curiosidad, a la vez que desarrollamos habilidades para la indagación y la investigación. Sabemos cómo aprender de manera autónoma y junto con otros. Aprendemos con entusiasmo y mantenemos estas ansias de aprender durante toda la vida.

Contenido esencial

Los contenidos temáticos que se abordarán en este capítulo pertenecen a las fases 1 y 2 del continuo de aprendizaje y son:
- Los medios de comunicación
- La publicidad
- Los asuntos de actualidad y los acontecimientos pasados
- Internet
- Las herramientas lingüísticas en línea
- El presente de indicativo
- El pretérito indefinido
- El pretérito imperfecto
- El pretérito perfecto
- Construcciones con "poder", "deber", "querer" + infinitivo

◆ Oportunidades de evaluación en este capítulo:

- ◆ **Criterio A:** Comprensión de textos orales y visuales
- ◆ **Criterio B:** Comprensión de textos escritos y visuales
- ◆ **Criterio C:** Comunicación en respuesta a textos orales, escritos o visuales
- ◆ **Criterio D:** Uso de la lengua de forma oral o escrita

VOCABULARIO SUGERIDO

Vocabulario sugerido para mejorar la experiencia de aprendizaje.

Sustantivos	Adjetivos	Verbos
aparatos	a la moda	alterar
aptitud	actual	aportar
avance	anticuado	cambiar
capacidad	antiguo	comenzar
curiosidad	avanzado	construir
destreza	digital	contribuir
difusión	disponible	convertirse
dispositivos	eficaz	corregir
entretenimiento	eficiente	crear
equipo	en línea	dejar de
herramientas	innovador	funcionar
ingenio	mejorado	descargar
invento	moderno	descubrir
mejora	novedoso	diseñar
pantalla	obsoleto	empeorar
pasatiempos	oportuno	emplear
progreso	reciente	explorar
representantes	semejante	fomentar
riesgo	táctil	funcionar
sistema	viejo	generar
talento		innovar
tendencias		manifestar
		mejorar
		optimizar
		perfeccionar
		producir
		propiciar
		realizar
		reemplazar
		revelar
		subir / colgar
		surgir
		trasmitir
		vender

¿Por cuáles medios se difundía la información antes de la aparición de la internet?

¿Cómo han cambiado las maneras en que nos comunicamos?

COMUNICACIÓN

paloma mensajera

cartas

teléfono

teléfono celular

contestadora

walkie-talkie

satélite   radio

televisión por cable

telescopio

altavoz

cámara

proyector

cámara de vídeo

fax

antena parabólica

cámara digital

televisión

videocasetera

reproductor de dvd

micrófono

revistas

periódicos

computadora personal

computadora portátil

lenguaje de señas

libros

señalamientos

traductor

ACTIVIDAD: La evolución del escritorio

■ Enfoques del aprendizaje

- Habilidad de pensamiento crítico: Extraen conclusiones y realizan generalizaciones razonables

Mira la animación en el siguiente enlace:
http://tinyurl.com/lndltmpcomk

Primero **describe** todo lo que había sobre el escritorio en 1980.

Después describe los cambios. **Indica** en qué se convirtieron las diferentes herramientas que estaban en el escritorio.

Finalmente, responde estas preguntas:

1 ¿Cómo resumirías el contenido de esta animación?
2 ¿Qué relación existe entre esta animación y el enunciado de indagación de este capítulo?

Comparte tus respuestas con la clase entera.

ACTIVIDAD: La vida en la biblioteca

Observa las imágenes anteriores.

Responde las siguientes preguntas de manera individual.

1 ¿Qué relación observas entre la biblioteca, los cubículos y los ficheros?
2 ¿Cómo se utilizaban antes las bibliotecas de forma diferente a cómo se usan hoy en día?
3 ¿Qué habilidades se necesitaban en el pasado para investigar en la biblioteca?
4 ¿Cómo son las bibliotecas en la actualidad? ¿Son diferentes a la que se muestra en la foto?
5 ¿Cómo ha cambiado el concepto de "investigar en la biblioteca"?

Escribe una serie de preguntas que te gustaría debatir acerca de las bibliotecas y la información.

Después **comparte** tus respuestas y preguntas en equipos pequeños. Toma turnos para responder y preguntar sobre lo que consideres interesante.

WIKIPEDIA
La enciclopedia libre

■ La Real Academia Española define la palabra "enciclopedia" de la siguiente manera:

f. Conjunto orgánico de todos los conocimientos.

f. Obra en que se recogen informaciones correspondientes a muy diversos campos del saber y de las actividades humanas.

PIENSA–COMPARA–COMPARTE

Considera las imágenes en la página 241 acerca de la vida en la biblioteca, y las imágenes sobre la enciclopedia.

Responde las siguientes preguntas individualmente.

1 **¿Cómo se manejaba la información en el pasado?**
2 **¿Podrías hacer trabajos escolares en una biblioteca como las del pasado?**
3 **¿Cómo te sentirías trabajando con una enciclopedia?**

Escribe cinco preguntas que te gustaría debatir con tus compañeros.

Después, trabaja en equipos pequeños. **Comparte** tus ideas y toma turnos para responder y preguntar sobre las ideas que consideres interesantes.

ACTIVIDAD: La enciclopedia y Wikipedia

En el pasado, tener una enciclopedia significaba tener acceso a una gran cantidad de información en una serie de tomos. Muchas de las enciclopedias más famosas actualizaban sus versiones cada año.

Escribe una serie de observaciones por medio de las cuales **indiques** las diferencias entre una enciclopedia y Wikipedia.

Menciona cómo es diferente la información que se presenta en cada una.

Comenta sobre el costo que tenían las enciclopedias y las limitaciones para tener acceso a Wikipedia.

Después, escribe una serie de preguntas que te gustaría debatir.

Toma turnos para responder y preguntar sobre ideas que consideres interesantes.

Finalmente, escribe un texto de blog. **Compara** las enciclopedias que se usaban anteriormente con Wikipedia. Menciona las ventajas y desventajas de cada una. Comparte tu opinión sobre la calidad de la información en cada recurso.

Escribe 150 palabras.

◆ Oportunidades de evaluación

- ◆ En esta actividad se han practicado las habilidades que son evaluadas por medio del Criterio C: Comunicación en respuesta a textos orales, escritos o visuales y del Criterio D: Uso de la lengua de forma oral o escrita.

ACTIVIDAD: Bibliotecas UC

■ Enfoques del aprendizaje

- ■ Habilidad de colaboración: Escuchan con atención otras perspectivas e ideas
- ■ Habilidad de comunicación: Escriben con diferentes propósitos

Trabaja con un compañero. Decide quién será Isidora, y quién será Javier.

Mira los primeros seis minutos del vídeo en este enlace: **http://tinyurl.com/lbrbbtk13**. Toma notas sobre lo que hace la persona que representas.

Después de mirar el vídeo y tomar notas, participa en una interacción con tu compañero. Pregunta acerca de las actividades específicas que hizo en la biblioteca. Responde las preguntas que tu compañero te haga.

Finalmente, imagina que eres un estudiante en la Universidad Pontificia Católica de Chile. **Escribe** un correo electrónico a Ariadna Pacheco, una alumna nueva. **Describe** los servicios que tiene la biblioteca de la universidad. Incluye tu opinión sobre la biblioteca y los servicios. Menciona información tan detallada como sea posible.

Escribe 150 palabras.

◆ Oportunidades de evaluación

- ◆ En esta actividad se han practicado las habilidades que son evaluadas por medio del Criterio C: Comunicación en respuesta a textos orales, escritos o visuales y del Criterio D: Uso de la lengua de forma oral o escrita.

Lee el siguiente correo electrónico. Presta atención al mensaje.

```
● ● ●   Carta al director de la biblioteca          ↩  ✏  🖼  A  ▭  🗒

De: martar@icloud.net

Para: profvergara@icloud.com

CC: Rodolfo@icloud.org

Asunto: Cita

Estimado Profesor Vergara:

Espero que este correo le encuentre bien.

Le escribo en nombre de los padres de los alumnos de grado 7. En el comité de padres de
familia nos preguntamos si es posible agendar una visita a la biblioteca para que nos explique
cómo podemos apoyar a nuestros hijos en la casa.

Los padres estamos conscientes de las grandes diferencias entre las bibliotecas modernas y las
que existían cuando nosotros éramos estudiantes. Sabemos que muchos de los recursos de la
escuela se pueden conseguir en la biblioteca digital, pero también tenemos muchas preguntas.

Estas son algunas de las preguntas que nos gustaría hacer:

• ¿Cómo se realizan los préstamos de libros?

• ¿Los alumnos aún utilizan los ficheros?

• ¿La biblioteca aún tiene cubículos y salas de estudio grupal?

• ¿Cómo se controla la seguridad en internet en la biblioteca?

• ¿La biblioteca ofrece algunos cursos para los padres?

En nuestra junta pasada, los padres mencionamos que el concepto de la biblioteca cambió
mucho y que los alumnos no la visitan con tanta frecuencia. Entonces, también nos
preguntamos cómo se realizan las investigaciones en la escuela: ¿ya no se consultan libros,
revistas, periódicos o enciclopedias?

Espero que usted pueda organizar una junta con los padres de familia que están interesados
en aprender acerca de la biblioteca, pues consideramos que es buena idea conocer sobre la
manera en que se aprende en la actualidad.

Le agradezco su atención.

Marta Rojas

Presidenta del Comité de Padres de Familia
```

ACTIVIDAD: Carta al director de la biblioteca

■ Enfoques del aprendizaje

■ Habilidad de comunicación: Leen con actitud crítica y para comprender

Después de leer el correo electrónico, responde las siguientes preguntas.

1 ¿Quién escribió este mensaje?
2 ¿Por qué razón escribió este mensaje su remitente?
3 ¿Qué petición hace el autor del mensaje al profesor Vergara?

PIENSA–COMPARA–COMPARTE

Individualmente responde las siguientes preguntas.

1 ¿Dónde se almacenaba la información antes de la aparición de "la nube"?
2 ¿Son las bibliotecas cosas del pasado?
3 ¿Qué diferencias y similitudes existen entre la imprenta y la internet?

Después trabaja en equipos pequeños y **comparte** tus opiniones. Toma turnos para responder y preguntar sobre las ideas que consideres interesantes.

4 ¿Por qué el autor del mensaje habla acerca de "los padres de familia"?
5 ¿Qué discutieron los padres en la junta pasada?
6 ¿Quiénes recibirán este mensaje?
7 ¿Con qué tipo de lengua se refirió el autor del mensaje al profesor Vergara? ¿Cómo llegas a esa conclusión? Menciona un ejemplo.
8 ¿A qué dos tipos de bibliotecas se hacen referencia en el texto?
9 Considera la información del texto. ¿Qué tipo de personas son los padres de quienes se habla en el texto? Explica tu respuesta.
10 ¿Cómo crees que el profesor Vergara responderá este mensaje? ¿Por qué?

◆ Oportunidades de evaluación

◆ En esta actividad se han practicado las habilidades que son evaluadas por medio del Criterio B: Comprensión de textos escritos y visuales.

OBSERVA–PIENSA–PREGÚNTATE

La hemeroteca

1 **Observa** las imágenes con atención y describe el lugar.
2 **Piensa** en las actividades que hacían las personas que la visitaban, y escribe algunas ideas.
3 Escribir una serie de preguntas que te gustaría **preguntar** y responder acerca del concepto de las hemerotecas y la manera en que se utilizaban.

Después trabaja en equipos pequeños. **Comparte** tus ideas con tus compañeros. Toma turnos para responder y preguntar sobre las opiniones que consideres interesantes.

■ Una hemeroteca es un edificio o sección de una biblioteca en donde se encuentran revistas, diarios y periódicos para su consulta o estudio

■ Con el paso del tiempo, la información se ha almacenado en diferentes lugares, espacios y formatos

ACTIVIDAD: Los archivos

■ Enfoques del aprendizaje

■ Habilidades de comunicación: Utilizan una variedad de técnicas de expresión oral para comunicarse con diversos destinatarios. Escriben con diferentes propósitos

Antes de que los programas de computadora permitieran guardar y archivar información y documentos, era necesario organizarlos en archivos.

Considera las siguientes situaciones. Trabajas en un hospital.

Tarea 1

Imagina que las computadoras tienen problemas severos y tienes que hacer tus tareas diarias a mano.

Participa en una charla con un compañero. **Comparte** ideas sobre las dificultades que causa esta situación. Toma turnos para compartir tus opiniones y preguntar sobre las ideas que consideres interesantes.

Tarea 2

Imagina que en este momento es 1995 y comenzarás a transcribir todos los documentos que existen en los archivos. El hospital tiene archivos que datan desde 1950.

Participa en una charla con un compañero. Comparte ideas sobre los retos que implicará, los problemas que deberán anticipar y las posibles soluciones que deberán planificar.

Tarea 3

Considera las ideas que compartiste y escuchaste en las tareas 1 y 2.

Escribe un texto para tu blog.

Escribe sobre la manera en que la computadora y diferentes tipos de software cambiaron el concepto de los archivos. **Explica** ideas sobre la organización de documentos, la cantidad de información que se puede almacenar y cómo evolucionó el trabajo de las personas que necesitan archivar y documentar.

Escribe 150 palabras.

◆ Oportunidades de evaluación

◆ En esta actividad se han practicado las habilidades que son evaluadas por medio del Criterio C: Comunicación en respuesta a textos orales, escritos o visuales y del Criterio D: Uso de la lengua de forma oral o escrita.

Nexos con: Tecnología

El **significado** de muchas de las palabras que representan iconos o funciones en diferentes programas de computadora tienen su origen en objetos que ayudaban a realizar tareas específicas. Algunos ejemplos son:

- archivo
- carpeta
- documento.

ACTIVIDAD: El Archivo Histórico de la Ciudad de México

■ Enfoques del aprendizaje

- ■ Habilidad de comunicación: Estructuran la información en resúmenes, ensayos e informes

Mira el vídeo en el siguiente enlace: http://tinyurl.com/achvhstmxcd

Imagina que hiciste una visita al Archivo Histórico de la Ciudad de México. **Escribe** un informe para tu profesor de Individuos y Sociedades. **Explica** qué es el Archivo Histórico, qué información se puede encontrar ahí, así como los documentos que existen en su colección. Menciona tu opinión sobre el valor de lugares como este. Responde esta pregunta:

¿Por qué la función del archivo histórico era similar a la de la internet?

Escribe 150 palabras.

ACTIVIDAD: ¿Cómo se compartía información en el pasado?

■ Enfoques del aprendizaje

- ■ Habilidad de pensamiento crítico: Formulan preguntas fácticas, de actualidad, conceptuales y debatibles
- ■ Habilidad de colaboración: Ofrecen y reciben comentarios pertinentes
- ■ Habilidad de comunicación: Estructuran la información en resúmenes, ensayos e informes

Prepara una serie de preguntas para tus padres y tus profesores.

Pregunta sobre la manera en que realizaban o sucedían las siguientes tareas y situaciones cuando tenían 14 años:

a **Compartir fotos como se hace en Facebook**
b **Interactuar con celebridades como se hace en las redes sociales**
c **Publicar opiniones en mini bitácoras como Twitter, o en redes sociales**
d **Filmar y compartir un vídeo como se hace en YouTube**
e **Encontrar información sobre las publicaciones en otros países**
f **Ser YouTuber**
g **Hacer publicidad por medio de imágenes como en Instagram.**

Cuando tus preguntas estén listas, realiza la encuesta. Pregunta a cinco personas de edades diferentes. Resume las ideas que obtuviste por medio de la encuesta.

Trabaja en equipos pequeños y **comparte** las opiniones de las personas que entrevistaste y las tuyas también. Toma turnos para responder y preguntar sobre ideas que consideres interesantes.

Finalmente, utiliza las ideas de la encuesta y las que mencionaron tus compañeros para **escribir** un artículo para la revista de tu escuela. Compara la manera en que se hacen las actividades o tareas en las situaciones mencionadas. Incluye ventajas y desventajas, así como tu opinión. Utiliza el pretérito imperfecto y el presente, y otros tiempos verbales que sean necesarios.

Escribe 150 palabras.

◆ Oportunidades de evaluación

- ◆ En esta actividad se han practicado las habilidades que son evaluadas por medio del Criterio C: Comunicación en respuesta a textos orales, escritos o visuales y del Criterio D: Uso de la lengua de forma oral o escrita.

■ ¿Qué tan fácil era leer periódicos de otros países en el pasado?

GENERA–ORGANIZA–CONECTA–EXPLICA

1 **Genera** una lista de ideas sobre las ilustraciones a la izquierda. Considera la pregunta del subtítulo: ¿Qué tan fácil era leer periódicos de otros países en el pasado? Escribe tus ideas en recuadro como este.

2 Luego **organiza** tus ideas en cuatro categorías en las siguientes columnas.

3 Después, **conecta** las ideas que se relacionen con una flecha. →
4 Finalmente, escribe diez oraciones para **explicar** las conexiones que identificaste.

Colabora en equipos pequeños. **Compara** y comparte tus ideas. Toma turnos para responder y preguntar sobre las ideas que consideres interesantes.

ACTIVIDAD: Leer periódicos de otros países

■ Enfoques del aprendizaje

■ Habilidad de comunicación: Escriben con diferentes propósitos

Considera la imagen y las ilustraciones. Reflexiona sobre el impacto de poder leer periódicos de diferentes países en internet en comparación con poder leer únicamente periódicos de tu ciudad o país. ¿Qué podemos aprender de eso?

Escribe un texto para tu blog. **Presenta** tu punto de vista sobre el impacto de la internet en la información a la que tenemos acceso. Explica cómo veían el mundo las personas cuando sólo leían el periódico de su país o ciudad, y cómo lo ven actualmente, pues es posible leer periódicos de diferentes países.

Escribe 150 palabras.

◆ Oportunidades de evaluación

◆ En esta actividad se han practicado las habilidades que son evaluadas por medio del Criterio C: Comunicación en respuesta a textos orales, escritos o visuales y del Criterio D: Uso de la lengua de forma oral o escrita.

¿Cómo nos enriquece la información a la que tenemos acceso?

■ ¿Cuánta información sobre el mundo y la humanidad existe en películas, libros y sitios en la internet?

IDEAS–ENIGMAS–EXPLORACIONES

Observa con atención las imágenes a la izquierda.

Primero, trabaja individualmente.

1 Escribe una lista de ideas acerca de la información sobre el mundo y la humanidad que podemos encontrar en los objetos que se muestran en las imágenes.
2 En el pasado no existían muchos de estos recursos. Escribe una lista de las experiencias y enigmas que se documentaron adecuadamente por la falta de medios.
3 Finalmente, escribe una lista de temas que podríamos explorar para comprender mejor cuánta información sobre el mundo y la humanidad tenemos.

Después, trabaja en equipos pequeños. **Comparte** tus ideas y toma turnos para responder y preguntar sobre ideas que consideres interesantes.

LAS LENGUAS EN LA INTERNET EN EL PRESENTE Y EN EL FUTURO

El inglés siempre ha dominado la cantidad de información disponible en internet. En la actualidad, se estima que el 55,5% del contenido en la red está escrito en inglés. Sin embargo, sólo 20% de la población del mundo habla inglés, y únicamente el 5% habla inglés como lengua materna. Una de las razones por la cual el inglés es el idioma dominante es posiblemente porque fue la primera lengua que se utilizó de manera masiva para comenzar a producir contenido en internet.

Es importante poner las cosas en perspectiva; y para ello es necesario ver cuáles son las lenguas más habladas en el mundo.

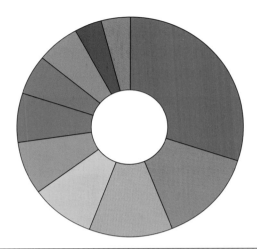

Porcentajes de las lenguas en las que se publica contenido original en la internet (2011)	Porcentajes de las lenguas en las que se publica contenido original en la internet (2015)
1 Inglés (57,6%)	1 Inglés (55,5%)
2 Alemán (7,7%)	2 Ruso (5,9%)
3 Japonés (5%)	3 Alemán (5,8%)
4 Chino (4,6%)	4 Japonés (5%)
5 Ruso (4,1%)	5 Español (4,6%)
6 Español (3,9%)	6 Francés (4%)
7 Francés (3,4%)	7 Chino (2,8%)
8 Italiano (2,1%)	8 Portugués (2,5%)
9 Portugués (1,6%)	9 Italiano (2%)
10 Árabe (1,6%)	10 Polaco (1,7%)

■ Mandarín
897 millones de hablantes nativos.
1,3 billones de hablantes en total.

■ Español
427 millones de hablantes nativos.
550 millones de hablantes en total.

■ Inglés
339 millones de hablantes nativos.
1,8 billones de hablantes en total.

□ Hindi
260 millones de hablantes nativos.
311 millones de hablantes en total.

■ Árabe
242 millones de hablantes nativos.
260 millones de hablantes en total.

■ Portugués
203 millones de hablantes nativos.
216 millones de hablantes en total.

■ Bengalí
189 millones de hablantes nativos.
206 millones de hablantes en total.

■ Ruso
171 millones de hablantes nativos.
300 millones de hablantes en total.

■ Japonés
128 millones de hablantes nativos.
130 millones de hablantes en total.

■ Punjabi
109 millones de hablantes nativos.
120 millones de hablantes en total.

La información en la tabla se refiere a la cantidad del contenido que se publica en internet, mientras que la gráfica a continuación muestra la relación entre la cantidad de usuarios de ciertas lenguas y la cantidad de información que existe en su idioma.

Está claro que las personas quieren tener acceso a la información en su idioma, y que posiblemente esta es la razón por la que la red se ha convertido, poco a poco, lentamente, en un espacio más inclusivo. Así, es posible observar que la diversidad de lenguas en la internet ha crecido en años recientes. Este movimiento ha provocado que el comercio electrónico se interese y se preocupe por presentar su contenido en diferentes lenguas para que los consumidores de sus productos tengan una mejor experiencia.

Curiosamente, si consideramos el número de personas que hablan un idioma y pensamos en la cantidad de información que estas podrían producir, probablemente pensaríamos que existe mucha información en mandarín y en español, pero la realidad es diferente, como se indica en la siguiente tabla.

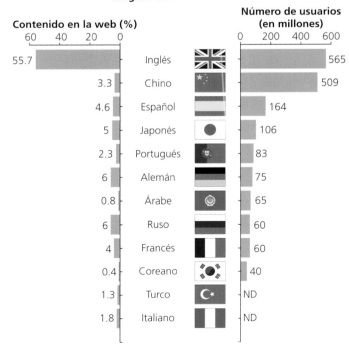

Lenguas usadas en internet

El caso del mandarín, el árabe y el hindi

Generalmente, se dice que el chino mandarín es la lengua que crece más rápido en internet; y no es difícil creer esta idea pues, en principio, la cantidad de personas que hablan y aprenden chino cada año se encargan de producir información. Sin embargo, ¿por qué no aumenta la cantidad de información en chino más rápidamente?

El caso del árabe es igual de interesante. A pesar de que es una de las lenguas más habladas en el mundo, sólo un 37% de los hablantes de árabe tienen presencia en internet, pero muchos de ellos utilizan el inglés u otros idiomas o una versión de la lengua que se usa virtualmente y se llama *Arabeezi*, en la cual se escribe con el alfabeto romano y usa la fonética del árabe.

Finalmente, el hindi es un caso excepcional, pues hasta ahora nadie se ha interesado en estudiar qué tanto contenido se produce en este idioma. ¿Por qué?

Podemos concluir mencionando que hoy en día, la información es como el dinero. Por esta razón, los países deberían interesarse en tener contenido original en las lenguas de sus países. ¿Por qué toda la investigación se tiene que hacer en inglés? ¿Qué futuro tendrán en el mundo lenguas como el ruso, el español o el portugués, cuyo contenido y presencia en internet continúan aumentando? ¿Qué podemos aprender de con información acerca de la importancia de aprender idiomas?

ACTIVIDAD: Las lenguas en internet en el presente y en el futuro

■ Enfoques del aprendizaje

- Habilidad de comunicación: Leen con actitud crítica y para comprender

Después de leer el texto sobre las lenguas en internet, responde las siguientes preguntas.

1 ¿Cuál es la lengua con más hablantes en el mundo?
2 ¿Cuál es la lengua que produce más contenido para la internet?
3 Explica por qué la primera imagen muestra dos datos o números para cada lengua.
4 Considera la información en el texto, las ilustraciones y la tabla. En tres o cuatro líneas resume la situación del chino.
5 Explica la diferencia entre la información que se presenta en las ilustraciones y la tabla.
6 ¿Qué dato interesante menciona el autor sobre el árabe y el hindi?
7 Considera la información en la tabla. ¿Qué puedes predecir sobre el futuro del ruso? Explica por qué.
8 Selecciona una de las preguntas en el párrafo final y respóndela.
9 Considera la información en el texto. ¿Qué ventajas tiene hablar varios idiomas hoy en día?
10 Escribe tu opinión sobre el tema que se discute en el texto.

◆ Oportunidades de evaluación

- ◆ En esta actividad se han practicado las habilidades que son evaluadas por medio del Criterio B: Comprensión de textos escritos y visuales.

PIENSA–COMPARA–COMPARTE

Individualmente responde las siguientes preguntas.

1 **¿Qué desventajas tienen las personas que sólo pueden acceder a la información en internet en un idioma?**
2 **¿Qué problemas con la lengua son comunes en internet?**
3 **¿Es la información del presente más confiable?**
4 **¿Qué problemas han aparecido debido a la internet?**
5 **¿Qué reglas existen en tu escuela para el uso de la internet?**

Después, colabora en equipos pequeños, **comparte** tus ideas y toma turnos para responder y preguntar sobre las opiniones que consideres interesantes.

! Actúa e involúcrate

! Charla con el coordinador de Comunidad y Servicio en tu escuela.

! Explora las posibilidades de crear un repositorio, o una página similar a las de Wikipedia para compartir el conocimiento que se genera en tu escuela.

! ¿Con qué tipo de información puede contribuir tu escuela? ¿En cuántos idiomas?

ACTIVIDAD: Diferentes tipos de información

■ Enfoques del aprendizaje

■ Habilidad de gestión de la información: Utilizan la capacidad crítica para analizar e interpretar los contenidos de los medios de comunicación
■ Habilidad de colaboración: Escuchan con atención otras perspectivas e ideas

Individualmente, responde las siguientes preguntas.

1 **¿Cómo es diferente la información en los periódicos y las revistas?**
2 **¿Cómo es diferente la información en blogs y en periódicos?**
3 **¿Cómo es diferente la información en canales de YouTube de universidades o televisoras y de "Youtubers"?**
4 **¿Cuáles son algunas ventajas de Wikipedia?**
5 **¿Por qué Wikipedia no es muy confiable?**

Después, colabora en equipos pequeños y **comparte** tus respuestas. Toma turnos para responder y preguntar sobre opiniones que consideres interesantes.

Finalmente, **escribe** un texto para tu blog.

Responde la pregunta:

¿Cuánto podemos aprender sobre el mundo a través de todos los medios de información que existen?

Incluye ideas que mencionaste en tu interacción con tus compañeros. Menciona limitaciones que existían en el pasado y no existen en el presente.

Escribe 150 palabras.

◆ Oportunidades de evaluación

◆ En esta actividad se han practicado las habilidades que son evaluadas por medio del Criterio C: Comunicación en respuesta a textos orales, escritos o visuales y del Criterio D: Uso de la lengua de forma oral o escrita.

ACTIVIDAD: Herramientas de comunicación

Individualmente, completa la siguiente tabla. Reflexiona sobre la relevancia de estas herramientas de comunicación y lo que nos permiten lograr.

Gracias a ...	podemos ...	Sin esto, antes no podíamos ...
YouTube		
Las redes sociales		
La internet		
Los servicios de almacenamiento en "la nube"		
Los blogs		
Los *podcasts*		

Después, colabora en equipos pequeños. **Comparte** tus opiniones y escucha las de tus compañeros. Toma turnos para responder y preguntar sobre las ideas que consideres interesantes.

Finalmente, **escribe** un texto para tu blog. Responde la pregunta de esta exploración:

¿Cómo nos enriquece la información a la que tenemos acceso?

Utiliza las ideas que compartiste y que tus compañeros mencionaron. Menciona cómo sería tu vida si no tuvieras acceso a estas herramientas. Utiliza el presente, y construcciones con "podría" + infinitivo.

Escribe 150 palabras.

Cómo escribir una biografía interesante

Puedes escribir una biografía interesante sobre una persona que te interese, siguiendo estos tres pasos breves.

Paso 1: Planifica

a   Selecciona una persona sobre la cual te gustaría escribir.

b   Piensa en las personas a quienes les interesaría leer; así identificarás a tu audiencia.

c   Realiza una investigación breve sobre tu sujeto y toma nota de la información más relevante: fecha y lugar de nacimiento; información familiar relevante; instituciones donde estudió, etc. Debes seleccionar únicamente la información que aporte significado a tu texto.

d   Organiza la información de manera cronológica.

Paso 2: Redacta

e   Escribe en tercera persona y en pretérito indefinido (aunque algunas veces el presente se utiliza también).

f   Escribe un párrafo de introducción sobre tu sujeto: comienza con una frase clave que defina claramente a la persona; menciona su nombre.

g   En un segundo párrafo incluye información interesante sobre su niñez y adolescencia, o sobre etapas de su vida que marcaron su trayectoria.

h   En un tercer párrafo, escribe las actividades en las que destacó; menciona por qué es especial tu sujeto.

i   En un cuarto párrafo, presenta sus logros; escribe con un toque humano y evita expresiones mecánicas.

j   En tu párrafo de conclusión, incluye detalles sobre tu sujeto como su página web, publicaciones o redes sociales en las que participa.

k   Escribe un título para tu biografía que haga alusión a las ideas más importantes que mencionaste.

Paso 3: Realiza correcciones

l   Revisa la ortografía de tu texto.

m   Asegúrate de que todos tus verbos estén en pretérito indefinido.

n   Inspecciona los acuerdos: masculinos, femeninos, singular y plural.

ñ   Cerciórate que la información esté organizada cronológicamente y que las ideas fluyan naturalmente.

■ ¿Podrían Johannes Gutenberg, Antonio Meucci, Joseph Carl Robnett Licklider y John Logie Baird considerarse como los padres de la comunicación y la información?

ACTIVIDAD: ¿Por qué debemos estar agradecidos con ...?

■ Enfoques del aprendizaje

- ■ Habilidad de gestión de la información: Acceden a la información para estar informados e informar a otros
- ■ Habilidad de comunicación: Estructuran la información en resúmenes, ensayos e informes

Selecciona dos de las siguientes personas y realiza una breve investigación sobre su contribución al mundo de la información y las comunicaciones.

- a **Johannes Gutenberg**
- b **Antonio Meucci**
- c **John Logie Baird**
- d **Nikola Tesla y Guillermo Marconi**
- e **Guillermo González Camarena**
- f **Charles y Vincent Chevalier**
- g **Isaac Asimov**
- h **Joseph Carl Robnett Licklider**

Después, trabaja en equipos de cuatro. Trabaja con compañeros que **investigaron** personas diferentes. **Comparte** la información que investigaste. Escucha las ideas de tus compañeros con atención y completa una tabla como la siguiente.

Inventor	¿Por qué debemos estar agradecidos con él / ellos?

Finalmente, selecciona el inventor que consideres más interesante. **Escribe** un texto biográfico sobre él. Utiliza el pretérito indefinido e imperfecto para mencionar información específica y hábitos pasados sobre su vida. **Explica** su contribución al mundo de la información y las comunicaciones.

Escribe 150 palabras.

◆ Oportunidades de evaluación

- ◆ En esta actividad se han practicado las habilidades que son evaluadas por medio del Criterio C: Comunicación en respuesta a textos orales, escritos o visuales y del Criterio D: Uso de la lengua de forma oral o escrita.

Comunicar: ¿Qué? y ¿para quién?

1 Para celebrar el Día Mundial de la Libertad de Prensa, *VOCES* ha preparado una serie de publicaciones con algunas de las personalidades más influyentes en la comunidad de los medios de comunicación. En esta ocasión, presentamos una entrevista con Lolita Estrada, una de las locutoras favoritas de la ciudad.

2 **VOCES: En comparación con los estudios de communicación actuales, ¿qué tan diferente era estudiar Ciencias de la Comunicación antes?**

LOLITA: Cuando yo estudié Ciencias de la Comunicación (CC) se veía un poco de todo; mi programa de estudios no estaba enfocado únicamente al periodismo. Ahora siento que los programas de CC se enfocan en algo específico, ya sea la televisión, la radio, los medios impresos, o incluso las redes sociales.

3 **V: ¿Cómo era el trabajo de un comunicólogo diferente al trabajo que se hace en la actualidad?**

L: Antes que nada quiero mencionar que cuando yo comencé a trabajar no había celulares; la internet aún no se utilizaba; y básicamente uno tenía que tener excelentes habilidades de relaciones públicas para tener contacto con centros culturales, Secretaría de cultura, librerías, galerías, etc. Ahora todo esto lo puedes hacer por medio de correo electrónico y redes sociales y es un sistema que ahorra mucho tiempo, pero pienso que algunos comunicólogos jóvenes no desarrollan habilidades que son esenciales. En pocas palabras la tecnología cambió todo y eliminó la necesidad de realizar ciertos trabajos.

4 **V: ¿Qué hace Lolita como comunicóloga?**

L: Soy locutora de Radio Universidad de Guadalajara. Esto significa que puedo grabar cápsulas, spots publicitarios, informes y anuncios para programas de campañas. También escribo carteleras universitarias para informar sobre las actividades culturales y académicas de la Universidad de Guadalajara; y soy responsable de *Al cine con Lola*, un programa en el que comparto recomendaciones de películas que veo. Lo que más me gusta de mi trabajo es que yo decido qué ver y de qué hablar.

5 **V: ¿Cuál es tu opinión sobre la información y la comunicación?**

L: Primero quiero explicar que informar y transmitir información son acciones muy diferentes. Informar se trata de proporcionar información útil y veraz; mientras que transmitir información es sólo eso: pasar información. Además, pienso que es necesario entender que no siempre existe una comprensión de la información y que no podemos suponer que las personas entendieron algo que comunicamos. Por esta razón, considero que los periodistas responsables, cuando informan, intentan ayudar a la gente a comprender y a crear su propia opinión de las cosas.

6 **V: Hoy en día, ¿se genera y consume información como en el pasado?**

L: En las últimas tres décadas los cambios han sido dramáticos. Antes era básico tener un periódico en tus manos por la mañana. Después, con la aparición de la radio y la televisión, aparecieron nuevas formas de producir y consumir. Pero ahora, con la internet, la telefonía celular, los blogs, los canales de YouTube y las redes sociales, parece que la información se produce al mismo tiempo que ocurre. Además, la información es tan instantánea, que tiene un impacto diferente en las personas dependiendo del lugar donde apareció, de la hora a la que se transmitió, y del medio por el cual las personas la encontraron. Por esta razón, el bombardeo de datos constante no garantiza que la información sea verdadera. No te asegura veracidad ni certeza.

7 **V: ¿Cuál es el rol de las audiencias en la comunicación?**

L: El rol de las audiencias es muy subjetivo. Creo que las personas que producen información como los conductores de programas de televisión o locutores de radio, tienen una idea de las personas que escuchan o ven sus programas. Pienso que los comunicólogos responsables consideran que sus audiencias son inteligentes y, por esta razón, producen información de calidad, aunque es difícil predecir la reacción que las audiencias tendrán a lo que uno comunica. Yo, por ejemplo, me pregunto cómo hacen los YouTubers para "controlar" las reacciones a sus vídeos o qué consideran calidad.

8 Esta es la primera publicación de una serie de artículos sobre los cambios en la información y la comunicación. En las próximas ediciones, continuaremos charlando con Lolita Estrada.

ACTIVIDAD: Comunicar: ¿Qué? y ¿para quién?

Después de leer el artículo sobre Lolita Estrada, responde las siguientes preguntas.

1 ¿Por qué *VOCES* está entrevistando personas que trabajan en los medios de comunicación?
2 Según Lolita, ¿qué facilita el trabajo de los comunicólogos de la actualidad? Explica. Menciona un ejemplo.
3 Resume los cambios dramáticos en la producción de información que menciona Lolita.
4 En tu opinión, ¿por qué Lolita explicó los verbos "informar" y "transmitir información"?
5 Considera el texto. ¿Qué tipo de revista es *VOCES*? Justifica tu respuesta.
6 Además de ser un artículo, ¿qué otro tipo de formato de comunicación incluye este texto?
7 ¿Por qué Lolita menciona el adjetivo "responsables" cuando se refiere a algunos comunicólogos?
8 Considera las actividades que Lolita hace en su trabajo. ¿Qué tipo de persona es?
9 ¿Con qué atributos de la comunidad de aprendizaje describirías a Lolita? ¿Por qué? Explica.
10 ¿Cuál de las respuestas de Lolita te pareció más interesante? ¿Por qué? Si ninguna te pareció interesante, explica por qué.

¿Qué relación existe entre la innovación tecnológica y la lengua?

ASÍ SE COMPARTÍA INFORMACIÓN ANTES DE LA INTERNET

Facebook

Spotify, Pandora, iTunes

Pinterest

Instagram

Skype

Blogger, Wordpress

Twitter

YouTube, Vimeo

Wikipedia

Correo electrónico

ACTIVIDAD: Vocabulario de las herramientas modernas

■ Enfoques del aprendizaje

■ Habilidad de pensamiento creativo: Utilizan la técnica de lluvia de ideas (*brainstorming*) y diagramas visuales para generar nuevas ideas e indagaciones

En parejas, participa en una lluvia de ideas. En una tabla como la siguiente, **escribe** las acciones (verbos) más comunes que se realizan en cada herramienta. Observa el ejemplo.

Herramienta	Actividades (verbos)
Facebook	Publicar
YouTube	
Twitter	
Correo electrónico	
Blog	
Spotify, Pandora, iTunes	

Después, **compara** tus respuestas con otra pareja.

¿Qué tan similares o diferentes fueron tus respuestas?

Finalmente, escribe diez oraciones como esta:

Gracias a Facebook **puedo publicar** fotografías y mis amigos **pueden comentar y compartir**.

◆ Oportunidades de evaluación

◆ En esta actividad se han practicado las habilidades que son evaluadas por medio del Criterio D: Uso de la lengua de forma oral o escrita.

Pasos para realizar entrevistas generales (un ejemplo)

Existen diferentes razones por las que llevamos a cabo entrevistas: para obtener un trabajo, o cuando entrevistamos una celebridad o persona importante, por ejemplo. Cada entrevista tiene un protocolo distinto, pero a continuación podrás leer algunas sugerencias para realizar entrevistas generales.

Etapa 1: Plan y preparación

1 Para realizar una entrevista se debe contar con el consentimiento de la persona a quien se entrevistará.

2 Elije un lugar apropiado para la entrevista. Piensa en el contexto donde se debe desarrollar. Generalmente, el entrevistador comenzará mencionando en qué lugar está.

3 Determina el objetivo de tu entrevista.

4 Planea preguntas que te ayuden a alcanzar ese objetivo.

5 Decide si deberás hablar formal o informalmente. ¿Debes usar tú o usted?

6 Planea tus preguntas con antelación. Identifica palabras o frases que puedan afectar la dirección de la entrevista, que pueden no ser apropiadas o que pueden herir la sensibilidad de las personas.

Etapa 2: Desarrollo

7 Si la entrevista es para la radio o la televisión, el entrevistador presentará al entrevistado, mencionará dónde están y por qué se realiza la entrevista.

8 El entrevistador saluda al sujeto invitado y después hace las preguntas.

9 El entrevistador debe prestar fina atención a las respuestas para clarificar dudas cuando sea necesario.

10 El entrevistador podrá utilizar preguntas cerradas ("¿te gusta la pizza?") o abiertas ("¿desde cuándo vives en Chile?").

11 El entrevistador debe intentar unir las ideas del sujeto entrevistado. Puede utilizar frases tales como "cuénteme acerca de"; "¿qué sucedió después?; "cuénteme qué más recuerda"; "¿y luego qué pasó?".

12 El entrevistador debe indicar al sujeto entrevistado cuando la entrevista se acerca a su fin.

13 El entrevistador debe agradecer al sujeto entrevistado.

14 El entrevistador debe concluir el diálogo.

PIENSA–COMPARA–COMPARTE

El verbo "interactuar"

Primero, piensa en una respuesta para esta pregunta:

¿Qué significa el verbo "interactuar" en los siguientes contextos?

a En el aula de clase
b En una fiesta
c En Facebook
d En YouTube
e En una página de un periódico en línea.
f En un blog.

Después **comparte** tus ideas en equipos pequeños.

¿Qué ideas similares y diferentes encontraste?

ACTIVIDAD: El verbo "interactuar"

■ Enfoques del aprendizaje

■ Habilidad de comunicación: Escriben con diferentes propósitos

Considera las ideas que compartiste sobre el verbo "interactuar" en "Piensa–compara–comparte" (página 260).

Escribe un artículo para la revista de tu escuela. **Explica** los múltiples significados que el verbo puede tener en diferentes contextos. Menciona por qué su significado varía de situación en situación.

Escribe 150 palabras.

◆ Oportunidades de evaluación

◆ En esta actividad se han practicado las habilidades que son evaluadas por medio del Criterio C: Comunicación en respuesta a textos orales, escritos o visuales y del Criterio D: Uso de la lengua de forma oral o escrita.

Lee el siguiente blog.

Es difícil ser periodista hoy en día

1 Escribir es una habilidad humana que todas las personas pueden hacer si tienen el talento y la disciplina para expresar sus ideas. Escribir con calidad, sin embargo, es algo muy diferente. De igual forma, escribir para informar efectivamente es un arte.

2 Escribo para *La Voz de Monterrey* desde hace diez años. Contar las historias de la ciudad siempre ha sido mi pasión y nunca fue difícil; sin embargo, la cantidad de información que se comparte en las redes sociales cambió el significado de trabajo.

3 Cuando comencé a escribir para el periódico, cada artículo era una aventura: tenía que investigar, entrevistar personas, viajar a diferentes lugares para conseguir historias nuevas, y después tomaba un par de días para redactar mi artículo. Al principio, cuando mis artículos se publicaban eran una novedad para la gente, y muchas veces me felicitaban por ser el primero en escribir sobre ciertos temas.

4 Sin embargo, desde 2007, cuando las redes sociales como Facebook y Twitter se volvieron populares y las personas comenzaron a publicar información sobre sus vidas, sobre accidentes y sobre otras personas, ser el primero en publicar algo se convirtió en un reto. Además, cuando las personas comenzaron a compartir información y crearon "*trending topics*", a lo que después se le comenzó a llamar tendencias, contar una historia que nadie conocía se volvió casi imposible.

5 En varias ocasiones, cuando hablo con el editor del periódico sobre los artículos que escribo, me comenta que "eso se compartió en Twitter hace un par de días", o que "más de 1.000 personas lo compartieron en Facebook". Yo siempre insisto que la calidad de los artículos que yo escribo es superior a la de los *tuits* y publicaciones en Facebook, pero el editor generalmente responde que a muchas personas les interesa más la novedad que la calidad.

6 No estoy en contra de las redes sociales y de compartir información que funcione como noticias. Pienso que todo el mundo tenemos derecho de estar informados, y que todos podemos generar información; pero también tenemos la responsabilidad de comunicar información de calidad y no chismes o rumores.

7 ¿Siento frustración? En ocasiones. ¿Me rindo? Nunca. Ahora me pregunto cuál será el futuro del periodismo; me pregunto si el valor y relevancia de una noticia dependerá de la cantidad de veces que se comparta en las redes sociales; y si todo el mundo podrá llamarse a sí mismo periodista.

8 Ser periodista implica ser responsable de lo que uno informa y comunica, y yo no estoy convencido de que muchas de las personas que *tuitean* y comparten información en Facebook son totalmente responsables.

9 ¿Qué opinan?

ACTIVIDAD: Es difícil ser periodista hoy en día

■ Enfoques del aprendizaje

- Habilidad de comunicación: Leen con actitud crítica y para comprender

Después de leer el blog, responde las siguientes preguntas.

1 ¿Para qué publicación trabaja el autor?
2 Explica qué actividades eran necesarias hace diez años, cuando el autor comenzó a trabajar en el periódico.
3 ¿Cuántas formas de escribir se mencionan en el párrafo 1?
4 ¿Por qué ser el primero en publicar una noticia es difícil?
5 ¿Qué experiencias ha tenido el autor con el editor del periódico donde trabaja?
6 Infiere qué información o tipos de comunicación no le gustan al autor, según la información del párrafo 6.
7 ¿Qué opinas sobre lo que se menciona en el párrafo 7: "en el futuro todo el mundo podrá llamarse a sí mismo periodista"?
8 Considera la información en el texto. ¿Qué tipo de persona es el autor? Justifica tu respuesta.
9 ¿Qué atributos de la comunidad de aprendizaje utilizarías para describir al autor? ¿Por qué?
10 Escribe un comentario para esta entrada de blog. Expresa tu opinión.

◆ Oportunidades de evaluación

- En esta actividad se han practicado las habilidades que son evaluadas por medio del Criterio B: Comprensión de textos escritos y visuales.

ACTIVIDAD: Entrevista con Armando Vega

■ Enfoques del aprendizaje

- Habilidad de comunicación: Utilizan una variedad de técnicas de expresión oral para comunicarse con diversos destinatarios

Imagina que eres Armando Vega, el autor del texto de blog titulado "Es difícil ser periodista hoy en día".

Participarás en una charla con tu profesor. Responde las preguntas que te haga. Tu profesor preguntará sobre tu trabajo, tus opiniones sobre la comunicación y la información, y también sobre las redes sociales.

Puedes utilizar información del texto en tus respuestas.

La interacción durará de dos a tres minutos.

◆ Oportunidades de evaluación

- En esta actividad se han practicado las habilidades que son evaluadas por medio del Criterio C: Comunicación en respuesta a textos orales, escritos o visuales y del Criterio D: Uso de la lengua de forma oral o escrita.

ALGUNAS TAREAS SUMATIVAS PARA EVALUAR ESTE CAPÍTULO

Considera las siguientes actividades para poner en práctica lo que has aprendido en este capítulo. Las tareas se diseñaron considerando el vocabulario y estructuras que se introdujeron, así como las ideas que se presentaron. Estas tareas te permitirán valorar tu desempeño en diferentes áreas de la lengua utilizando los criterios de evaluación de Adquisición de Lenguas del PAI.

TAREA 1

¿Qué es un archivo histórico?

Mira el vídeo en el siguiente enlace:
https://youtu.be/metA78NmZ10 y responde las siguientes preguntas.

1   ¿Cómo se llama la institución de la que se habla en el vídeo?
2   Según Pedro Juan Hernández, ¿qué son los archivos?
3   Según Pedro Juan Hernández, ¿cómo son diferentes los archivos de las bibliotecas?
4   Menciona tres ejemplos de los documentos que podemos encontrar en los archivos.
5   Según Pedro Juan Hernández, ¿cómo se manejan los documentos diferentemente en los archivos?

6   ¿Cómo ha contribuido la tecnología digital a la evolución de los archivos? Explica tu respuesta.
7   ¿Qué tipo de vídeo es este?
8   ¿Cuál es el objetivo de este vídeo?
9   Explica de qué manera el vídeo nos mostró el interior de un archivo.
10 En tu opinión, ¿por qué son los archivos importantes para los investigadores?
11 En tu opinión, ¿qué valor tienen los documentos en los archivos para los estudiantes del presente? Explica.

◆ Oportunidades de evaluación

◆ Esta tarea evalúa habilidades del Criterio A: Comprensión de textos orales y visuales.

El privilegio de la información

1   La entrevista que tuve con *VOCES* hace dos semanas fue muy intensa e interesante. La charla me gustó tanto que aún pienso en las preguntas y en mis respuestas. Ayer colaboré en la transmisión en vivo de Kinessis, un programa especial durante el Festival Internacional de Cine de Guadalajara y decidí debatir con otros locutores la idea de las comunicaciones en la actualidad.

2   Hablamos sobre los retos de ser comunicólogo actualmente y llegamos a la conclusión de que son muchos, y que las razones por las que muchos estudiaban comunicaciones en el pasado son completamente diferentes de las que tienen los jóvenes ahora. Sin embargo también estuvimos de acuerdo en que algo que es similar acerca de producir información y de trabajar con las comunicaciones hoy en día y en el pasado es el aprendizaje que obtenemos de trabajar con personas, en diferentes espacios y circunstancias, así como reconocer que las formas de comunicación cambian, y que nosotros también evolucionamos y reaccionamos a la información de maneras diferentes.

3   Entonces, reflexioné, y comencé a pensar en lo que yo hago; porque mi trabajo es muy específico: yo trabajo con la cultura. La información que yo manejo se refiere a la cultura de las bellas artes: literatura, música, danza, teatro, cine, pintura, escultura, etc. Además, una ventaja fabulosa de mi trabajo es que cuando yo comunico sobre ciertas actividades en la ciudad, yo me informo y aprendo más. Por esta razón, debo admitir que comunicar e informar sobre la cultura es más tranquilo que un noticiero. En los noticieros, todo avanza muy rápido, la información es muy instantánea y urgente, como por ejemplo los acontecimientos de seguridad, política, etc. Mi trabajo se enfoca más en difundir información, en hacer invitaciones y en promover eventos y talentos.

4   Un aspecto de mi trabajo en la radio que me gusta mucho es la relación que se puede establecer con los radioescuchas, especialmente ahora que podemos ver las reacciones de la gente en tiempo real en Facebook y Twitter. Es increíble observar la manera en que escuchar una voz, con buena dicción, entonación, claridad, captura la atención de la gente y les invita al diálogo. Yo aún no he trabajado en televisión, sólo he grabado mi voz para programas de televisión, pero no me interesa tanto porque es menos personal que la radio. En la radio aún podemos explorar las posibilidades para inventar universos que el auditorio tiene que imaginar. En mi opinión, la radio ofrece magia a quien la escucha pues pone a trabajar mucho la imaginación.

5   Somos seres privilegiados por tener a tanta información en el día de hoy, y lo único que me preocupa es que quizás algunos jóvenes están perdiendo la oportunidad de documentar lo que ven en el mundo. Antes uno podía documentar, pero no era tan fácil compartir; sin embargo, ahora casi todos tenemos la oportunidad de publicar y contribuir a explicar al mundo. Personalmente, sin embargo, me gustaría que todos los autores que pueblan la internet con contenido lo hicieran con respeto y calidad, porque en el futuro todo esto será el legado del presente, y me entristecería saber que las generaciones del futuro nos describen por lo que ven en los memes, las *selfies* y los vídeos de bromas en YouTube.

TAREA 2

El privilegio de la información

Después de leer el blog, responde las siguientes preguntas.

1 ¿Por qué podemos decir que a la autora le gustó la entrevista con *VOCES*?
2 ¿Con quiénes y dónde debatió la autora ideas sobre comunicación e información?
3 ¿En qué dos cosas estuvieron de acuerdo los locutores de Kinessis y la autora del texto?
4 ¿Cómo es diferente el trabajo de la autora del texto al trabajo que se hace en los noticieros?
5 ¿Qué aspecto de la televisión no le gusta a la autora?
6 ¿Qué le preocupa a la autora acerca de la opinión de las generaciones del futuro? ¿Por qué? Explica por qué piensas que tiene esta preocupación.
7 ¿Qué palabra en el párrafo 4 es la combinación de: un medio de comunicación y el verbo "escuchar"?
8 ¿Qué elementos de la comunicación oral efectiva se mencionan en el párrafo 4?
9 Considera la información en el texto, ¿qué atributos de la comunidad de aprendizaje utilizarías para describir a la autora? ¿Por qué?
10 Expresa tu opinión sobre la preocupación de la autora. Menciona ejemplos y detalles para explicar tus ideas.

◆ Oportunidades de evaluación

◆ Esta tarea evalúa habilidades del Criterio B: Comprensión de textos escritos y visuales.

TAREA 3: Oral

Lee la siguiente idea.

> "La educación en línea es posible gracias a que existen plataformas para interactuar de diferentes maneras, y por qué la internet permite tener acceso a una infinidad de información. La educación en línea no funcionaría únicamente con el correo electrónico".

Toma diez minutos para preparar una presentación de dos a tres minutos sobre esta idea. Toma notas. No podrás utilizar diccionario.

Presenta tu trabajo. Puedes utilizar tus notas, pero no puedes leer.

Después de tu presentación, participa en una charla de dos a tres minutos con tu profesor.

TAREA 4: Escrita

Escribe un texto para tu blog de 150 palabras.

Escribe sobre la manera en que las tecnologías del presente te permiten estar informado y estudiar en diferentes ambientes, así como practicar diferentes habilidades. Reflexiona sobre la importancia de aprender a distinguir la información que es útil.

Menciona ejemplos de tu experiencia personal.

◆ Oportunidades de evaluación

◆ Estas tareas evalúan habilidades del Criterio C: Comunicación en respuesta a textos orales, escritos o visuales y del Criterio D: Uso de la lengua de forma oral o escrita.

Reflexión

En este capítulo exploramos la evolución de la información, y las diferentes maneras en las que la hemos utilizado y compartido a lo largo del tiempo. También comparamos la manera en que se producía información en el pasado y cómo se produce hoy en día, y dialogamos sobre los retos y responsabilidades de los productores y consumidores de información.

■ **Enfoques del aprendizaje**

■ Habilidad de reflexión: Consideran los contenidos y preguntarse: ¿Sobre qué aprendí hoy? ¿Hay algo que aún no haya entendido? ¿Qué preguntas tengo ahora?

Reflexionemos sobre nuestro aprendizaje ...
Usa esta tabla para reflexionar sobre tu aprendizaje personal en este capítulo.

Preguntas que hicimos	Respuestas que encontramos	Preguntas que podemos generar ahora
Fácticas: ¿Por cuáles medios se difundía la información antes de la aparición de la internet? ¿Dónde se almacenaba la información antes de la aparición de "la nube"? ¿Qué problemas han aparecido debido a la internet? ¿Qué diferencias y similitudes existen entre la imprenta y la internet?		
Conceptuales: ¿Qué relación existe entre la innovación tecnológica y la lengua? ¿Cómo o por qué podría ser la cantidad de información del presente un problema? ¿Cómo nos enriquece la información a la que tenemos acceso?		
Debatibles: ¿Es la información del presente más confiable? ¿Es la información en las redes sociales necesariamente verdadera? ¿Son las bibliotecas cosas del pasado?		

Enfoques de aprendizaje en este capítulo:	Descripción: ¿qué destrezas nuevas adquiriste?	¿Qué tan bien has consolidado estas destrezas?			
		Novato	En proceso de aprendizaje	Practicante	Experto
Habilidades de comunicación					
Habilidades de colaboración					
Habilidades de reflexión					
Habilidades de gestión de la información					
Habilidades de pensamiento crítico					
Habilidades de pensamiento creativo					
Atributos de la comunidad de aprendizaje	Reflexiona sobre la importancia de ser un indagador en este capítulo. ¿Cómo demostraste tus habilidades como indagador en este capítulo?				
Indagador					

11 ¿Podemos aprender jugando?

Las **tecnologías** tienen un impacto en la **forma** en que las personas exploran su **creatividad** y sus relaciones.

CONSIDERAR Y RESPONDER ESTAS PREGUNTAS:

Fácticas: ¿Qué juegos eran populares en el pasado? ¿Cómo nos divertimos y nos relacionamos en la actualidad? ¿Qué habilidades promueven los juegos?

Conceptuales: ¿Cómo impactan los juegos en la manera en que nos relacionamos? ¿Cómo han cambiado los conceptos de diversión e interacción debido a la tecnología?

Debatibles: ¿Podemos aprender acerca de las relaciones sociales cuando jugamos? ¿Eran los juegos del pasado más educativos que los de hoy en día?

Ahora **compara y comparte** con un compañero o con la clase entera.

■ ¿Qué conocimiento y habilidades necesitamos recordar y utilizar cuando jugamos?

○ EN ESTE CAPÍTULO VAMOS A:

■ **Descubrir:**
　■ vocabulario y estructuras para hablar del entreteniendo y la recreación.
■ **Explorar:**
　■ diferentes maneras en que las personas han utilizado su tiempo de ocio actualmente y en el pasado.
■ **Tomar acción y:**
　■ reflexionar sobre las habilidades que podemos adquirir y practicar cuando jugamos.

Contenido esencial

Los contenidos temáticos que se abordarán en este capítulo pertenecen a las fases 1 y 2 del continuo de aprendizaje y son:

- Las actividades diarias
- Las actividades de tiempo libre y fin de semana
- Dentro de la ciudad y sus alrededores
- La lengua
- El papel de internet
- El presente de indicativo
- El pretérito indefinido
- El pretérito imperfecto
- El pretérito perfecto
- Construcciones con "poder", "deber", "querer" + infinitivo

◆ Oportunidades de evaluación en este capítulo:

◆ **Criterio A:** Comprensión de textos orales y visuales

◆ **Criterio B:** Comprensión de textos escritos y visuales

◆ **Criterio C:** Comunicación en respuesta a textos orales, escritos o visuales

◆ **Criterio D:** Uso de la lengua de forma oral o escrita

● Reflexiona sobre el siguiente atributo de la comunidad de aprendizaje:

- Informado e instruido: Desarrollamos y usamos nuestra comprensión conceptual mediante la exploración del conocimiento en una variedad de disciplinas. Nos comprometemos con ideas y cuestiones de importancia local y mundial.

◼ Las siguientes habilidades de los enfoques del aprendizaje serán útiles:

- Habilidades de comunicación
- Habilidades de colaboración
- Habilidades afectivas
- Habilidades de reflexión
- Habilidades de gestión de la información
- Habilidades de pensamiento creativo

VOCABULARIO SUGERIDO

Vocabulario sugerido para mejorar la experiencia de aprendizaje.

Sustantivos	Adjetivos	Verbos
amistad	aburrido	aburrir
atención	atento	añorar
cautela	cauteloso	contar
curiosidad	complicado	empujar
diversión	confiado	encontrar
emoción	curioso	entretener
entretenimiento	descuidado	esconder
equipo	desenvuelto	gritar
fuerza	distraído	insistir
instinto	divertido	jugar
juegos	entretenido	ponerse
limpieza	espontáneo	recordar
mugre	familiar	saltar
observación	franco	
ocio	instintivo	
pasión	intuitivo	
peligro	negligente	
precisión	prudente	
seguridad	sagaz	
tentación	sencillo	

¿Qué habilidades promueven los juegos?

■ ¿Conoces y has jugado dominó, ajedrez, Scrabble o Sudoku?

ACTIVIDAD: Las habilidades del juego

■ Enfoques del aprendizaje

■ Habilidades de comunicación: Obtienen información para las indagaciones disciplinarias e interdisciplinarias utilizando una variedad de medios. Escriben con diferentes propósitos

Presta atención a las imágenes anteriores. Realiza una lluvia de ideas sobre las habilidades necesarias para jugar esos juegos. Después piensa en qué otras habilidades se pueden desarrollar por medio de ellos. **Organiza** tus ideas en una tabla como la siguiente. Agrega un par de juegos similares.

Juego	Habilidades necesarias	Habilidades que se pueden desarrollar
El domino		
El ajedrez		
El Scrabble		
El Sudoku		

Luego, **compara** las ideas en tu tabla en equipos pequeños. ¿Qué similitudes y diferencias encontraste? ¿Qué juegos agregaron tus compañeros?

Después, **escribe** diez oraciones acerca de los juegos y las habilidades. Observa los siguientes patrones.

a **Cuando** jugamos ajedrez **podemos** practicar la concentración.
b **Para** jugar ajedrez **necesitamos** saber cómo se mueve cada pieza.

Finalmente escribe un texto para tu blog. Escribe por qué es buena idea jugar este tipo de juegos. Menciona las habilidades que se pueden desarrollar, y cómo estas habilidades nos pueden ayudar en la vida diaria. Incluye ejemplos para ilustrar tus ideas.

Escribe 150 palabras.

◆ Oportunidades de evaluación

◆ En esta actividad se han practicado las habilidades que son evaluadas por medio del Criterio C: Comunicación en respuesta a textos orales, escritos o visuales y del Criterio D: Uso de la lengua de forma oral o escrita.

ACTIVIDAD: Sopa de letras

■ Enfoques del aprendizaje

■ Habilidad afectiva: Demuestran persistencia y perseverancia

Localiza algunos sustantivos, adjetivos y verbos del vocabulario sugerido para este capítulo en la siguiente sopa de letras. Encuentra las palabras de forma horizontal, vertical, diagonal o invertida.

S	A	G	A	Z	X	O	D	K	Z	E	N	T	R	E	T	E	N	I	M	I	E	N	T	O
D	F	G	E	T	M	M	I	X	Z	V	B	R	T	W	S	N	X	N	V	E	D	M	O	P
J	U	E	G	O	S	Z	S	X	C	V	B	N	M	Q	W	T	H	T	K	L	V	D	V	R
U	Q	W	R	T	B	E	T	N	E	D	U	R	P	P	X	R	W	U	X	C	B	M	Ñ	E
G	A	S	D	F	G	H	R	B	N	P	W	E	R	T	Y	E	Y	I	U	I	O	C	D	C
A	X	A	C	V	V	W	A	A	T	E	N	C	I	O	N	T	S	T	A	E	P	O	M	I
R	C	T	J	E	W	M	I	X	H	L	H	O	I	U	A	E	X	I	E	F	A	Q	G	S
Q	D	E	H	N	B	G	D	P	Z	I	S	E	A	I	O	N	K	V	N	A	S	M	M	I
W	C	N	M	C	P	R	O	X	Z	G	C	F	A	T	Y	E	X	O	S	F	I	G	H	O
S	V	T	Y	O	V	B	N	U	F	R	Ñ	O	B	S	E	R	V	A	C	I	O	N	B	N
E	N	O	Q	N	C	W	Q	G	G	O	D	W	U	W	Q	G	H	J	N	E	N	S	X	M
R	R	E	B	T	C	I	X	N	W	Q	I	Q	R	T	C	O	N	F	I	A	D	O	P	Q
T	I	B	Q	R	I	K	O	Y	Ñ	P	V	B	R	J	A	W	R	Q	X	C	B	K	O	P
G	T	T	Q	A	Z	I	X	N	Y	R	E	G	I	Ñ	W	F	I	N	S	T	I	N	T	O
T	S	Y	A	R	S	E	H	J	M	P	R	N	D	P	R	Z	X	C	W	R	Y	J	K	C
Y	I	J	Ñ	R	Q	H	I	U	K	Y	T	Ñ	O	W	A	M	I	S	T	A	D	X	A	I
U	S	K	E	N	T	R	E	T	E	N	I	D	O	Z	T	E	R	T	Y	H	G	J	K	O
J	N	V	C	V	F	E	R	T	Y	U	D	G	T	S	N	I	O	P	Q	W	E	R	G	H
N	I	L	Q	W	F	E	Q	U	I	P	O	R	T	C	O	M	P	L	I	C	A	D	O	Z
D	Ñ	M	B	N	N	M	I	O	I	I	L	K	I	E	C	A	X	E	R	T	Y	I	Ñ	Ñ

juegos	entretener	sagaz	ocio	atento
atención	contar	prudente	pasión	amistad
equipo	encontrar	instinto	aburrido	confiado
diversión	precisión	observación	intuitivo	
entretenimiento	divertido	peligro	entretenido	
emoción	complicado	jugar	distraído	

▼ Nexos con: Matemáticas

El dominó y las matemáticas

¿Qué relación existe entre el dominó y las matemáticas?

¿Cómo podemos utilizar el dominó en primaria para practicar diferentes operaciones matemáticas?

Realiza una investigación breve.

Después, comparte la información que encontraste con tus compañeros.

Toma turnos para compartir tus opiniones y preguntar.

Finalmente, escribe un texto para tu blog en el que expliques tu punto de vista sobre la manera en que el dominó puede ayudar a practicar matemáticas. Diseña algunas actividades como ejemplos y explícalas.

Escribe 150 palabras.

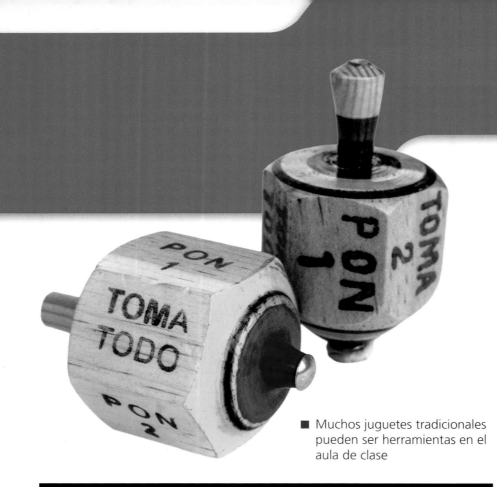

■ Muchos juguetes tradicionales pueden ser herramientas en el aula de clase

La pirinola y el pensamiento matemático

■ Enfoques del aprendizaje

■ Habilidad de comunicación: Estructuran la información en resúmenes, ensayos e informes

Mira el vídeo en el siguiente enlace: **http://tinyurl.com/hlzfjo9** y toma notas sobre lo que ves.

Después de mirar el vídeo, escribe un resumen sobre la manera en que la pirinola se puede utilizar para promover el pensamiento matemático. Incluye dos o tres ejemplos de juegos con la pirinola que consideres útiles para practicar matemáticas en la primaria. Menciona cómo pueden los padres utilizar algunos juegos para ayudar a estudiar a sus hijos en casa.

Escribe 150 palabras.

◆ Oportunidades de evaluación

◆ En esta actividad se han practicado las habilidades que son evaluadas por medio del Criterio C: Comunicación en respuesta a textos orales, escritos o visuales y del Criterio D: Uso de la lengua de forma oral o escrita.

! Actúa e involúcrate

! Inventa juegos utilizando el dominó para practicar matemáticas y organízalos en una carpeta de acuerdo a los temas que incluyan.

! Después, visita a los profesores de primaria en tu escuela o en una escuela local y pregunta acerca de los temas de matemáticas que los alumnos están estudiado. Comparte tus juegos con los profesores y pide retroalimentación.

! Puedes consultar algunas ideas en este enlace: **http://tinyurl.com/z9h5rye**

Lee el siguiente blog sobre el Mikado.

← → C ≡

El Mikado

1   ¿Qué tal amantes de los juegos de mesa?

2   Hoy quiero escribir acerca de uno de mis juegos favoritos de toda la vida: el Mikado. Primero quiero contarles un poco de su historia.

3   El Mikado, también conocido como los palillos o palitos chinos, es un juego de destreza que se basa en la habilidad de controlar el movimiento de la mano y la coordinación entre ojo y mano; por lo tanto, ayuda al desarrollo de la motricidad. El nombre y origen de este juego son un poco controversiales. Aunque su nombre es japonés, se dice que el Mikado nació en China. Sin embargo, el carácter nipón del Mikado es un término obsoleto que se utilizaba para referirse al emperador, y los nombres de los otros palillos se refieren a otros escalones de la estructura política y militar japonesa. Posiblemente, porque es difícil determinar su origen, los nombres que se utilizan para nombrarlo representan los dos países.

4   Existen varias versiones del Mikado: una versión incluye palillos de varios colores, pero la versión original incluye varillas con bandas de diversos colores. En ambas versiones, los palitos miden aproximadamente 20 cm de largo y tienen un grosor de aproximadamente 5 mm de diámetro. Actualmente, los palillos están hechos de plástico o de madera, aunque originalmente, en el pasado, eran de madera o marfil.

5   En la versión popular de plástico, los palillos son de colores comunes: rojo, verde, amarillo y azul, y de todos los palillos, sólo uno de ellos es de color negro, o en algunos casos blanco. El palito negro o blanco es el más importante en el juego. Cada uno de los colores tiene un valor de puntos específico, y el palillo negro o blanco es el de mayor valor.

6   En la versión tradicional, el Mikado, es decir el palillo más importante, está decorado con una línea azul y en el juego tiene valor de 20 puntos. Además, el jugador que lo tome podrá levantarse del asiento durante sus turnos, para jugar con mayor comodidad. Los otros palillos de la versión tradicional se clasifican de la siguiente manera:

7   **Mandarín**: Son cinco palillos en total y se identifican con bandas de esos colores: azul–rojo–azul. Cada uno tiene un valor de diez puntos, y si los jugadores tienen uno lo pueden utilizar como herramienta para retirar otros palillos.

8   **Bonzen**: Son cinco en total, cada uno con un valor de cinco puntos. Se identifican con bandas de colores: rojo–azul–rojo–azul–rojo.

9   **Samurái**: Hay 15 palillos de estos, cada uno con un valor de tres puntos, y se identifican con bandas de los siguientes colores: rojo–amarillo–azul.

10 **Kuli**: Hay 15 unidades de estas, cada una tiene un valor de dos puntos y se pueden identificar con bandas de colores: rojo–azul.

11 El juego se realiza en una superficie, dura, horizontal y plana. Para comenzar, un jugador toma todos los palillos en su mano y, enseguida, suelta el conjunto de palillos, para que estos caigan al azar. Después, los jugadores toman turnos para recoger cada uno de los palillos sin mover los demás en cada intento. Si un jugador mueve los otros palillos intencional o accidentalmente, pierde su turno y el siguiente participante intentará recoger palillos. El ganador es el que tenga la mayor cantidad de puntos.

12 Como pueden ver, no importa si son niños o adultos; el reto es el mismo, y tener 10 o 30 años no determina el nivel de tus habilidades para este juego. Para disfrutar el Mikado sólo es necesario tener buena concentración y buen pulso. ¿Qué tan bueno serían ustedes al jugarlo?

ACTIVIDAD: El Mikado

Después de leer el blog sobre el Mikado, responde las siguientes preguntas.

1 Explica por qué el autor dice que el origen del Mikado es controversial.
2 ¿Cómo son diferentes las dos versiones del Mikado moderno?
3 ¿Qué habilidades son necesarias para jugar el Mikado? Menciona dos ejemplos.
4 ¿Cómo pierden sus turnos los jugadores de Mikado?
5 Explica cómo podemos saber cuántos puntos tiene cada jugador al final del juego.
6 ¿Es posible jugar el Mikado en cualquier tipo de superficie? Explica.
7 ¿Para qué tipo de público escribe este autor? ¿Cómo llegas a esa conclusión?
8 En tu opinión, ¿por qué el autor decidió explicar la versión tradicional del Mikado?
9 Considera la información del texto, ¿qué tipo de persona es el autor? ¿Es un amante común de los juegos de mesa? Explica.
10 ¿Alguna vez has jugado Mikado? De ser así, ¿cuál fue tu experiencia? Si no, ¿te gustaría jugarlo? ¿Por qué o por qué no?
11 ¿Conoces otros juegos similares al Mikado? De ser así, menciona cuáles y cómo son diferentes. Si no, describe un juego para el que necesites habilidades similares.
12 ¿Qué opinas acerca del Mikado? Selecciona un punto de información del texto y expresa tu opinión.

■ Hay juegos de mesa que simulan habilidades necesarias en la vida diaria

OBSERVA–PIENSA–PREGÚNTATE

Primero, responde las siguientes preguntas de manera individual.

1 **Observa** las imágenes anteriores y descríbelas.
2 ¿Qué supones que las personas involucradas en la actividad **piensan** mientras están "enfocadas" en su tarea?
3 ¿Qué **preguntas** te gustaría debatir acerca de la relación entre las fotos?

Después, colabora en equipos pequeños y **comparte** tus ideas. Pregunta acerca de las ideas que mencionen tus compañeros.

ACTIVIDAD: El Jenga

En 1974, en Ghana, Leslie Scott inventó el juego llamado "Takoradi Bricks"; sin embargo, para 1980 se conocía como Jenga en la Universidad de Oxford en el Reino Unido.

El Jenga o La Torre es un juego que contiene 54 piezas de madera. Para jugarlo, se necesitan por lo menos dos jugadores. Los participantes deben usar sus habilidades físicas y mentales para retirar bloques de una torre y colocarlos en su parte superior, hasta que esta se caiga.

Lee el texto en el siguiente enlace: http://tinyurl.com/hfn8t3s. Presta atención a la relación entre las imágenes y el texto.

Primero **resume** las ideas generales. **Diseña** un mapa conceptual para **organizar** tus ideas. Asegúrate de comprender el texto correctamente. Pide ayuda a tu profesor cuando sea necesario.

Realiza un vídeo para **explicar** cómo se juega el Jenga. Utiliza la información en el texto. Si tienes un Jenga, puedes utilizarlo para grabar tu material; de otra forma, emplea imágenes como las que aparecen en el texto para crear tu vídeo.

Antes de comenzar a trabajar en tu vídeo realiza una lista de las especificaciones que deseas.

Tu vídeo debe durar dos minutos.

ACTIVIDAD: Habilidades físicas e intelectuales

Trabaja en parejas.

Selecciona uno de los siguientes enlaces.

Mira el vídeo en el enlace y toma notas sobre lo que sucede.

A   http://tinyurl.com/hk2b56u
B   http://tinyurl.com/hxe7zcn

Después de mirar el vídeo, **explica** el juego a tu compañero paso por paso. Pregunta sobre las ideas que no comprendas.

Luego, considera las ideas que **compartieron** tu compañero y tú. **Escribe** un correo electrónico a tu profesor de Educación Física y para la Salud. Menciona que te gustaría practicar juegos como los que apreciaste en el enlace. Habla acerca de la diversión, diferentes estrategias de juego y las actividades físicas. Explica cómo es posible ejercitarse y pensar al mismo tiempo.

Escribe 150 palabras.

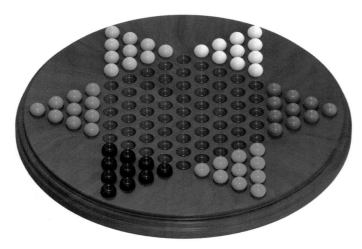

■ Backgammon, Yahtzee y Damas Chinas; muchos juegos de mesa pueden ayudar a practicar habilidades que aprendemos en la escuela

▼ Nexos con: Individuos y Sociedades

Juegos en diferentes culturas

■ Enfoques del aprendizaje

■ Habilidades de gestión de la información: Acceden a la información para estar informados e informar a otros. Establecen conexiones entre diversas fuentes de información

■ Habilidad de comunicación: Estructuran la información en resúmenes, ensayos e informes

Realiza una investigación breve sobre las siguientes palabras y países:

• Chaturanga: India

• Shatranj: Persia (Irán)

• Shōgi: Japón

• Xiangqi: China

Escribe un informe sobre las relaciones de estos juegos con el ajedrez. Menciona cómo son similares.

◆ Oportunidades de evaluación

◆ En esta actividad se han practicado las habilidades que son evaluadas por medio del Criterio C: Comunicación en respuesta a textos orales, escritos o visuales y del Criterio D: Uso de la lengua de forma oral o escrita.

¿Cómo han cambiado los conceptos de diversión e interacción debido a la tecnología?

1984

Actualmente

■ Las interacciones entre jóvenes en su tiempo libre han cambiado drásticamente

ACTIVIDAD: El receso en la escuela

◼ Enfoques del aprendizaje

- Habilidades de comunicación: Utilizan una variedad de técnicas de expresión oral para comunicarse con diversos destinatarios. Escriben con diferentes propósitos
- Habilidad de colaboración: Escuchan con atención otras perspectivas e ideas

Pregunta a tus profesores acerca de las actividades que hacían y juegos que jugaban durante el receso cuando eran estudiantes. También, pregunta acerca de su opinión acerca de la forma en que los estudiantes utilizan el tiempo en el receso.

Luego, colabora en equipos pequeños y **comparte** las ideas que compartieron los maestros. Presta atención a las ideas similares y diferentes que encontraron tus compañeros y tú. Pregunta acerca de las ideas que consideres interesantes.

Después, **escribe** un texto de blog. **Explica** la diferencia entre las actividades que tus profesores hacían en el receso, y las que hacen alumnos de tu edad. Menciona ejemplos para ilustrar tus ideas. Practica el pretérito imperfecto y el presente.

Escribe 150 palabras.

◆ Oportunidades de evaluación

- En esta actividad se han practicado las habilidades que son evaluadas por medio del Criterio C: Comunicación en respuesta a textos orales, escritos o visuales y del Criterio D: Uso de la lengua de forma oral o escrita.

ACTIVIDAD: El teléfono celular es mi mejor amigo

Mira el vídeo en el siguiente enlace: **http://tinyurl. com/hv83nqf**. Elimina el volumen completamente y toma notas sobre lo que veas en él.

Realiza las siguientes tareas.

Tarea 1

Imagina que eres Charlotte, el personaje central de la historia. **Escribe** una entrada en tu diario. Narra tus vivencias con tus amigos el fin de semana pasado. **Describe** la manera en que los teléfonos celulares no te permitieron disfrutar de la compañía de tus amigos. Expresa tu punto de vista al respecto. Utiliza el pretérito indefinido e indicadores temporales.

Escribe 150 palabras.

Tarea 2

Trabaja en parejas.

Participa en una interacción entre Charlotte y su profesor de lengua.

Decide quién será Charlotte y quién será el profesor.

Charla sobre la manera en que el teléfono celular puede intervenir en las relaciones entre las personas, y las distracciones que puede crear. Menciona ejemplos sobre la manera en que las personas no participan completamente en las actividades sociales por prestar atención a su teléfono. Incluye ejemplos de la experiencia que se mostró en el vídeo.

Expresa tu punto de vista al respecto.

La interacción debe durar de tres a cuatro minutos.

■ Ejemplos de juegos infantiles

ACTIVIDAD: Juegos infantiles

Existen juegos infantiles populares que son similares en muchos países. En algunas ocasiones incluso el nombre es el mismo. Estos son ejemplos de algunos juegos infantiles:

- **El escondite / las escondidillas**
- **La traes / pilla-pilla / la llevas / la mancha / las chapadas**
- **Saltar la cuerda**
- **Rayuela / Avión / bebe leche**
- **Sillas musicales / el juego de las sillas.**

Trabaja en equipos pequeños.

¿Conoces estos juegos? De ser así, realiza la Tarea 1. Si no, realiza la Tarea 2.

Tarea 1

Comparte tus ideas con tus compañeros.

- **¿Cómo se juegan estos juegos?**
- **¿Cuáles son las dificultades de estos juegos?**
- **¿Por qué estos juegos son divertidos?**
- **¿A quiénes no les gusta jugar algunos de estos juegos?**

- **¿Cuáles de estos juegos te gusta o te gustaba jugar? ¿Por qué o por qué no?**
- **En tu opinión, ¿son estos juegos populares en la actualidad?**

Tarea 2

Realiza una investigación breve sobre los juegos.

Investiga cómo se juega, cuántas personas pueden jugar y el objetivo del juego.

Después de tu investigación, trabaja en equipos pequeños y realiza la Tarea 1.

Finalmente **escribe** un artículo para la revista de tu escuela acerca de los juegos infantiles. Menciona por qué dejamos de jugarlos a medida que crecemos. Incluye ideas sobre las razones por las que muchos de los juegos infantiles son simples, no necesitan herramientas especiales y son divertidos. Debate esta pregunta:

¿Son los niños más creativos que los adolescentes y los adultos?

Escribe 150 palabras.

y "Conejos y conejeras", juegos populares

OBSERVA–PIENSA–PREGÚNTATE

Presta atención a las imágenes anteriores y responde estas preguntas.

1 ¿Qué **observas** en cada una?
2 ¿Cómo **piensas** que se juega cada uno de los juegos?
3 ¿Qué **preguntas** puedes especular o te gustaría hacer acerca de las reglas?

Comparte tus respuestas en parejas.

ACTIVIDAD: Conejos y conejeras, y Declaro la Guerra / STOP

Tu profesor dividirá la clase en dos.

Con tu equipo, decide en cuál de las siguientes actividades quieres trabajar: Conejos y conejeras o Declaro la Guerra / STOP. Lee los textos en la página 280.

Después de decidir, en equipo, sigue estas indicaciones:

1 Lee el texto.
2 Asegúrate que todos comprendan.
3 Organiza los pasos del juego.
4 Verifica que todos comprendan las reglas.
5 Juega.

Después de jugar, una persona de cada equipo colaborará con un miembro de otro equipo. Debes trabajar con alguien que jugó un juego diferente.

Con tu pareja charla sobre los siguientes puntos.

Utiliza tus propias palabras.

a ¿Cómo se llama el juego que jugaste?
b ¿Qué es necesario para jugar el juego?
c ¿Cuáles son los pasos del juego?
d ¿Cuáles son algunas reglas importantes?
e ¿Qué dificultades pueden tener los jugadores?
f ¿Cuál es el objetivo del juego?

Escucha las ideas de tu compañero y pregunta sobre la información que no sea clara.

Finalmente, **escribe** un texto para tu blog. Narra tu experiencia en estos juegos. Escribe sobre las habilidades de colaboración que son necesarias para jugar "Declaro la Guerra" / "STOP" y "Conejos y conejeras", dos juegos típicos mexicanos. **Describe** brevemente los diferentes roles que los jugadores pueden jugar, a qué es necesario poner atención y los errores que se pueden cometer.

Escribe 150 palabras.

ACTIVIDAD: Diferentes maneras de jugar

Mira los vídeos en estos enlaces:
- **Conejos y conejeras:** https://youtu.be/gBrZcLI6qdA
- **Declaro la Guerra / STOP:** http://tinyurl.com/hjqo45s

Trabaja con un compañero que jugó un juego distinto al tuyo.

Menciona las diferencias que puedes **identificar** entre la manera en que jugaste el juego, y la manera en que las personas en el vídeo jugaron.

Conejos y conejeras

"Conejos y conejeras" se debe jugar con varias personas. Más de diez personas es el número adecuado. Es necesario que el número de personas sea múltiplo de 3 y que haya una persona extra: 9+1, 12+1, 15+1.

Dos personas se deben tomar de la mano para formar una conejera, y otra persona, el conejo, deberá ponerse al interior de la conejera.

A la persona le llamaremos capitán.

El capitán puede gritas tres cosas: ¡Conejos! ¡Conejeras! y ¡Terremoto! Presta atención a los siguientes detalles.

1 Si el capitán grita ¡Conejos!, esto significa que las conejeras deberán levantar los brazos. El conejo deberá salir y encontrar otra conejera. El capitán aprovechará para entrar en una conejera. La persona que no entre en una conejera será el nuevo capitán.

2 Si el capitán grita ¡Conejeras!, esto significa que los conejos se quedarán en su lugar y las conejeras deberán moverse y "abrazar" otro conejo. El capitán deberá gritar nuevamente.

3 Si el capitán grita ¡Terremoto!, esto significa que las conejeras se desintegrarán y los conejos estarán en libertad. Todos los participantes deberán forma nuevas conejeras con un nuevo conejo. La persona que no entre en una conejera será el nuevo capitán.

Declaro la Guerra / STOP

Para jugar "Declaro la Guerra", también conocido como "STOP", es necesario tener por lo menos cuatro personas. Si hay más personas el juego es más divertido.

Primero es necesario dibujar dos círculos concéntricos. Después, el segundo aro se dividirá entre el número total de participantes (observa la imagen en este enlace: **https://juegospopularesregionandina.files.wordpress. com/2013/10/stop.jpg**). Luego, cada participante debe seleccionar el nombre de un país. En cada sección se escribirá el nombre de los países que se seleccionen.

los participantes se reúnen alrededor del ponen un pie sobre el nombre de su país. Es eleccionar un jefe para comenzar el juego. El iente frase: "Declaro la guerra en contra o que es ..." El jefe hace una pausa s demás corren, entonces el jefe s de los que se seleccionaron, ese país deberá regresar al centro del círculo y gritar "STOP". Los demás países dejarán de correr.

El siguiente paso es muy importante y es necesario calcular las distancias muy bien. La persona que dijo "STOP" deberá observar la posición de todos los otros países y decidirá atacar uno; será necesario calcular en cuántos pasos llegará a ese país. La persona que dijo "STOP" dirá lo siguiente:

"Atacaré a [nombre del país que decidió atacar]. Para llegar a [nombre del país que decidió atacar] necesito [número] pasos".

Ejemplo: Atacaré [Suiza]. Para llegar a [Suiza] necesito [10] pasos.

Así, quien ataca comenzará a caminar hacia el país que escogió. Si su cálculo fue correcto, el país atacado será eliminado. Si no, el atacante será eliminado. La persona que no se elimine será el nuevo jefe y el juego comienza otra vez. El final del juego llega cuando sólo hay dos personas.

Nexos con: Educación Física y para la Salud

El riesgo de algunos juegos

■ Enfoques del aprendizaje

■ Habilidad de comunicación: Estructuran la información en resúmenes, ensayos e informes

¿Conoces o has jugado el juego llamado "el burrito" / "el burrito castigado" / "el burro entamalado"?

Analiza los siguientes vídeos y toma notas sobre cada uno:

• Entre hombres: **https://youtu.be/Ctc4uxrvmy8**

• Hombres y mujeres: **https://youtu.be/8xvr__kl-5E**

Realiza las siguientes tareas:

Tarea 1

Responde estas preguntas. Explica:

1 ¿Cómo se juega este juego?

2 ¿Qué deben hacer los jugadores?

3 ¿Qué precauciones se deben tomar?

4 ¿Qué problemas pueden ocurrir? ¿Por qué?

Menciona recomendaciones que darías a las personas que quieren jugarlo.

Tarea 2

Imagina que tu profesor de Educación Física y para la Salud pidió un análisis de los riesgos de un juego. Escribe un resumen sobre este juego. Utiliza la información de tus respuestas. Describe las áreas de riesgo del juego y si es buena idea o no jugarlo en la escuela. Justifica tus ideas.

Escribe 150 palabras.

Tarea 3

Imagina que jugaste este juego con tus compañeros y hubo un accidente.

En esta actividad participarás en una interacción con tu profesor. Tu profesor será el profesor de Educación Física y para la Salud, o un enfermero de la escuela. Tú fuiste testigo del accidente y en este momento explicas qué pasó.

Responde las preguntas que haga tu profesor y menciona ejemplo cuando sea necesario.

La interacción durará de dos a tres minutos.

◆ Oportunidades de evaluación

◆ En esta actividad se han practicado las habilidades que son evaluadas por medio del Criterio C: Comunicación en respuesta a textos orales, escritos o visuales y del Criterio D: Uso de la lengua de forma oral o escrita.

■ Minecraft, los videojuegos en consola y los juegos en teléfonos celulares son muy populares entre los jóvenes

P.I.N.O.

Considera las ideas que tus compañeros y tú han **compartido** acerca de los juegos sin y con tecnología, así como los roles de las personas en diferentes tipos de juegos.

Individualmente, copia y completa la siguiente tabla. **Escribe** ideas sobre cada tipo de juegos, considerando cada ítem.

Ítem	Juegos con tecnología	Juegos sin tecnología
Aspectos **P**ositivos		
Información que debe considerarse		
Aspectos **N**ocivos		
Opinión personal		

Después, colabora en equipos pequeños y comparte tus ideas. ¿Qué diferencias y similitudes encontraste?

ACTIVIDAD: ¿Qué es más perjudicial?

■ Enfoques del aprendizaje

■ Habilidad de comunicación: Escriben con diferentes propósitos

Utiliza las ideas en la tabla de la actividad "P.I.N.O." para **escribir** un texto de blog. Responde la pregunta de este segundo tema:

"¿Cómo han cambiado los conceptos de diversión e interacción debido a la tecnología?"

Incluye tu punto de vista y ejemplos para ilustrar tus ideas. Puedes mencionar casos específicos de los temas que estudiaste en esta parte del capítulo.

Escribe 150 palabras.

◆ Oportunidades de evaluación

◆ En esta actividad se han practicado las habilidades que son evaluadas por medio del Criterio C: Comunicación en respuesta a textos orales, escritos o visuales y del Criterio D: Uso de la lengua de forma oral o escrita.

! Actúa e involúcrate

! Charla con tu profesor de Educación Física y para la Salud, y el coordinador de Servicio a la Comunidad de tu escuela. Comparte ideas sobre diferentes formas en que puedes crear campañas para promover actividades sanas y con poco riesgo.

! Comparte ideas sobre las razones por las que es bueno estar activo con precauciones; y por las que es mala idea no tener suficiente actividad física.

¿Cómo impactan los juegos en la manera en que nos relacionamos?

■ Los juegos nos ayudan a establecer diferentes relaciones con nuestros amigos

■ El boliche, el baile y los videojuegos son diferentes formas de diversión

PIENSA–COMPARA–COMPARTE

Presta atención a las imágenes y responde las siguientes preguntas.

1 ¿Qué actividades se realizan en cada caso?
2 ¿A qué tipo de personas les gustan cada una de esas formas de entretenimiento?
3 ¿Qué es necesario saber o conocer para participar activamente en cada actividad?
4 ¿Existen aspectos negativos en la práctica de estas actividades? ¿Cuáles?

Después, colabora en equipos pequeños. **Compara** y comparte tus respuestas.

ACTIVIDAD: Disfrutamos y compartimos

■ Enfoques del aprendizaje

■ Habilidades de comunicación: Hacen deducciones y extraen conclusiones. Escriben con diferentes propósitos

Mira dos vídeos acerca de dos juegos: caras y gestos y Jenga. Utiliza los siguientes enlaces. Toma notas acerca de las emociones que muestran las personas, de las actividades que hacen y de las diferentes expresiones que dejan ver.

● **Caras y gestos:** https://youtu.be/a_SYCYda8Xc
● **Jenga:** https://youtu.be/8MqXI5QfYCQ

Utiliza tus notas para **escribir** un texto en tu blog.

Escribe sobre la manera en que ciertos juegos nos permiten explorar nuestras habilidades sociales y fortalecer nuestras relaciones con nuestros amigos. Menciona ejemplos de juegos que son buenos modelos. **Explica** la relación entre algunos juegos y las personalidades de las personas que los juegan.

Escribe 150 palabras.

◆ Oportunidades de evaluación

◆ En esta actividad se han practicado las habilidades que son evaluadas por medio del Criterio C: Comunicación en respuesta a textos orales, escritos o visuales y del Criterio D: Uso de la lengua de forma oral o escrita.

ACTIVIDAD: ¿Cómo se juega?

Individualmente, **selecciona** uno de los siguientes juegos de mesa e **investiga** cómo se juega.

- **Juego de la oca**
- **Serpientes y escaleras**
- **El lince**
- **Caras y gestos**
- **Pictionary**
- **Tabú**

Considera los siguientes puntos en tu investigación.

- **¿Qué materiales o equipo se necesita?**
- **¿Cuántos jugadores pueden participar?**
- **¿Cuáles son algunas reglas?**
- **¿Cuáles son los pasos del juego?**
- **Menciona otras consideraciones importantes.**

Después, **colabora** en equipos pequeños con compañeros que investigaron diferentes juegos. **Comparte** la información que encontraste. Utiliza ilustraciones para **explicar** tus ideas cuando sea necesario. Pregunta sobre ideas específicas de los juegos que investigaron tus compañeros.

Finalmente, selecciona una de las siguientes opciones.

a **Escribe un texto de 150 palabras para tu blog. Escribe por qué es buena idea tener juegos de mesa en reuniones sociales. Menciona ejemplos sobre las habilidades sociales y de estrategia que algunos juegos permiten explorar. Incluye información acerca de cómo los juegos nos ayudan a compartir.**

b **Escribe una entrada para tu diario de 150 palabras. Imagina que fuiste a una reunión con tus amigos y jugaron varios juegos de mesa. Menciona ejemplos acerca de los juegos que jugaste y explica qué habilidades sociales y de estrategia los juegos te ayudaron a explorar. Incluye información acerca de cómo los juegos nos ayudan a compartir. Utiliza el pretérito imperfecto.**

PIENSA–COMPARA–COMPARTE

Presta atención a las imágenes en la página 283. De manera individual responde las siguientes preguntas.

1 **¿Cómo se motivan los amigos que practican estas actividades juntos?**
2 **¿Cómo establecen retos entre ellos?**
3 **¿Cómo se ayudan a mejorar?**
4 **¿Qué tipo de competitividad puede surgir entre amigos?**
5 **¿Cómo pueden los amigos promover la competitividad positiva?**
6 **¿Cómo se puede practicar la resiliencia cuando practicamos deportes con amigos?**

Después, colabora en equipos pequeños y **comparte** tus ideas. Toma turnos para responder y preguntar sobre las ideas que consideres interesantes.

ACTIVIDAD: El Espíritu competitivo

Considera las ideas que compartiste en "Piensa–compara–comparte" a la izquierda y realiza las siguientes tareas.

Tarea 1

Trabaja en parejas.

Una persona será un alumno y la otra será el profesor de Educación Física y para la Salud.

El profesor de Educación Física y para la Salud preguntará al estudiante acerca de su opinión sobre competencia negativa, y algunos ejemplos que ha visto en las actividades en la escuela.

En la interacción deberán hablar acerca de las maneras en que se pueden evitar y solucionar los problemas en una competición, y acerca de la manera en que se puede competir sanamente.

La interacción deberá durar de tres a cuatro minutos.

Tarea 2

Escribe un artículo para la revista de tu escuela acerca de la negatividad que algunos estudiantes demuestran cuando participan en actividades en equipo, o cuando practican deportes.

Menciona algunas razones por las que a muchas personas les gusta competir; explica por qué la competencia extrema puede provocar problemas.

Escribe 150 palabras.

ACTIVIDAD: La lotería

Mira el vídeo en este enlace: https://youtu.be/Ysy-ORrFH_g y responde las siguientes preguntas.

1 **¿Cuántas piezas incluye una lotería? ¿Qué otras cosas se necesitan para jugar?**
2 **¿En qué lugares se jugaba antes de llegar a México?**
3 **¿Qué pasó con el juego cuando llegó a México?**
4 **¿Cuánto cuesta una lotería como la que se muestra en el vídeo?**
5 **Considera las imágenes y la narración, y explica cómo se juega la lotería.**
6 **Según la mamá, ¿qué ventajas tiene jugar lotería?**
7 **¿Qué puedes mencionar acerca de las relaciones que tienen las personas en el vídeo?**
8 **¿En dónde aparece este vídeo? Justifica tu respuesta.**
9 **Explica la manera en que el narrador intervino en el vídeo.**
10 **¿Cuál es el objetivo del vídeo?**
11 **Considera la información en el vídeo. ¿Se comunicaron las ideas efectivamente? Explica.**
12 **¿Qué opinas sobre el material que se utilizó para el vídeo? ¿Hubo buena selección? Explica.**
13 **¿Consideras que sería buena idea jugar a la lotería en una fiesta con tus amigos? ¿Por qué o por qué no?**

ALGUNAS TAREAS SUMATIVAS PARA EVALUAR ESTE CAPÍTULO

Considera las siguientes actividades para poner en práctica lo que has aprendido en este capítulo. Las tareas se diseñaron considerando el vocabulario y estructuras que se introdujeron, así como las ideas que se presentaron. Estas tareas te permitirán valorar tu desempeño en diferentes áreas de la lengua utilizando los criterios de evaluación de Adquisición de Lenguas del PAI.

TAREA 1

La perinola

Mira el vídeo en este enlace: **https://youtu.be/ nbBQFXdPclk** y responde las siguientes preguntas.

Considera únicamente esta porción del vídeo: del minuto 0 al 3:30.

1   **En tus propias palabras, describe qué es la perinola.**
2   **Utiliza la información en el vídeo. Explica cómo llegó la perinola a las Américas.**
3   **¿Cómo es diferente la perinola que construían los indígenas de Venezuela a la que llegó de Europa?**
4   **¿Qué materiales utilizó Jeannete Funes para fabricar la perinola?**
5   **¿En qué lugar está Jeannete Funes? ¿Cómo llegas a esa conclusión?**
6   **¿Es posible fabricar perinolas en tu escuela? Explica por qué o por qué no.**

7   **¿Cuál es el rol de Eliana Vásquez en el programa donde se presenta este vídeo?**
8   **¿En qué sección del programa se muestra este vídeo? Justifica tu respuesta.**
    a   sección de entretenimiento
    b   sección internacional
    c   sección cultural
9   **Explica tu estrategia para jugar exitosamente a la perinola. ¿Qué pasos seguirías?**
10 **¿Es la perinola un juguete específico para edades determinadas? Justifica tu respuesta.**
11 **¿Es la perinola un juego que te gustaría practicar con frecuencia? ¿Por qué o por qué no?**

◆ Oportunidades de evaluación

◆ Esta tarea evalúa habilidades del Criterio A: Comprensión de textos orales y visuales.

Los beneficios de aprender ajedrez

1   Aprender a jugar ajedrez tiene beneficios para las personas de todas las edades debido a que este juego reúne características especiales que favorecen el desarrollo de aptitudes mentales tales como la concentración, la atención, la memoria (asociativa, cognitiva, selectiva, visual), la abstracción, el razonamiento y la coordinación, sólo por mencionar algunas.

2   En la actualidad, el pensamiento crítico, la observación y el pensamiento científico son de extremada importancia. Por esta razón, saber jugar el ajedrez puede ser una gran herramienta. Este juego no es un juego simple. Los jugadores de ajedrez constantemente ponen a prueba diferentes hipótesis que deben verificar o eliminar. Para tener éxito como jugador de ajedrez es necesario saber aplicar diferentes estrategias para llegar a un objetivo específico; al mismo tiempo, para llegar a tal objetivo, el jugador debe entender la relación entre roles, movimientos, ataque y defensa.

3   El ajedrez es un juego-ciencia que ayuda a fortalecer los aspectos intelectuales y recreativos de las personas que lo practican. También, este juego ayuda a los jugadores a socializar, a comunicarse de una forma educada, a expresar ideas concretas y a justificar decisiones. A continuación se enumeran algunas ventajas del ajedrez.

Análisis y síntesis

4   Durante la partida de ajedrez el aprendiz tiene múltiples alternativas y necesita responder a la amenaza del contrario y, al mismo tiempo, amenazar a su rival. Esto significa que el jugador debe analizar todas las alternativas posibles, y sintetizar y decidir cuál es la más apropiada. Este es un ejemplo de la manera en que el ajedrez desarrolla el pensamiento crítico.

Memoria

5   En el ajedrez existen incontables alternativas para cada jugada; además, el tiempo que los jugadores tienen para realizar movimientos es muy limitado y necesitan tomar decisiones rápidamente. Por esta razón, la memoria es un elemento crucial para el ajedrecista. Podemos decir que la memoria es su aliado principal porque muchas de las respuestas se basan en la experiencia o el conocimiento de los movimientos que el enemigo puede intentar. Un buen jugador es un estudioso de estrategias y tácticas.

Resolución de problemas y toma de decisiones

6   El ajedrez genera responsabilidad cuando los jugadores toman decisiones. Durante la partida los participantes enfrentan diferentes problemas y necesitan definir el contexto y aplicar una estrategia de solución. Como el tiempo es un factor importante en el ajedrez, es necesario aprender a tomar decisiones bajo presión de tiempo.

Socialización

7   El ajedrez favorece la integración porque para jugarlo no es importante ni la edad, ni la nacionalidad, ni el idioma. Los niños pueden jugar con jóvenes o con personas mayores, y además no es necesario ser un maestro para participar en los torneos abiertos. Además, a nivel personalidad, el ajedrez fomenta la capacidad de organización y el equilibrio entre lo racional y lo emocional.

Creatividad e imaginación

8   En el ajedrez responder a las jugadas del oponente o tratar de seguir o imitar patrones de jugadas no es suficiente. Para obtener ventajas claras sobre el contrincante, el ajedrecista debe imaginar todas posiciones distintas posibles en el tablero y definir estrategias para lograrlas.

Aceptación de reglas

9   En el ajedrez, la ética de juego es de vital importancia. El incumplimiento de las reglas no es aceptable y es penalizado. Posiblemente la parte central del ajedrez es la manera en que ayuda a los jugadores a ser responsables de sus decisiones, es imposible culpar a los demás de sus errores.

10   Así, el ajedrez se perfila como un juego único y especial; un juego que transforma a los que les gusta jugarlo; y un deporte mental que siempre tiene un reto listo para todos los jugadores.

TAREA 2

Los beneficios de aprender ajedrez

Después de leer el artículo, responde las siguientes preguntas.

1 Según el autor, ¿por qué aprender a jugar ajedrez puede ser una buena herramienta en la actualidad?
2 Con tus propias palabras, explica por qué el autor menciona que el ajedrez es un juego-ciencia.
3 ¿Cuál de las ventajas del ajedrez se representa en la imagen? Justifica tu respuesta.
4 En dos o tres líneas, resume las ideas que el artículo menciona sobre el tiempo y la memoria cuando se juega al ajedrez.
5 Menciona dos atributos de la comunidad de aprendizaje del IB a las que podemos decir que se hace referencia en el texto. Justifica tu respuesta.
6 En el párrafo sobre "Socialización", ¿la palabra *maestro* significa: "alguien que da clases en una escuela"? Explica.
7 ¿En qué tipo de publicación puede aparecer este artículo? Justifica tu respuesta.
   a revista de espectáculos
   b revista de educación
   c revista de arte
8 Menciona tres palabras que se usan en el artículo para hablar de las personas que juegan ajedrez.
9 ¿Qué opinas sobre la conclusión que presenta el autor?
10 En tu opinión, ¿qué características tienen las personas que son buenos jugadores de ajedrez? Utiliza información del artículo en tu respuesta.
11 ¿Qué tan fácil o difícil es para ti jugar ajedrez? Explica.

◆ Oportunidades de evaluación

◆ Esta tarea evalúa habilidades del Criterio B: Comprensión de textos escritos y visuales.

■ El que lee, el que juega, el que mira y el que escucha

TAREA 3: Oral

Estudia la imagen con atención. Toma cinco minutos para preparar una presentación de dos a tres minutos acerca del tema que se presenta en la imagen. Toma notas. No puedes utilizar diccionario en esta tarea.

Presenta tu trabajo a tu profesor; puedes utilizar tus notas, pero no puedes leer.

Después de tu presentación el profesor te hará preguntas que debes responder.

La interacción total deberá durar cinco minutos.

TAREA 4: Escrita

Considera la imagen anterior.

Escribe un artículo para la revista de tu escuela.

Habla sobre la manera en que las formas de diversión que **selecciona** cada persona influyen positivamente o negativamente en las relaciones que puede establecer con los demás.

Menciona aspectos positivos y negativos que identifiques en la imagen. Incluye tu opinión.

Escribe 150 palabras.

◆ Oportunidades de evaluación

◆ Estas tareas evalúan habilidades del Criterio C: Comunicación en respuesta a textos orales, escritos o visuales y del Criterio D: Uso de la lengua de forma oral o escrita.

Reflexión

En este capítulo exploramos las diferentes tipos de juegos y actividades recreativas que practican las personas. También vimos ejemplos sobre la evolución de los juegos y las oportunidades para practicar diferentes habilidades que muchos de ellos nos permiten experimentar. Además, leímos sobre el impacto que los juegos tienen en la manera en que nos relacionamos con los demás.

Enfoques del aprendizaje

■ Habilidad de reflexión: Consideran los contenidos y preguntarse: ¿Sobre qué aprendí hoy? ¿Hay algo que aún no haya entendido? ¿Qué preguntas tengo ahora?

Reflexionemos sobre nuestro aprendizaje …
Usa esta tabla para reflexionar sobre tu aprendizaje personal en este capítulo.

Preguntas que hicimos	Respuestas que encontramos	Preguntas que podemos generar ahora			
Fácticas: ¿Qué juegos eran populares en el pasado? ¿Cómo nos divertimos y nos relacionamos en la actualidad? ¿Qué habilidades promueven los juegos?					
Conceptuales: ¿Cómo impactan los juegos en la manera en que nos relacionamos? ¿Cómo han cambiado los conceptos de diversión e interacción debido a la tecnología?					
Debatibles: ¿Podemos aprender acerca de las relaciones sociales cuando jugamos? ¿Eran los juegos del pasado más educativos que los de hoy en día?					
Enfoques de aprendizaje en este capítulo:	Descripción: ¿qué destrezas nuevas adquiriste?	¿Qué tan bien has consolidado estas destrezas?			
		Novato	En proceso de aprendizaje	Practicante	Experto
Habilidades de comunicación					
Habilidades de colaboración					
Habilidades afectivas					
Habilidades de reflexión					
Habilidades de gestión de la información					
Habilidades de pensamiento creativo					
Atributos de la comunidad de aprendizaje	Reflexiona sobre la importancia de ser alguien informado e instruido en este capítulo. ¿Cómo demostraste tus habilidades como estudiante informado e instruido en este capítulo?				
Informado e instruido					

12 ¿Qué tan anti-mentalidad abierta somos?

○ Entrar en contacto con diversidad cultural en **la sociedad y en el mundo** permite establecer **conexiones** y observar **patrones** entre sus similitudes y diferencias.

CONSIDERAR Y RESPONDER ESTAS PREGUNTAS:

Fácticas: ¿Qué estereotipos de otros países conoces? ¿Qué actitudes demuestran que algunas personas no tienen una mentalidad abierta?

Conceptuales: ¿Cómo influyen los medios de comunicación en la opinión que creamos sobre otras personas? ¿Cómo se relaciona la mentalidad internacional con la mentalidad abierta? ¿Cómo nos ayuda tener una mentalidad abierta en la solución de conflictos?

Debatibles: ¿Qué problemas pueden surgir debido a los estereotipos? ¿Por qué muchas personas tienen conflictos con personas diferentes?

Ahora **compara y comparte** con un compañero o con la clase entera.

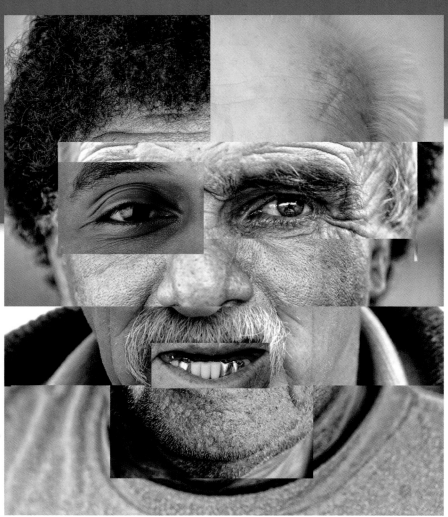

■ ¿Quiénes están a favor del racismo, de la xenofobia y del antisemitismo?

○ EN ESTE CAPÍTULO VAMOS A:

■ **Descubrir:**
  ■ vocabulario y estructuras para hablar de la diversidad social y cultural.
■ **Explorar:**
  ■ diferentes escenarios acerca de los estereotipos.
■ **Tomar acción y:**
  ■ reflexionar sobre la manera en que permitimos que los estereotipos nos influyan.

Las siguientes habilidades de los enfoques del aprendizaje serán útiles:

- Habilidades de comunicación
- Habilidades de colaboración
- Habilidades de organización
- Habilidades de reflexión
- Habilidades de gestión de la información
- Habilidades de pensamiento crítico
- Habilidades de pensamiento creativo

Reflexiona sobre el siguiente atributo de la comunidad de aprendizaje:

- Íntegro: Actuamos con integridad y honradez, con un profundo sentido de la equidad, la justicia y el respeto por la dignidad y los derechos de las personas en todo el mundo. Asumimos la responsabilidad de nuestros propios actos y sus consecuencias.

Oportunidades de evaluación en este capítulo:

- **Criterio A:** Comprensión de textos orales y visuales
- **Criterio B:** Comprensión de textos escritos y visuales
- **Criterio C:** Comunicación en respuesta a textos orales, escritos o visuales
- **Criterio D:** Uso de la lengua de forma oral o escrita

Contenido esencial

Los contenidos temáticos que se abordarán en este capítulo pertenecen a las fases 1 y 2 del continuo de aprendizaje y son:

- Los asuntos de actualidad y los acontecimientos pasados
- Internet
- Hechos y productos de la lengua y la cultura objeto de estudio
- El presente de indicativo
- El pretérito indefinido
- El pretérito imperfecto
- El pretérito perfecto
- Construcciones con "poder", "deber", "querer" + infinitivo

VOCABULARIO SUGERIDO

Vocabulario sugerido para mejorar la experiencia de aprendizaje.

Sustantivos	Adjetivos	Verbos
aceptación	congruente	abrirse
conflicto	controvertido	asumir
controversia	espiritual	comprender
derechos	fanático	cuestionar
discriminación	imparcial	debatir
diversidad	intolerante	defender
estereotipo	justo	diferenciar
humildad	neutral	disputar
mentalidad	objetivo	equilibrar
polémica	prejuicioso	incitar
rasgos	racial	ofender
respeto	racista	provocar
tolerancia	relativo	surgir
valores	subjetivo	

¿Qué estereotipos de otros países conoces?

■ Muchos estereotipos se concretan porque ya son aceptados por la mayoría como patrón o modelo de cualidades o de conducta, pero esto no significa que sean una representación auténtica de las personas

ACTIVIDAD: Acabando con estereotipos

■ Enfoques del aprendizaje

■ Habilidad de colaboración: Escuchan con atención otras perspectivas e ideas

De manera individual, **escribe** diez oraciones para dar un ejemplo de por qué algunos estereotipos no son ciertos. Utiliza experiencias personales. Considera el siguiente patrón:

No todos los británicos **son puntuales**; tengo un amigo que siempre llega tarde.

Después, colabora en equipos pequeños y **comparte** tus ideas. Toma turnos para responder y preguntar acerca de las ideas de tus compañeros.

Finalmente, escribe un texto para tu blog.

Habla acerca de los estereotipos más comunes, y cómo piensas que se volvieron populares. Menciona si crees que todas las personas creen en los estereotipos. **Justifica** tus ideas.

Escribe 150 palabras.

◆ Oportunidades de evaluación

◆ En esta actividad se han practicado las habilidades que son evaluadas por medio del Criterio C: Comunicación en respuesta a textos orales, escritos o visuales y del Criterio D: Uso de la lengua de forma oral o escrita.

OBSERVA–PIENSA–PREGÚNTATE

Observa la ilustración con atención y **escribe** lo que ves.

Después, ve a la actividad sobre estereotipos en el Capítulo 6, página 143, y de manera individual, escribe una lista de observaciones sobre las ideas que mencionaste en esa actividad y las ideas que se expresan en la ilustración anterior. Escribe qué te hacen pensar.

Luego, escribe una lista de preguntas que te gustaría debatir sobre la actividad en la página 143 y la ilustración anterior.

Finalmente, colabora en equipos pequeños. **Comparte** tus ideas. Toma turnos para responder y preguntar sobre las ideas que consideres interesantes.

ACTIVIDAD: Los continentes de los estereotipos

■ Enfoques del aprendizaje

- ■ Habilidad de comunicación: Escriben con diferentes propósitos
- ■ Habilidad de colaboración: Escuchan con atención otras perspectivas e ideas

Imagina que puedes reagrupar los países en diferentes continentes de acuerdo a su personalidad, a su estilo de vida; dependiendo de los valores que comparten, o de los recursos que poseen.

¿Cómo los agruparías? ¿Qué nombre les darías?

Primero, en tus equipos, toma turnos para **presentar** las razones para nombrar los continentes de cierta manera. **Organiza** tus ideas en una tabla como la siguiente.

Continente	Países que podrían formar parte de este continente	Razón

Colabora y **dibuja** tus nuevos continentes con tu equipo.

Luego, intercambia con otro equipo tu mapa de continentes y la tabla en la que **escribiste** tus justificaciones. Observa el mapa y lee con atención la información de tus compañeros y escribe oraciones sobre los estereotipos que puedes **identificar**. Observa el patrón en el siguiente ejemplo:

Según el mapa de mis compañeros, México es parte de "*Divertilandia*" porque la gente disfruta las actividades que hacen en su vida.

Finalmente, observa el mapa en el siguiente enlace: **https://tinyurl.com/m5xmdb6**

¿Qué tan similar o diferente es este mapa a los mapas que tus compañeros y tú dibujaron?

Escribe un texto para tu blog. **Explica** los dibujos que hiciste y el contenido del mapa en el enlace. Presenta tu punto de vista acerca de la manera en que los estereotipos pueden condicionar nuestras opiniones. Menciona ejemplos utilizando la información en los mapas de tus compañeros.

Escribe 150 palabras.

◆ Oportunidades de evaluación

- ◆ En esta actividad se han practicado las habilidades que son evaluadas por medio del Criterio C: Comunicación en respuesta a textos orales, escritos o visuales y del Criterio D: Uso de la lengua de forma oral o escrita.

ACTIVIDAD: Guía Internacional para la solución de problemas

■ Enfoques del aprendizaje

- ■ Habilidad de comunicación: Utilizan una variedad de técnicas de expresión oral para comunicarse con diversos destinatarios

De manera individual, responde la siguiente pregunta:

¿Qué estereotipos acerca de diferentes nacionalidades conoces sobre los siguientes temas?

- • **Trabajo**
- • **Puntualidad**
- • **Tolerancia**
- • **Calidad de productos**
- • **Profesiones o trabajos específicos que realizan**
- • **Color de piel**

Después observa con atención la imagen en este enlace: **http://tinyurl.com/jf9gnfq**

Escribe una oración sobre cada uno de los casos. Interpreta la ilustración.

Finalmente, participa en una charla con un compañero acerca de las ideas que se presentan en la ilustración. ¿Estás de acuerdo? ¿Por qué o por qué no? Menciona ejemplos específicos sobre las razones por las que existe esta idea.

◆ Oportunidades de evaluación

- ◆ En esta actividad se han practicado las habilidades que son evaluadas por medio del Criterio D: Uso de la lengua de forma oral o escrita.

ACTIVIDAD: ¿Qué tan asiático eres?

■ Habilidades de comunicación: Utilizan una variedad de técnicas de expresión oral para comunicarse con diversos destinatarios. Utilizan el entendimiento intercultural para interpretar la comunicación

Mira el vídeo en el siguiente enlace: http://tinyurl.com/ph6dbl3. El vídeo es en inglés.

Trabaja en parejas. Decide si utilizarás tu nacionalidad o **seleccionarás** otra. Utiliza la situación en el vídeo para generar una discusión sobre la apariencia de tu compañero. Usa los estereotipos de la cultura que representa tu compañero para generar puntos de debate.

Presta atención al lenguaje corporal que debe acompañar a los diálogos.

La interacción debe durar de dos a tres minutos.

◆ Oportunidades de evaluación

◆ En esta actividad se han practicado las habilidades que son evaluadas por medio del Criterio C: Comunicación en respuesta a textos orales, escritos o visuales y del Criterio D: Uso de la lengua de forma oral o escrita.

PIENSA–COMPARA–COMPARTE

Primero, de manera individual, responde las siguientes preguntas. Piensa en ejemplos específicos para ilustrar tus respuestas.

1 **¿La discriminación únicamente ocurre entre personas de diferentes países o puede también ocurrir entre la gente de diferentes regiones de un país? ¿Por qué?**
2 **¿Qué países son más propensos a discriminar? ¿Por qué?**
3 **¿Hasta qué punto hay más o menos discriminación en los países culturalmente diversos?**

Después, colabora en equipos pequeños y **comparte** tus opiniones. Toma turnos para responder y preguntar sobre ideas que consideres relevantes.

ACTIVIDAD: Los países más diversos

■ Habilidad de gestión de la información: Establecen conexiones entre diversas fuentes de información
■ Habilidad de comunicación: Estructuran la información en resúmenes, ensayos e informes

Observa el mapa en este enlace: https://tinyurl.com/kwrvnzo, sobre la mayor diversidad étnica y la mayor homogeneidad étnica.

Según el mapa, ¿cuáles son los diez países más diversos?

¿Qué sabes sobre esos países?

Realiza una breve investigación sobre los diez países más diversos. **Investiga** sobre las diferentes etnias que existen; sobre los rasgos de las personas de sus diferentes regiones; sobre las diferentes religiones que se practican; y sobre los diferentes idiomas que se hablan.

Escribe un informe de 150 palabras sobre tu investigación. Haz referencia al mapa cuando sea necesario.

◆ Oportunidades de evaluación

◆ En esta actividad se han practicado las habilidades que son evaluadas por medio del Criterio C: Comunicación en respuesta a textos orales, escritos o visuales y del Criterio D: Uso de la lengua de forma oral o escrita.

ACTIVIDAD: No soy mi estereotipo

Observa las burbujas de diálogo al final de la página.

Individualmente, responde estas preguntas:

1 **¿Puedes identificar quiénes podrían decir esas expresiones?**
2 **¿Cómo llegas a esa conclusión?**
3 **¿Cómo se crearon estos estereotipos?**

Escribe una lista de preguntas que te gustaría debatir al respecto de este tema.

Después, **compara** y comparte tus ideas en equipos pequeños. Toma turnos para responder y preguntar sobre las ideas que consideres interesantes.

Finalmente, **selecciona** una de las expresiones e imagina que eres una persona quien sufre de ese estereotipo. Escribe un texto para tu blog. Imagina una situación ficticia en el que alguien se refirió a ti con esa expresión. Utiliza el pretérito indefinido e imperfecto para narrar la experiencia: dónde, cuándo y cómo sucedió; cómo reaccionaste. Incluye tu opinión e invita a tus lectores a reflexionar sobre los estereotipos.

Escribe 150 palabras.

◆ Oportunidades de evaluación

◆ En esta actividad se han practicado las habilidades que son evaluadas por medio del Criterio C: Comunicación en respuesta a textos orales, escritos o visuales y del Criterio D: Uso de la lengua de forma oral o escrita.

No todos los musulmanes son fanáticos religiosos.

No soy jardinero.

El color de mi piel no es un "color"; es mi identidad.

Mi cabello es real.

No soy mexicano. No todos los latinos somos mexicanos.

No me gustan las matemáticas. No todos los asiáticos somos inteligentes.

No todos los franceses olemos mal.

Yo tengo el poder de decidir con quién me caso.

El rubio es sólo el color de mi pelo.

En realidad SÍ puedo ver bien y no necesito abrir mis ojos.

¿Qué problemas pueden surgir debido a los estereotipos?

ACTIVIDAD: ¿Qué ves en estas fotografías?

■ Enfoques del aprendizaje

■ Habilidad de comunicación: Utilizan el entendimiento intercultural para interpretar la comunicación

Observa con atención las siguientes fotografías y **selecciona** la opción que represente tu primera impresión de cada foto.

■ 1
a médico
b chofer de taxi
c activista de derechos humanos

■ 2
a dueña de un negocio
b víctima de tráfico de humanos
c inmigrante

■ 3
a actor
b agricultor
c gitano

■ 4
a profesor
b refugiado
c hombre religioso

■ 5
a modelo
b estudiante
c jefe de pandilla

■ 6
a genio de tecnología
b drogadicta
c trabajadora social

■ 7
a cosmetóloga
b persona indígena
c profesora

■ 8
a hombre deprimido
b ingeniero
c emprendedor

Después de seleccionar una opción para cada foto, **escribe** una oración para representar tu punto de vista. Considera este **patrón** como ejemplo:

Opino que [el chico en la foto 1] **es** un activista de derechos humanos **porque** parece que es serio.

Luego, colabora en equipos pequeños y **comparte** tus ideas. Compara tu selección con la de tus compañeros. Pregunta sobre sus opciones. Ofrece justificaciones sobre las tuyas.

◆ Oportunidades de evaluación

◆ En esta actividad se han practicado las habilidades que son evaluadas por medio del Criterio D: Uso de la lengua de forma oral o escrita.

Las fotografías en esta página fueron montadas. Las personas que se muestran son modelos.

ACTIVIDAD: ¿Por qué me siento tan diferente?

Selecciona una de las fotos de la actividad "¿Qué ves en estas fotografías?" a la izquierda.

Toma en cuenta los estereotipos con los que se etiquetan a esa persona.

Imagina que la persona en la foto que seleccionaste te hace las siguientes preguntas.

¿Qué responderías?

Escribe tus respuestas.

1 ¿Qué debo hacer para ser aceptado?
2 ¿Qué debo decir para sonar más educado?
3 ¿Qué debo hacer para ser respetado?
4 ¿Cómo debo comportarme para no ser discriminado?
5 ¿Qué debo hacer para sentir que soy igual?
6 ¿Adónde debo ir para sentirme especial?
7 ¿A qué asociación debo pertenecer para comprobar que valgo la pena?
8 ¿A quién tengo que conocer para sentirme importante?
9 ¿Qué tengo que aprender para saber que es bueno para mí?
10 ¿Qué ropa debo usar para verme bien?
11 ¿Quién tiene que decidir lo que debo creer?
12 ¿Qué debo hacer acerca de todos estos conflictos?
13 ¿Por qué me siento tan diferente?

Después, colabora en equipos pequeños y **comparte** tus ideas. Toma turnos para responder y preguntar sobre opiniones que consideres interesantes.

Finalmente, imagina que eres la persona en la foto que seleccionaste. Escribe una entrada para tu diario. Explica tus experiencias con los estereotipos que la gente usa para **describirte**. Menciona cómo te sientes cuando las personas dan por sentado que te conocen. Incluye tu punto de vista sobre los estereotipos.

Escribe 150 palabras.

ACTIVIDAD: Piensa por ti mismo

Mira el vídeo en este enlace: http://tinyurl.com/z3vq5nh y toma notas sobre lo que ves.

Después de mirar el vídeo, utiliza tus notas para narrar la historia que presenta el vídeo. Utiliza indicadores temporales, el pretérito indefinido y el imperfecto cuando sea necesario. **Escribe** la historia desde la perspectiva de la madre de la niña que aparece al principio.

Menciona ejemplos sobre los estereotipos y las ideas erróneas que pueden provocar.

Escribe 150 palabras.

LOS PAÍSES MÁS RACISTAS

Key
Porcentaje de personas que usó "gente de otra raza" para referirse a personas de otros grupos sociales que no les gustaría tener como vecinos

- 0%–4.9%
- 5%–9.9%
- 10%–14.9%
- 15%–19.9%
- 20%–29.9%
- 30%–39.9%
- 40% +

PIENSA–COMPARA–COMPARTE

Individualmente responde las siguientes preguntas:

1 ¿Estás de acuerdo con el mapa? ¿Por qué o por qué no?
2 ¿Piensas que el mapa presenta sesgos? Explica.
3 ¿De qué manera este mapa enfatiza los estereotipos negativos?
4 ¿Qué objetivo crees que persigue la persona que lo diseñó?

Después **comparte** tus respuestas en equipos pequeños. ¿Qué similitudes y diferencias encontraste?

ACTIVIDAD: El racismo en los comerciales

Mira el vídeo en el siguiente enlace: https://youtu.be/Few8kJ0zfnY y toma notas sobre lo que observas.

Utiliza tus notas para **escribir** un correo electrónico.

Escribe al Director de Programación del canal Tele-Visión, el canal donde se transmitió ese comercial. Menciona tu disgusto con el contenido del comercial. **Explica** la manera en que promueve estereotipos negativos y la discriminación.

Escribe 150 palabras.

Después, colabora con un compañero.

Simula una conversación con el Director de Programación del canal Tele-Visión. Decide quién será el director. Imagina que el Director tiene una cita con la persona que escribió el correo electrónico. Participa en una interacción para **comentar** sobre el contenido negativo del comercial. Intercambia opiniones. Toma turnos para responder y preguntar.

La interacción debe durar de dos a tres minutos.

ACTIVIDAD: Usar y tirar

Mira el vídeo en el siguiente enlace: https://vimeo.com/10376152 y toma notas sobre lo que observas.

Utiliza tus notas para narrar los hechos en el vídeo desde el punto de vista de:

a la conductora
b el vendedor que fue atropellado
c el atleta.

Después de **escribir** tu historia, colabora en equipos de tres. Asegúrate de tener a todos los personajes en tu equipo. Intercambia tu historia. Escribe preguntas acerca de las ideas que leas en las historias de tus compañeros. Finalmente, cuando recibas tu historia, responde las preguntas.

Finalmente, participa en una interacción con un compañero. **Selecciona** los personajes de tu interacción:

a La conductora y su mejor amiga
b El vendedor que fue atropellado y una persona que le ayudó
c El atleta y la policía

Charla sobre la situación que has considerado y el personaje que representas.

Toma turnos para preguntar y responder.

Refiérete a los hechos en el vídeo cuando sea necesario.

La interacción deberá durar tres minutos.

■ Carros de juguete, muñecas, colores, actividades … ¿cuántos estereotipos observas?

ACTIVIDAD: Los estereotipos con los que crecemos

■ Enfoques del aprendizaje

■ Habilidades de comunicación: Utilizan el entendimiento intercultural para interpretar la comunicación. Escriben con diferentes propósitos
■ Habilidad de colaboración: Escuchan con atención otras perspectivas e ideas

Presta atención a las imágenes anteriores.

Escribe una lista con ideas acerca de los estereotipos o generalizaciones. ¿Qué puedes mencionar sobre cada una?

También, responde las siguientes preguntas de manera individual.

1 **¿Por qué los carros se asocian con los niños y las muñecas con las niñas?**
2 **¿Qué colores son más comunes entre mujeres y hombres?**
3 **¿Por qué algunas personas piensan que hay profesiones para hombres y otras para mujeres?**
4 **¿Por qué algunas personas piensan que hay actividades para hombres y otras para mujeres?**

Después, en equipos pequeños, **comparte** tus ideas. Toma turnos para responder y preguntar.

Finalmente, mira el vídeo en este enlace: **http://tinyurl.com/hyjwxg6**

Utiliza las ideas que compartiste y las ideas que presentó el vídeo. Escribe un texto para tu blog.

Escribe sobre los estereotipos que podemos observar desde que somos niños. Incluye ejemplos para ilustrar tus ideas. Debate quién es responsable de que existan estos estereotipos y sugiere cómo podemos eliminarlos.

Escribe 150 palabras.

◆ Oportunidades de evaluación

◆ En esta actividad se han practicado las habilidades que son evaluadas por medio del Criterio C: Comunicación en respuesta a textos orales, escritos o visuales y del Criterio D: Uso de la lengua de forma oral o escrita.

ACTIVIDAD: Encuesta sobre preferencias y estereotipos

Utiliza las siguientes preguntas para realizar una encuesta.

La encuesta está dividida en dos partes: preguntas para chicos y preguntas para chicas.

Selecciona a un grupo de chicos y otro de chicas de tu escuela para realizar la siguiente encuesta. **Escribe** sus respuestas en una tabla como la siguiente.

Preguntas para chicos	Chico 1	Chico 2	Chico 3	Chico 4	Chico 5
¿Jugaste con muñecas cuando eras niño? ¿Por qué?					
¿Qué opinas de los chicos que usan ropa rosa?					
¿Qué opinas de las chicas que les gustan los coches?					
¿Qué opinas de las chicas que les gusta el fútbol?					
¿Qué opinas de las chicas que quieren ser ingenieras?					
¿Qué opinas de las chicas que les gusta usar ropa de chico?					
Preguntas para chicas	**Chica 1**	**Chica 2**	**Chica 3**	**Chica 4**	**Chica 5**
¿Jugaste con coches de juguete cuando eras niña?					
¿Qué opinas de los chicos que usan ropa rosa?					
¿Qué opinas de los chicos que les gusta jugar con muñecas?					
¿Qué opinas de los chicos que les gusta el ballet?					
¿Qué opinas de los chicos que quieren ser enfermeros?					
¿Qué opinas de los chicos que les gusta usar maquillaje?					

Después de realizar la encuesta, resume los resultados utilizando gráficas o infografías.

Escribe un informe utilizando las opiniones que **compartieron** tus compañeros en la encuesta. Incluye tu opinión personal como conclusión.

ACTIVIDAD: El príncipe rosa

■ Enfoques del aprendizaje

- ■ Habilidades de pensamiento crítico: Formulan preguntas fácticas, de actualidad, conceptuales y debatibles. Extraen conclusiones y realizan generalizaciones razonables
- ■ Habilidad de comunicación: Escriben con diferentes propósitos

Mira el vídeo en el siguiente enlace:
https://youtu.be/Gr56pfgFTpQ

Individualmente genera diez preguntas sobre la historia en el vídeo. Observa las evaluaciones del Criterio A en otros capítulos para ver ejemplos de preguntas.

Después colabora con un compañero. Intercambia tus preguntas y respóndelas de forma oral. Toma turnos para preguntar y responder.

Finalmente, considera la historia en el vídeo y **escribe** la historia de Lalo "el príncipe rosa". Escribe sobre sus gustos, sus hábitos, sus pasiones y los estereotipos que rompe con su forma de ser. Incluye tu opinión al respecto. Escribe 150 palabras.

◆ Oportunidades de evaluación

- ◆ En esta actividad se han practicado las habilidades que son evaluadas por medio del Criterio A: Comprensión de textos orales y visuales; del Criterio C: Comunicación en respuesta a textos orales, escritos o visuales; y del Criterio D: Uso de la lengua de forma oral o escrita.

! Actúa e involúcrate

- ! Charla con el coordinador de Servicio a la Comunidad de tu escuela.

- ! Comparte ideas sobre las diferentes campañas que puedes crear para luchar en contra de los estereotipos y para contribuir a una comunidad más inclusiva y tolerante.

ACTIVIDAD: Somos iguales y diferentes

■ Enfoques del aprendizaje

- ■ Habilidades de colaboración: Escuchan con atención otras perspectivas e ideas
- ■ Habilidades de comunicación: Utilizan una variedad de técnicas de expresión oral para comunicarse con diversos destinatarios. Escriben con diferentes propósitos

Trabaja en equipos de cuatro.

Selecciona uno de los siguientes estímulos. Mira el vídeo que corresponde al estímulo que seleccionaste y toma notas.

- ● **Estímulo 1:** https://youtu.be/CMS9mSYjx0c
- ● **Estímulo 2:** https://youtu.be/_gs94hjBfGg
- ● **Estímulo 3:** https://youtu.be/5Rn7JuYnfzI
- ● **Estímulo 4:** https://youtu.be/G7T20hNbHe8

Después de mirar el vídeo, con tu equipo, **comparte** las ideas en el vídeo que miraste.

Resume la historia.

Menciona ejemplos para **explicar** las ideas importantes.

Explica el mensaje del vídeo y la relación que tiene con los estereotipos.

Expresa tu punto de vista.

Escucha con atención las ideas de tus compañeros y pregunta sobre las ideas que consideres interesantes.

Finalmente, selecciona una de las historias que tus compañeros compartieron.

Escribe un comentario / informe sobre el vídeo. **Describe** la idea general del vídeo; explica el tipo de estereotipos que presenta, e incluye tu opinión personal.

Escribe 150 palabras.

◆ Oportunidades de evaluación

- ◆ En esta actividad se han practicado las habilidades que son evaluadas por medio del Criterio C: Comunicación en respuesta a textos orales, escritos o visuales y del Criterio D: Uso de la lengua de forma oral o escrita.

¿Cómo nos ayuda tener una mentalidad abierta en la solución de conflictos?

ACTIVIDAD: El conflicto según los niños y los adultos

■ Enfoques del aprendizaje

■ Habilidad de pensamiento creativo: Utilizan la técnica de lluvia de ideas (*brainstorming*) y diagramas visuales para generar nuevas ideas e indagaciones

Realiza una lluvia de ideas sobre las ideas que los niños y los adultos asocian con la palabra "conflicto". **Organiza** tus ideas en un diagrama de Venn.

Después de completar el diagrama, **comparte** tus ideas en equipos pequeños. Presta atención a las similitudes y a las diferencias. Pregunta sobre las ideas que mencionen tus compañeros.

PIENSA–COMPARA–COMPARTE

Considera las ideas que **escribiste** acerca del concepto de "conflicto" según los niños y los adultos.

¿Crees que los niños y adultos de todas las culturas del mundo comparten el mismo concepto sobre lo que es un "conflicto"? ¿Por qué o por qué no?

Compara y comparte tu respuesta en equipos pequeños. **Explica** y menciona ejemplos.

■ Nuevas ideas, relaciones, conexiones y posibilidades son el resultado de una mente abierta

No reclamar

Si algo nos afecta podemos

Reclamar y experimentar

La solución al problema

Rechazo que nos lleva al ...

Disgusto que provoca un ...

Conflicto

¿Cómo podemos solucionarlo?

ACTIVIDAD: Conflictos y soluciones

■ Enfoques del aprendizaje

■ Habilidades de comunicación: Utilizan una variedad de técnicas de expresión oral para comunicarse con diversos destinatarios. Escriben con diferentes propósitos

Trabaja en parejas.

Primero, de manera individual, estudia el esquema en la página 303 y prepara una explicación. Toma tres minutos para planear.

Después, **presenta** tu explicación a tu compañero y responde sus preguntas después de tu presentación. Mientras tu compañero presenta su trabajo, **escribe** preguntas que harás al final de su exposición.

Finalmente, escribe una explicación del esquema utilizando tus ideas y las de tu compañero. Menciona ejemplos cuando sea necesario. Incluye tu opinión personal.

Escribe 150 palabras.

◆ Oportunidades de evaluación

◆ En esta actividad se han practicado las habilidades que son evaluadas por medio del Criterio C: Comunicación en respuesta a textos orales, escritos o visuales y del Criterio D: Uso de la lengua de forma oral o escrita.

ACTIVIDAD: Un atributo de la comunidad de aprendizaje

■ Enfoques del aprendizaje

■ Habilidad de reflexión: Consideran las implicaciones éticas, culturales y ambientales
■ Habilidad de colaboración: Escuchan con atención otras perspectivas e ideas
■ Habilidad de comunicación: Escriben con diferentes propósitos

Ser de mente abierta en el IB significa que:

"Entendemos y apreciamos nuestra cultura e historia personal, y estamos abiertos a las perspectivas, valores, y tradiciones de otras personas y comunidades; y además estamos habituados a buscar y considerar distintos puntos de vista, y dispuestos a aprender de la experiencia."

Realiza una auditoria a tu capacidad como persona de mente abierta. Menciona ejemplos sobre los siguientes aspectos del atributo:

1 **Entiendo y aprecio mi cultura:**
2 **Entiendo y aprecio mi historia personal:**
3 **Estoy abierto a nuevas perspectivas:**
4 **Estoy abierto a nuevos valores:**
5 **Respeto tradiciones de otras personas y comunidades:**
6 **Busco y considero distintos puntos de vista:**
7 **Me gusta aprender de la experiencia:**

Después, colabora en parejas y **comparte** tus ideas. Pregunta sobre las ideas que consideres interesantes.

Finalmente **escribe** un texto acerca de tu compañero. Considera las ideas que mencionó acerca de sí mismo, y lo que tú conoces sobre él. Menciona ejemplos para **definir** qué tan de mente abierta es tu compañero.

Escribe 150 palabras.

◆ Oportunidades de evaluación

◆ En esta actividad se han practicado las habilidades que son evaluadas por medio del Criterio C: Comunicación en respuesta a textos orales, escritos o visuales y del Criterio D: Uso de la lengua de forma oral o escrita.

ACTIVIDAD: Conflictos entre adolescentes

Una publicación chilena mencionó que los diez conflictos que los adolescentes experimentan con más frecuencias son:

- **No saber qué hacer con su tiempo**
- **No comprender sus responsabilidades**
- **Cambiar su imagen constantemente**
- **No mostrar respeto a los adultos**
- **Criticar otras personas**
- **Depresión**
- **Falta de confianza**
- **Inseguridad con la apariencia**
- **Indiferencia**
- **Egocentrismo**

Trabaja en equipos pequeños y **comparte** ideas acerca de las razones por las que esta publicación supone que estos son los conflictos más serios.

Menciona qué otros conflictos agregarías a la lista. Comparte tu perspectiva y escucha los puntos de vista de tus compañeros.

Luego, de manera individual, **organiza** los problemas del menos al más grave, y comparte tu escala en tu equipo. Debate tu opinión, escucha las ideas de tus compañeros e intenta llegar a un consenso.

Finalmente, **escribe** un artículo para la revista de tu escuela. **Presenta** información acerca de los conflictos más comunes en la adolescencia; menciona qué pueden hacer las escuelas para crear conciencia; qué estrategias para la toma de decisiones se pueden promover; así como las campañas de concientización que se pueden considerar.

Escribe 150 palabras.

! Actúa e involúcrate

! Charla con el coordinador de Servicio a la Comunidad en tu escuela acerca de los conflictos más frecuentes entre los estudiantes.

! Debate:

◆ ¿Qué campañas de prevención y apoyo puedes organizar?

◆ ¿Cómo puedes crear conciencia sobre los problemas?

◆ ¿Qué estrategias de toma de soluciones se pueden promover?

ACTIVIDAD: Resolución de conflictos

Observa la imagen en este enlace: https://tinyurl.com/mavpjx4. De manera individual, **clasifica** los valores que se muestran en la ilustración en las siguientes categorías.

- **Respeto**
- **Cooperación**
- **Sinceridad**
- **Diálogo**
- **Tolerancia**
- **Libertad**
- **Justicia**
- **Paz**
- **Alegría**

Elementos que ayudan en la resolución de conflictos	Resultados de la solución de conflictos

Prepara una justificación para tus decisiones.

Luego, trabaja en equipos pequeños y **comparte** tu punto de vista. Escucha las opiniones de tus compañeros y pregunta sobre lo que consideres importante debatir. Intenta llegar a un consenso.

Después, **escribe** diez oraciones acerca de la importancia de estos valores en la resolución de problemas. Observa el ejemplo:

La cooperación es importante en la resolución de conflictos **porque** una persona sola no puede solucionar todo.

Finalmente, lee la misión y la visión de tu escuela.

Considera el contexto de tu escuela. Escribe un artículo para la revista de tu escuela. Responde la siguiente pregunta:

¿Incluye la misión y visión de la escuela elementos que aborden las habilidades para la resolución de conflictos?

Menciona ejemplos para apoyar tus ideas.

Escribe 150 palabras.

ACTIVIDAD: La resolución de conflictos y el perfil de la comunidad de aprendizaje

Valor	Atributo de la comunidad de aprendizaje	Justificación
Respeto		
Cooperación		
Sinceridad		
Diálogo		
Tolerancia		
Libertad		
Justicia		
Paz		
Alegría		

Individualmente, copia y completa la tabla a la izquierda. **Indica** qué atributo de la comunidad de aprendizaje del IB se puede relacionar con cada uno de los valores positivos de la ilustración en la página 10.

Después, colabora en equipos pequeños y **comparte** tus ideas.

¿Qué diferencias y similitudes **identificaste**?

Toma turnos para responder y preguntar sobre lo que consideres interesante.

Finalmente, **escribe** un artículo para la revista de tu escuela.

Escribe acerca de cómo practicar los atributos del perfil de la comunidad de aprendizaje del IB nos enseña y nos ayuda en la solución de problemas. Utiliza las ideas que incluiste en la tabla anterior y las que mencionaron tu compañero y tú. Incluye ejemplos para ilustrar tus ideas.

Escribe 150 palabras.

ACTIVIDAD: Historia de tres amigos y un conflicto

■ Enfoques del aprendizaje

- Habilidad de comunicación: Leen con actitud crítica y para comprender
- Habilidad de colaboración: Escuchan con atención otras perspectivas e ideas

Trabaja en equipos de tres.

Selecciona uno de los textos siguientes, léelo con atención y responde las preguntas al fin de la actividad.

Hola, ¿qué tal? Me llamo Mayra y vivo en Los Ángeles. Soy actriz y llegué a esta ciudad hace cinco años. Abandoné mi país, Polonia, porque nunca tuve la oportunidad de hacer lo que me gustaba. Por esta razón, decidí venir a Estados Unidos para realizar mi sueño de ser estrella en Hollywood.

Cuando llegué a Los Ángeles, no tenía ni amigos ni una casa, entonces me quedé en un hotel por tres semanas y durante este tiempo busqué una casa. Así comenzó mi aventura de amistad, porque en el proceso conocí a Antonia, una chica española que también vino a Los Ángeles a trabajar, pero su sueño era ser asistente de un actor o actriz famoso.

Conocí a Antonia en la calle, afuera de un Starbucks. Yo necesitaba un taxi porque era tarde y ella también. Yo comencé la conversación y le pregunté adónde iba y curiosamente nuestro destino era similar, así que tomamos el mismo taxi y llegamos a las oficinas de Talento y Clase Inc.

En el taxi hablamos de todo, de nuestros países, de nuestra familia y de nuestros gustos, y bueno, para hacer la historia corta, nos volvimos amigas. Yo pensé que este era el comienzo de una gran historia pues ese día las dos tuvimos mucha suerte y conseguimos un trabajo. Yo hice audición para una película independiente y ella recibió trabajo en el estudio de filmación. Las dos estuvimos muy felices y decidimos vivir juntas. Antonia me invitó a vivir con ella y yo acepté.

Al principio todo era perfecto. Yo trabajaba mucho y ella también. En muchas ocasiones, por las noches, salíamos a cenar juntas y también viajabamos mucho: fuimos a Nueva York, a Chicago, a Miami y tomamos un crucero por el Caribe. Sin embargo, un día Antonia perdió su trabajo y las cosas se complicaron un poco.

Para mí fue todo lo opuesto, yo continué trabajando y filmé cinco películas en un año; participé en programas de televisión y recibí muchas invitaciones a fiestas de otros actores. Muchas de estas fiestas eran privadas, entonces no podía invitar a Antonia.

Antonia y yo tenemos un amigo en común, Lorenzo, pero yo creo que ella está obsesionada con él.

Un día noté que Antonia dejó de hablarme y comenzó a ignorarme. También observé que Antonia respondía de manera agresiva. De hecho, un día yo recibí una llamada de teléfono importante y le pedí que bajara el volumen de la música y ella fingió no escucharme.

La conducta de Antonia afectó nuestra relación; muchas veces yo la invité a premieres y a otros eventos y ella nunca aceptó. Un día le pregunté si podía ayudarme y me dijo que no era mi sirvienta; también me llamó oportunista y afirmó que gracias a ella yo pude realizar mi sueño, que yo nunca agradecí nada y que me volví una persona muy egoísta.

Al escuchar eso, me puse muy triste porque nunca pensé que Antonia pudiera hablar así, fui a mi habitación y lloré. Cinco minutos más tarde, Antonia tocó a la puerta y dijo que ya no podía vivir con ella, que yo necesitaba buscar otra casa.

Yo no tuve tiempo de responder, sólo hice mis maletas y salí.

Un día vi a Antonia en un centro comercial, pero ella giró la cara y fingió no verme.

➤

Hola, ¿qué tal? Me llamo Antonia y en este momento no tengo trabajo. Vivo en Los Ángeles, pero soy de origen español. Mis papás migraron a los Estados Unidos hace mucho tiempo y se establecieron en Los Ángeles.

Hace tiempo conocí a una chica de Polonia que se llama Mayra. Un día, fui a Starbucks y compré un café. Mi café tardó mucho y me retrasé para una cita, así que tomé un taxi para llegar puntualmente a mi entrevista. Ahí vi a Mayra por primera vez.

Fue curioso, las dos necesitábamos ir al mismo lugar, entonces tomamos el mismo taxi y hablamos, reímos y nos volvimos amigas instantáneamente. Cuando llegamos a las oficinas de Talento y Clase Inc, ella tuvo una audición para una película y yo participé en una entrevista de trabajo. Las dos conseguimos un trabajo y celebramos por la tarde.

Mayra me dijo que intentó encontrar una casa, entonces yo decidí invitarla a vivir conmigo porque mi casa es muy grande. Ella se sorprendió, pero aceptó. Mayra se mudó al día siguiente y yo la ayudé a instalarse. Las dos rediseñamos la casa, compramos muebles nuevos y organizamos una fiesta para celebrar nuestra amistad.

La película de Mayra fue muy buena y ella se volvió una actriz muy popular. Después de su primera película, Mayra recibió muchas ofertas de trabajo en otros proyectos. Yo me puse muy feliz por ella, porque es mi amiga, el problema es que ella también se volvió muy arrogante y comenzó a mostrar una actitud muy soberbia. En muchas ocasiones me habló como si ella fuera una gran celebridad y yo fuera su sirvienta y no me gustó esa actitud.

Mayra y yo tenemos un amigo en común, Lorenzo, pero Mayra no acepta que él y yo también somos amigos. Mayra es extremadamente celosa.

En una ocasión ella fue a una fiesta y yo pregunté si podía ir y ella respondió que era privada. Poco a poco, ella pasó menos y menos tiempo en casa. Muchas veces yo la llamé por teléfono y ella no respondía; una vez yo la vi en un restaurante con otros actores famosos, y fingió no verme. Yo me enfurecí mucho, pero no comenté nada.

Uno de mis compañeros de trabajo me ofendió y decidí no trabajar en ese lugar. Por esta razón, no tengo trabajo ahora. Sin embargo, Mayra no me mostró simpatía o me preguntó si estaba bien; ella ignoró mi situación y continuó con su vida. Ella tenía fiestas casi todos los fines de semana, pero nunca me invitó a una. Yo me puse muy triste porque yo la ayudé mucho cuando ella llegó a Los Ángeles y ahora ella no me incluye en su vida. En ocasiones pienso que yo desaparecí y que no existo para ella.

El septiembre pasado tomé una decisión muy difícil y pedí a Mayra que saliera de mi casa. Ella lloró y suplicó y dijo que no tenía un lugar donde dormir, pero yo no escuché porque no me interesa su vida.

Un día yo fui al centro comercial y vi a Mayra; ella estaba con otros amigos actores. Yo le saludé, pero ella me ignoró y me mostró una cara de desprecio. Ahora la odio.

Hola, ¿qué tal? Me llamo Lorenzo y soy un fotógrafo. Soy de Honduras, pero vivo en Los Ángeles y trabajo en Talento y Clase Inc, pero también colaboró con muchos productores y directores de cine. Estoy confundido porque dos de mis amigas tienen problemas y yo no puedo invitarlas a mi casa porque si una viene, la otra no acepta la invitación. En realidad, yo no comprendo el problema. En ocasiones pienso que las chicas son imposibles y que tienen problemas sin lógica, pero en esta ocasión es diferente, porque estas chicas son mis amigas.

Mayra y Antonia se conocieron afuera de un Starbucks. Las dos tomaron el mismo taxi porque tenían una entrevista en Talento y Clase Inc. En el taxi hablaron y se conocieron; sus entrevistas tuvieron buenos resultados y las dos consiguieron un trabajo: Mayra tomó un trabajo en un filme independiente y Antonia tomó un trabajo como relaciones públicas del estudio.

Mayra y Antonia decidieron vivir juntas el día que se conocieron. Yo las conocí ese mismo día y pensé que eran amigas de toda la vida porque convivieron como hermanas, pero no. Al principio yo observe que ellas estaban muy felices. En una ocasión me invitaron a cenar con ellas y yo acepté y así nos volvimos buenos amigos.

El trabajo de Antonia no fue fácil y ella siempre tuvo mucho estrés; el trabajo de Mayra fue fantástico porque ella conoció a personas muy interesantes y pudo colaborar con directores y actores famosos. Ellas no tuvieron problemas al principio. Yo recuerdo que ellas viajaron a Nueva York y a Miami. Yo fui con ellas en un crucero.

En general, su relación era rara, pero en ocasiones muy dramática. Por ejemplo, a Mayra no le gusta esperar y Antonia es muy impuntual; Antonia es muy limpia y Mayra es muy desorganizada; Mayra es muy sociable y Antonia es un poco antisocial, entonces en ocasiones yo observé problemas entre ellas.

Por ejemplo, un día Mayra olvidó su teléfono en casa y pidió ayuda a Antonia, pero Antonia estaba muy ocupada y no pudo llevar su teléfono; entonces Mayra gritó e hizo un escándalo. Antonia es vegetariana y es muy estricta con su comida y un día Antonia bebió un yogur de Mayra y Mayra se enojó, gritó y salió de la casa, furiosa.

Yo pienso que las dos chicas tienen sus puntos buenos y sus puntos malos, pero siento que Antonia tuvo envidia de Mayra y Mayra nunca respetó las reglas de Antonia.

Un día, Antonia y yo fuimos a un café y hablamos y yo noté que Mayra llamó por teléfono a Antonia, pero Antonia no respondió y apagó el teléfono. Yo pude ver que Mayra llamó, pero no dije nada. También un día yo invité a Mayra al cine y pregunté si invitábamos a Antonia y Mayra dijo que no. Entonces no sé si eran amigas reales.

Mayra

Responde estas preguntas si leiste el texto sobre Mayra.

1 ¿Cómo te llamas?
2 ¿De dónde eres?
3 ¿Por qué viniste a Los Ángeles?
4 ¿Por qué decidiste vivir con Antonia?
5 ¿Cuál fue tu opinión inicial de Antonia?
6 ¿Cómo cambió tu vida?
7 ¿Por qué piensas que Antonia se molestó?
8 ¿Qué malas actitudes observaste en Antonia?
9 ¿Qué mala reacción tuvo Antonia contigo?
10 ¿Qué observaste al final?

Antonia

Responde estas preguntas si leiste el texto sobre Antonia.

1 ¿Cómo te llamas?
2 ¿De dónde son tus papás?
3 ¿Cómo conociste a Mayra?
4 ¿Por qué Mayra vive contigo?
5 ¿Qué actividades hiciste con Mayra, juntas?
6 ¿Cómo cambió la vida de Mayra?
7 ¿Qué actitudes malas observaste en Mayra?
8 ¿Qué decisión tomaste?
9 ¿Qué observaste días después de tu problema final?
10 ¿Cuál es el origen de tu problema?

Lorenzo

Responde estas preguntas si leiste el texto sobre Lorenzo.

1 ¿Cómo te llamas?
2 ¿Cuál es tu profesión?

3 ¿De dónde eres?
4 ¿Dónde trabajas?
5 ¿Cuál fue la primera impresión que tuviste de Antonia?
6 ¿Cuál es tu opinión de Antonia?
7 ¿Cuál es tu opinión de Mayra?
8 ¿Qué problemas observaste entre Mayra y Antonia?
9 ¿Quién es responsable del problema?
10 (Tu opinión real:) ¿Quién es responsable del problema?

Conclusión

Después de leer tu texto y responder tus preguntas, cuenta tu historia a tus compañeros y observa sus reacciones. Escucha las historias que contarán tus compañeros.

¿Qué diferencias **identificaste**?

Finalmente, considerando las tres historias, responde las siguientes preguntas.

1 ¿Qué buenos comentarios escuchaste sobre ti?
2 ¿Qué malos comentarios escuchaste sobre ti?
3 ¿Qué mentiras escuchaste?
4 ¿Qué contradicciones escuchaste?
5 ¿Cuál es tu evaluación del problema?

◆ Oportunidades de evaluación

◆ En esta actividad se han practicado las habilidades que son evaluadas por medio del Criterio B: Comprensión de textos escritos y visuales; del Criterio C: Comunicación en respuesta a textos orales, escritos o visuales; y del Criterio D: Uso de la lengua de forma oral o escrita.

ALGUNAS TAREAS SUMATIVAS PARA EVALUAR ESTE CAPÍTULO

Considera las siguientes actividades para poner en práctica lo que has aprendido en este capítulo. Las tareas se diseñaron considerando el vocabulario y estructuras que se introdujeron, así como las ideas que se presentaron. Estas tareas te permitirán valorar tu desempeño en diferentes áreas de la lengua utilizando los criterios de evaluación de Adquisición de Lenguas del PAI.

TAREA 1

Los estereotipos

Mira el vídeo en el siguiente enlace: http://tinyurl.com/hn2o4qb y responde las siguientes preguntas.

1 Menciona tres de las situaciones que pueden generar estereotipos.
2 ¿Verdadero o falso? El estereotipo racial con las personas de color incluye un dato histórico.
3 ¿Qué dos estereotipos de las mujeres se mencionan en el vídeo?
4 ¿Verdadero o falso? El narrador mencionó que es un estereotipo pensar que los musulmanes son terroristas.
5 ¿Qué estereotipo de los mexicanos se mencionó?
6 ¿Qué provocan los estereotipos?
7 ¿Qué recomendaciones sugiere el vídeo para evitar la mala influencia de los estereotipos?
8 ¿Qué elementos se utilizaron para apoyar el mensaje oral del vídeo?
9 ¿El uso de símbolos, figuras e ilustraciones fue efectivo? ¿Sí o no? Explica.
10 ¿Qué opinas sobre las ideas que se mencionan sobre los estereotipos? Menciona dos ejemplos.
11 ¿Cuáles estereotipos que se mencionan son comunes en tu escuela y en tu ciudad? Menciona dos ejemplos. Si ninguno es común, explica por qué.
12 ¿Qué opinas de las personas que creen en los estereotipos?

◆ Oportunidades de evaluación

◆ Esta tarea evalúa habilidades del Criterio A: Comprensión de textos orales y visuales.

Los estereotipos en Hollywood

Por Ema Loza

1   La comida, la ropa y la personalidad son representaciones de las culturas y las sociedades, y, como se puede sospechar, el cine es su mejor espejo. Sin embargo, las películas muchas veces no representan la realidad de las cosas, sino que la rediseñan e incluso parece que inventan un mundo paralelo.

2   Es cierto que el cine principalmente representa entretenimiento y que no debemos tomar las historias en las películas en serio, pero es difícil ignorar la manera en que la fantasía del séptimo arte y sus historias promueven estereotipos que enfatizan aspectos erróneos de las personas. Algunas personas piensan que en ocasiones este problema es el resultado de la falta de información del equipo de producción, pero muchas otras veces es una decisión premeditada en ciertos proyectos.

3   El cine falla como medio para promover una mentalidad internacional cuando está lleno de estereotipos culturales o raciales. Por ejemplo, en el pasado, en las películas del Lejano Oeste, los indios eran actores blancos con la cara pintada de color cobre y el pelo teñido de negro, porque los actores blancos eran los más aceptados en Hollywood. No podemos negar que ha habido progreso y que ahora está meca del cine es más diversa que antes, pero aún existen casos en los que parece que las películas sufren de un "blanqueamiento".

4   Para Hollywood, todos los asiáticos o saben kung fu o son ninjas. Los latinos son amantes apasionados, o bailarines de salsa, sirvientas, drogadictos o traficantes. Los árabes son terroristas; los rusos son ex-agentes de la KGB o trabajan para la mafia. Los negros son criminales, esclavos o gente violenta. Sin embargo, no es muy común ver películas en las que actores blancos representen personas de mal aspecto.

5   Algunos expertos del cine han identificado errores monumentales en Hollywood, pues la industria ha utilizado "el poder blanco" para cambiar radicalmente la historia original. Por ejemplo, en la película Jennifer Lawrence es la actriz principal de *Juegos del Hambre*, pero en los libros, la heroína, Katniss Everdeen, es una persona de piel oscura. Otro ejemplo es *El Príncipe de Persia*: ¿Por qué no escogieron a un buen actor iraní? ¿Por qué seleccionaron a un actor blanco? ¿Acaso los actores iraníes sólo pueden representar terroristas?

6   También es cierto que ciertos directores de cine han intentado alejarse de los estereotipos y deciden tomar el camino que es "políticamente correcto"; es decir, escogen una mujer o un negro para hacer el papel de presidente, científico o incluso el héroe de la historia. No obstante, muchas veces estas decisiones provocan que la historia sea poco creíble.

7   Muchos analistas de cine indican que además del racismo obvio en las películas de Hollywood, también existe el racismo oculto. Los expertos mencionan que en las películas los psicópatas o criaturas asesinas eliminan a sus víctimas en un "orden de jerarquía". Por ejemplo, en *Alien*, el monstruo primero devora al latino, luego al actor negro y por último al asiático. La "carne blanca" se reserva para el final, y muchas veces el monstruo la consume.

8   Aun así, Hollywood no es únicamente cine estereotipado y comercial; también nos ha regalado magníficas obras de arte. Sin embargo, parece que la imagen del héroe estadounidense, moralmente superior, dispuesto a sacrificarse por la libertad y la justicia es lo más frecuente. Por esta razón, es interesante preguntarse si Hollywood es parcialmente responsable de no promover la diversidad.

Las fotografías en esta página fueron montadas. Las personas que se muestran son modelos.

El conflicto es parte de la vida y en ocasiones es uno de los elementos que favorecen el progreso; sin embargo, en determinadas condiciones puede producir la violencia. La educación puede ser una herramienta que ayuda en la solución de conflictos porque si las escuelas se incluyen experiencias de aprendizaje y promueven actividades que motiven a los estudiantes a resolver conflictos de forma constructiva, es decir, pensando, dialogando y negociando, los estudiantes que se gradúen de la escuela serán ciudadanos responsables que ayudarán a los demás.

TAREA 2

Los estereotipos en Hollywood

Después de leer el artículo sobre los estereotipos en Hollywood, responde las siguientes preguntas.

1 **Según el artículo, además del cine, ¿qué otros elementos representan la cultura y las sociedades?**
2 **¿Verdadero o falso? Todos los directores de Hollywood promueven estereotipos negativos. Justifica tu idea.**
3 **Según el artículo, ¿cuáles dos tipos de racismo se reflejan en las películas? Menciona un ejemplo de cada uno.**
4 **Explica, con tus palabras, ¿qué significa el "poder blanco"?**
5 **Menciona dos ejemplos de los estereotipos que generalmente promueve Hollywood.**
6 **El artículo menciona las opiniones de expertos y analistas de cine. ¿Por qué? Explica.**
7 **Explica la distorsión que se menciona en el párrafo 2.**
8 **¿Qué provocan las decisiones "políticamente correctas" que se mencionan en el párrafo 6?**
9 **¿Qué opinas sobre la idea en el párrafo 8?**
10 **Considera la información del artículo, ¿qué tipo de escritora es Ema?**
11 **¿Recomendarías este artículo? ¿Por qué o por qué no?**

◆ Oportunidades de evaluación

◆ Esta tarea evalúa habilidades del Criterio B: Comprensión de textos escritos y visuales.

TAREA 3: Oral

Lee el extracto de un artículo de periódico y toma notas sobre las ideas que se mencionan. **Analiza** el significado de las palabras y las expresiones.

Prepara una presentación de tres minutos acerca del extracto. Menciona tu opinión al respecto. Incluye ejemplos para ilustrar lo que dice el texto y para **explicar** tus ideas.

Después de tu presentación, participarás en una interacción con tu profesor. Responde las preguntas que te haga.

En esta actividad no puedes utilizar diccionario.

La actividad entera durará cinco minutos.

TAREA 4: Escrita

Escribe un artículo para la revista de tu escuela. Responde la siguiente pregunta:

¿Cómo ayuda ser una persona de mente abierta en la resolución de conflictos?

Explica tus opiniones. Incluye ejemplos cuando sea necesario.

En esta actividad no puedes utilizar diccionario.

Escribe 150 palabras.

◆ Oportunidades de evaluación

◆ Estas tareas evalúan habilidades del Criterio C: Comunicación en respuesta a textos orales, escritos o visuales y del Criterio D: Uso de la lengua de forma oral o escrita.

■ **Habilidad de reflexión:** Consideran los contenidos y preguntarse: ¿Sobre qué aprendí hoy? ¿Hay algo que aún no haya entendido? ¿Qué preguntas tengo ahora?

Reflexión

En este capítulo exploramos el impacto que los estereotipos tienen sobre la opinión que tenemos de otras personas. También compartimos puntos de vista sobre los conflictos que surgen cuando no vemos más allá de los estereotipos. Además reflexionamos sobre la importancia de desarrollar habilidades de solución de conflictos y de tener una mente abierta para apreciar la diversidad social y cultural.

Reflexionemos sobre nuestro aprendizaje …
Usa esta tabla para reflexionar sobre tu aprendizaje personal en este capítulo.

Preguntas que hicimos	Respuestas que encontramos	Preguntas que podemos generar ahora			
Fácticas: ¿Qué estereotipos de otros países conoces? ¿Qué actitudes demuestran que algunas personas no tienen una mentalidad abierta?					
Conceptuales: ¿Cómo influyen los medios de comunicación en la opinión que creamos sobre otras personas? ¿Cómo se relaciona la mentalidad internacional con la mentalidad abierta? ¿Cómo nos ayuda tener una mentalidad abierta en la solución de conflictos?					
Debatibles: ¿Qué problemas pueden surgir debido a los estereotipos? ¿Por qué muchas personas tienen conflictos con personas diferentes?					
Enfoques de aprendizaje en este capítulo:	Descripción: ¿qué destrezas nuevas adquiriste?	¿Qué tan bien has consolidado estas destrezas?			
		Novato	En proceso de aprendizaje	Practicante	Experto
Habilidades de comunicación					
Habilidades de colaboración					
Habilidades de organización					
Habilidades de reflexión					
Habilidades de gestión de la información					
Habilidades de pensamiento crítico					
Habilidades de pensamiento creativo					
Atributos de la comunidad de aprendizaje	Reflexiona sobre la importancia de ser un estudiante íntegro en este capítulo. ¿Cómo demostraste tus habilidades como estudiante íntegro en este capítulo?				
Íntegro					

Agradecimientos

Acknowledgements

The Publishers would like to thank the following for permission to reproduce copyright material. Every effort has been made to trace or contact all copyright holders, but if any have been inadvertently overlooked the Publishers will be pleased to make the necessary arrangements at the first opportunity.

Author's acknowledgements

I would like to thank Patricia Villegas, whose words of encouragement always reveal different ways of looking at language learning.

Thank you Mercy Ikua, Dr. Robert Harrison, and Gillian Presland for helping me stay curious and motivating in my IB journey.

I would like to acknowledge the support of Lolita Estrada and Radio Universidad de Guadalajara; Graciela Arroyo Lozano and Comunidad EXATEC, Tecnológico de Monterrey; TEDx EMWS; and everyone at LiDILE, Universidad de Guadalajara, for always being a source of inspiration and pride.

So-Shan Au, Paul Morris, Debbie Allen, Emilie Kerton, thank you for the learning you help me experience and create.

Thank you again Youri van Leynseele for sharing your art to complete the visual aspect of this book.

I cannot end this conceptual journey without thanking educators who have been sources of encouragement and learning: Carol Lethaby, Corey Brothers and Gillian Ashworth, thank you for sharing your wisdom.

This book is dedicated to María Elena Bravo to whom I owe my devotion to reading and my passion for storytelling.

Photo credits

p.iv & p.2 *top* © Jack Malipan Travel Photography / Alamy Stock Photo; **p.iv & p.2** *bottom* © Wavebreak Media Ltd / 123RF; **p.5** © Lorelyn Medina / 123RF; **p.6** *left* © Franck Boston / 123RF; **p.6** *centre* © Hero Images Inc. / Alamy Stock Photo; **p.6** *right* © sirikorn thamniyom / 123RF; **p.10** © goodluz / 123RF; **p.11** © HONGQI ZHANG / 123RF; **p.12** *top* © Novarc Images / Alamy Stock Photo; **p.12** *centre* © david pearson / Alamy Stock Photo; **p.12** *bottom* © ZUMA Press, Inc. / Alamy Stock Photo; **p.16** © Graham Oliver / 123RF; **p.17** © ayelet keshet / 123RF; **p.18** *top* © VIEW Pictures Ltd / Alamy Stock Photo; **p.18** *bottom left* © Lou-Foto / Alamy Stock Photo; **p.18** *bottom right* © Henning Christoph / ullstein bild / Getty Images; **p.36** © Jose R. Aguirre/Cover/Getty Images; **p.38** *A* © Tetra Images / Alamy Stock Photo; **p.38** *B* © Vitaly Titov / Alamy Stock Photo; **p.38** *C* © Jozef Polc / 123RF; **p.38** *D* © Cathy Yeulet / 123RF; **p.41** *left* © Wavebreak Media Ltd / 123RF; **p.41** *right* © Maria Dubova / 123RF; **p.42** © TEDxEMWS, with thanks to Aaryamann Nitan Chhatwal; **p.44** © Reciprocity Images Editorial / Alamy Stock Photo; **p.46** *top right* © Shannon Fagan / 123RF; **p.46** *bottom right* © Lawrence Manning / Corbis / Getty Images; **p.46** *left* © Rob Marmion / 123RF; **p.47** *left* © Blaine Harrington III / Alamy Stock Photo; **p.47** *centre* © elosa / 123RF; **p.47** *right* © Jake Lyell / Alamy Stock Photo; **p.52** © Wavebreak Media Ltd / 123RF; **p.54** *top* © fotomak / 123RF; **p.54** *bottom* © Gavin Oakes / Alamy Stock Photo; **p.60** *top* © Leo Francini / Alamy Stock Photo; **p.60** *bottom* © Rodrigo Mello Nunes / 123RF; **p.64** *left* © softlight69 / 123RF; **p.64** *top right* & **p.66** *left* © Aurora Photos / Alamy Stock Photo; **p.64** *bottom right* © Zoonar GmbH / Alamy Stock Photo; **p.66** *top right* © Aurora Photos / Alamy Stock Photo; **p.66** *bottom right* © Anna Legkaya / 123RF; **p.69** *left* © Marjan Apostolovic / 123RF; **p.69** *right* © Levente Gyori / 123RF; **p.70** *top* © Anze Bizjan / Alamy Stock Photo; **p.70** *centre top* © J. Rafael Angel; **p.70** *centre bottom* © Friedrich Stark / Alamy Stock Photo; **p.70** *bottom* © Rawpixel.com / Shutterstock.com; **p.72** *top* © Barry Lewis / Alamy Stock Photo; **p.72** *bottom* © imageBROKER / Alamy Stock Photo; **p.73** *top* © ClassicStock / Alamy Stock Photo; **p.73** *bottom* © Bill Bachmann / Alamy Stock Photo; **p.75** *top* © National Geographic Creative / Alamy Stock Photo; **p.75** *centre* © robertharding / Alamy Stock Photo; **p.75** *bottom* © Maurizio Giovanni Bersanelli / 123RF; **p.76** © Dmitry Rukhlenko / 123RF; **p.77** *top* © Greg Balfour Evans / Alamy Stock Photo; **p.77** *bottom* © dbimages / Alamy Stock Photo; **p.78** *top* & *bottom* © Youri van Leynseele; **p.81** *top* © robertharding / Alamy Stock Photo; **p.81** *bottom* © Jeremy Richards / 123RF; **p.84** © Iakov Filimonov / 123RF; **p.86** *top* © William Berry / 123RF; **p.86** *centre* © MBI / Alamy Stock Photo; **p.86** *bottom* © MarioPonta / Alamy Stock Photo; **p.89** *top* © foodfolio / Alamy Stock Photo; **p.89** *centre* © JEHANGIR HANAFI / Alamy Stock Photo; **p.89** *bottom* © Alexander Raths / 123RF; **p.91** © Sally and Richard Greenhill / Alamy Stock Photo; **p.94** *top* © Carlo Bollo / Alamy Stock Photo; **p.94** *centre* © robertharding / Alamy Stock Photo; **p.94** *bottom* © Rafael Ben-Ari / 123RF; **p.97** © robertharding / Alamy Stock Photo; **p.98** *top* © HECTOR MATA / AFP / Getty Images; **p.98** *bottom* © Robert Fried / Alamy Stock Photo; **p.99** *top* & *centre* © J. Rafael Angel; **p.99** *bottom* © Rafal Cichawa/123RF; **p.100** *top* © epa european pressphoto agency b.v. / Alamy Stock Photo; **p.100** *bottom* © Fabrizio Troiani / Alamy Stock Photo; **p.103** *top left* © Guillermo Lopez Barrera / Alamy Stock Photo; **p.103** *bottom left* © Age fotostock / Alamy Stock Photo; **p.103** *right* © Fabiola Marín; **p.106** © Cultura Creative (RF) / Alamy Stock Photo; **p.108** © Holger Leue / Lonely Planet Images / Getty Images; **p.112** *top* © Florian Kttler/123RF; **p.112** *bottom* © imtmphoto / Alamy Stock Photo; **p.113** © Dean Drobot / Shutterstock.com; **p.117** *top* © Milosh Kojadinovich / 123RF; **p.117** *bottom left* © pivden / 123RF; **p.117** *bottom right* © hatza / 123RF; **p.119** *top* © dotshock / 123RF; **p.119** *centre* © ammentorp / 123RF; **p.119** *bottom* © dolgachov / 123RF; **p.121** *left* © Sergey Nivens / 123RF; **p.121** *centre* © OJO Images Ltd / Alamy Stock Photo; **p.121** *bottom* © ammentorp / 123RF; **p.122** *top* © Notarianni Laetitia / ABACA / PA Images; **p.122** *centre* © Wavebreak Media Ltd / 123RF; **p.122** *bottom* © sportgraphic / 123RF; **p.126** *left* © Michael Heywood / 123RF; **p.126** *right* © volha kavalenkava / 123RF; **p.128** © Anastasiia Kuznetsova / 123RF; **p.129** © kakigori / 123RF; **p.132** © Focus Features / courtesy Everett Collection Inc / Alamy Stock Photo; **p.134** © rdonar / 123RF; **p.135** *top* © Dean Drobot / 123RF; **p.135** *centre* © Richard Naude / Alamy Stock Photo; **p.135** *bottom* © Kathy deWitt / Alamy Stock Photo; **p.137** *top* © Chavalit Kamolthamanon / 123RF; **p.137** *bottom* © lanabyko / 123RF; **p.139** *top* © David South / Alamy Stock Photo; **p.139** *centre top* © Sara Winter / 123RF; **p.139** *centre bottom* © vilainecrevette / 123RF; **p.139** *bottom* © Marcin Jucha / 123RF; **p.140** *top* © PF-(aircraft) / Alamy Stock Photo; **p.140** *centre left* © Apic / Hulton Archive / Getty Images; **p.140** *bottom left* © Chronicle / Alamy Stock Photo; **p.140** *right* © Chronicle / Alamy Stock Photo; **p.142** *top left* © andesign101 / 123RF; **p.142** *top right* © Rebecca Johnson / Alamy Stock Photo; **p.142** *bottom* © Shao-Chun Wang / 123RF; **p.144** *top left* © J. Rafael Angel; **p.144** *bottom left* & *right* © Youri van Leynseele; **p.146** *left* © subbotina / 123RF; **p.146** *right* © Jose Ignacio Soto / 123RF; **p.147** *top* © welcomia / 123RF; **p.147** *bottom* © Ian Allenden / 123RF; **p.149** *left* © Maria Kraynova / 123RF; **p.149** *right* © Ian Canham / Alamy Stock Photo; **p.151** © Antonio Guillem / 123RF; **p.152** © Youri van Leynseele; **p.153** *top* © moodboard / Alamy Stock Photo; **p.153** *centre* © efired / 123RF; **p.153** *bottom* © KP Photo / Alamy Stock Photo; **p.156** *all* © J. Rafael Angel; **p.160** © Youri van Leynseele; **p.162** *both* © Youri van Leynseele; **p.163** © Youri van Leynseele; **p.164** *left* © J. Rafael Angel; **p.164** *right* © Youri van Leynseele; **p.165** © Youri van Leynseele; **p.166** *top* © Svetlana Day / 123RF; **p.166** *bottom* © Marcin Rogozinski / Alamy Stock Photo; **p.167** © Image Source / Alamy Stock Photo; **p.168** *top left* © joserpizarro / 123RF; **p.168** *centre top left* © Dinodia Photos / Alamy Stock Photo; **p.168** *centre left* © imageBROKER / Alamy Stock Photo; **p.168** *centre bottom left* © dolgachov / 123RF; **p.168** *bottom left* © Sergey Novikov /

Text credits

p.19 *top-right box* Text taken from www.oecd.org; **p.44** Text based on www.proceso.com.mx/330947; **p.51** Text based on https://en.wikipedia.org/wiki/Hindu_joint_family; *p.61* Table taken from www.biodiversidad.gob.mx/pais/pdf/CapNatMex/Vol%20I/I11_Estadoconocimiento.pdf; **p.66** Text adapted from "La pesca en el hielo: la meditación del finlandés". Copyright © FishinginFinland. fi; **pp.80–81** Text adapted from "Islas Falkland: La vida en una isla desierta". Copyright © sopitas.com; **p.125** *table left column* Taken from http://cnnespanol.cnn.com; **p.125** *table centre column* Taken from OCDE; **p.125** *table right column* Taken from https://actualidad.rt.com; **pp.128–29** Text adapted from https://mariangelesalvarez.com/colorido-motivacional/20-reglas-de-vida/¿que-nos-hace-feliz: Jen Angel wrote this article for the Winter 2009 edition of "Yes!" magazine; **p.134** Artwork text adapted from ideas from "The Nomad: The diaries of Isabelle E" by Isabelle Eberhardt; **p.153** Text adapted from "La importancia de viajar" by Sergi Tortell. The original article can be found at www.viajablog.com/la-importancia-de-viajar; **p.157** Text adapted from www.sinmapa.net/por-que-viajar; **pp.166–67** Text includes ideas from www.aida-americas.org/sites/default/files/refDocuments/INFORME_UNIVERSIDAD_SAN_LUIS_MISSOURI1.pdf; **p.180** *left column* Excerpts adapted from AMENAZAS DE

LA URBANIZACIÓN. Copyright © National Geographic Society. The original article can be found at www.nationalgeographic.es/medio-ambiente/habitats/urban-threats2; **p.207** Text adapted from "Las 5 cosas más inteligentes en que puedes gastar tu dinero para ser feliz" by Héctor G. Barnés. Copyright © Titania Compania Editorial, SL; **p.217** Pie chart statistics taken from Hoornweg, Daniel; Bhada-Tata, Perinaz. 2012. "What a Waste: A Global Review of Solid Waste Management". Urban development series; knowledge papers no. 15. World Bank, Washington, DC. © World Bank. https://openknowledge.worldbank.org/handle/10986/17388 License: CC BY 3.0 IGO; **p.228** *bottom right* Excerpt translated from Leonardo DiCprio's Oscar acceptance speech 2016; **p.229** Text adapted from www.consumer.es/web/es/medio_ambiente/naturaleza/2012/09/24/213382.php; **pp.250–52** Text adapted from "Top Languages of the Internet, Today and Tomorrow". The original article can be found at https://unbabel.com/blog/top-languages-of-the-internet; **p.251** Pie chart figures taken from Ethnologue.com; **p.251** Graph figures taken from "Top Languages of the Internet, Today and Tomorrow". The original article can be found at https://unbabel.com/blog/top-languages-of-the-internet; **p.287** Text adapted from: www.ajedrezypsicologia.com/los-beneficios-de-aprenderajedrez